믿음, 그 위대한 유산을 찾아서 · 2

— 한국 기독교 130년, 믿음의 명문가들

믿음, 그 위대한 유산을 찾아서 · 2
— 한국 기독교 130년, 믿음의 명문가들

초판 1쇄 펴낸 날 / 2015년 3월 12일
개정판 1쇄 펴낸 날 / 2019년 11월 1일

지은이 • 전영철 | 펴낸이 • 김수곤 | 책임편집 • 임형욱 | 디자인 • 예민
펴낸곳 • 도서출판 선교햇불 | 주소 • 서울시 송파구 삼전동 103번지
전화 • 02-2203-2739 | 팩스 • 02-2203-2738
E-mail • ceo@ccm2u.com
http://www.ccm2u.com
등록일 • 1999년 9월 21일/제54호
ISBN 978-89-5546-424-5 03230

ⓒ 전영철 2019
Printed in Korea

· 잘못된 책은 바꾸어 드립니다.
· 이 출판물은 신저작권법의 보호를 받는 저작물이므로
  무단전재나 무단복제를 금합니다.

한국 기독교 130년, 믿음의 명문가들

믿음,
그 위대한 유산을 찾아서·2

전영철 지음

차례

프롤로그 · 6

제1부: 믿음은 말이 아니라 삶으로 살아내는 것…
— 이웃사랑을 실천한 믿음의 가문 편

1. 공산당원들이 앞장서서 증언해준 이웃사랑의 삶 · 13
   — 무보수로 16년 사역한 이재언 목사, 살아있는 성자 이은석 장로 가문

2. "부산에 장기려 박사가 있다면 원주에는 문창모 박사가 있다" · 45
   — 복음은 목숨 걸고 지키고, 환자는 목숨처럼 아낀 문창모 장로 가문

3. 가난과 시련을 넘어 믿음으로 살았던 추풍령의 성자 · 81
   — 추풍령 고갯마루에 복음을 뿌린 정철성 영수 가문

4. 승지부인이 시작한 여인들의 믿음, 6대를 이어오다 · 113
   — 600명을 전도하고 9개 교회를 세운 승지부인 전삼덕 전도사 가문

5. 할아버지가 설립한 교회에서 해마다 가족수련회를 갖는 후손들 · 151
   — 노귀재에서 복음을 영접한 권헌중 장로 가문

제2부: 이 목숨, 조국과 복음을 위한 거름으로 삼으소서!
— 독립운동가와 순교자 가문 편

6. 선교사의 마부, 안동 3·1만세운동의 주동자가 되다 · 187
　　— 언더우드 선교사의 마부였던 독립운동가 김영옥 목사 가문

7. 네 시작은 미약하였으나 네 나중은 심히 창대하리라 · 223
　　— 몰락한 군수 집안에서, 4대째 장로 가문으로 거듭난 오덕근 장로 가문

8. 4대에 걸쳐 같은 교회 시무장로로 섬기는 믿음의 가문 · 253
　　— 안동교회 3·1만세 운동 주역 이중희 장로 가문

9. 세상이 보기엔 불행이나 하나님 보시기엔 영광이라 · 291
　　— 3명의 순교자와 3명의 산 순교자를 낸 이동하 면장, 이상해 전도사 가문

10. 순교의 밀알 하나가 수많은 믿음의 후손들을 낳다 · 325
　　— 성경 중심의 삶을 살았던 순교자 이덕봉 장로 가문

11. 거지가 부잣집 도련님으로, 고아가 순교자로… 기도의 원자폭탄 · 361
　　— 24명의 독회자를 배출한 김상진 장로, 김덕환 목사 가문

에필로그 · 398

프롤로그

오늘날 우리나라 기독교는 교인수가 줄어들고 있다고 한다. 한편으로는 교회의 위기가 다가오고 있다고도 한다. 교인수가 줄어들지 않는다면 적어도 정체 상태라는 사실은 인정하는 분위기다. 많은 교회에서는 교인수를 늘리기 위해 여러 가지 프로그램을 개발하고, 전도에 힘을 쏟는다. 이에 대해 짐 심발라는 『엎드려야 한다』에서 스코틀랜드와 미국의 사례를 들려주면서 우리의 경각심을 불러 일으키고 있다.

올해는 언더우드 선교사와 아펜젤러 선교사가 동방의 고요한 아침의 나라에 하나님의 복음을 들고 입국한 지 130년이 되는 해다. 다음은 1885년 부활절에 인천항을 통해 입국한 언더우드 선교사가 하나님께 드렸다고 알려진 기도의 일부분이다.

주여, 지금은 아무것도 보이지 않습니다.
주님, 메마르고 가난한 땅
나무 한 그루 시원하게 오르지 못하고 있는 이 땅에
저희들을 옮겨와 심으셨습니다.
그 넓고 넓은 태평양을 어떻게 건너왔는지

그 사실이 기적입니다.

지금은 아무것도 보이지 않습니다.

보이는 것은 고집스럽고 얼룩진 어둠 뿐입니다.

어둠과 가난과 인습에 묶여 있는 조선 사람 뿐입니다.

언더우드 선교사가 130년 전에 한반도를 찾았을 때 우리 조상들은 가난하고 고집스러웠다. 그의 기도문에 나타난대로 우리 조상들은 하나님을 알지 못하고 인습에 묶여 있었다. 기독교 복음이 전해지고 교회와 병원, 그리고 학교가 세워지면서 기독교는 우리나라에서 급속도로 확장되다. 지금 우리나라에서 100년이 넘은 학교와 병원 중에는 선교사들이 세운 것이 많다. 2014년 기준으로, 설립된 지 100년이 넘는 1천여 개의 교회도 대부분 선교사들의 주도하에 세워진 교회다.

130년이 지난 지금 우리나라에는 기독교인이 1천만 명에 가깝고, 수천 명의 교인이 출석하는 대형교회는 서울뿐만 아니라 지방의 대도시에서도 낯설지 않다. 해마다 수많은 선교사를 해외로 파송하고 있다. 외형적으로는 크게 부흥하였고 화려하기까지 하다.

그러나 기독교계 내면을 보면 다소 부정적인 면들이 드러난다. 우선은 오늘날 우리나라 기독교는 세상 사람들의 눈에 부정적으로 보여지고 있다. 게다가 교회 내에 젊은 층은 점점 줄어들고 상대적으로 노인층만 늘어나고 있는 현실이다. 젊은이들이 줄어들다보니 교회학교에 출석하는 아동들의 수도 덩달아 줄어들고 있다. 이러한 상황이 계속된다면 우리나라 교회에는 많은 변화가 일어날 것이다. 긍정적인 방향이 아니라 부정적인 방향으로 교회의 모습이 변하게 될 것이라는 말이다.

안타깝게도 이 책을 집필하기 위해 설립된 역사가 100년이 넘는 700여 개 교회를 방문하면서도 우리나라 교회의 위기를 실감할 수 있었다. 100여 년 전에는 지역주민들에게 복음을 전하고 신학문을 가르치던 교회가 이제는 현상유지를 하기도 어려운 형편에 처해 있는 경우가 많다.

농촌의 허물어져가는 교회이든, 대도시의 대형교회이든 나름대로 어려움이 있을 수 있지만 교인수가 줄어드는 데 대한 해법은 제대로 제시하지 못하고 있는 것이 현실이다. 표면적으로는 걱정을 하거나 대비를 하는 것처럼 보이지만 객관적으로 바라보면 현상유지에 급급한 면도 드러내고 있다.

지나간 130년 기독교 역사 속에서 우리나라 기독교는 신앙적으로 위대한 인물을 많이 배출했다. 그 중에는 복음을 지키다가 순교한 사람도 있다. 많은 사람들을 감동시키는 설교자도 있고, 자신의 모든 것을 바쳐 이웃을 사랑한 사람들도 있다. 그러나 안타깝게도 그들의 위대한 신앙이 다음 세대로 이어지지 못하는 경우도 흔하다. 부모세대의 믿음이 다음세대로 이어지지 못하는 것은 매우 안타까운 일이다. 다윗과 솔로몬이 이스라엘 역사에서 대단히 훌륭한 왕이었지만 그들이 이루어 놓은 거대한 왕국이 르호보암 왕이 왕위를 이어받자마자 이스라엘이 분열되는 역사를 성경은 기록하고 있다. 자녀들에게 부모의 신앙을 제대로 전해주지 못한 결과이다.

지난 수년간 방문한 교회들 중에는 100년이 넘도록 믿음의 세대계승을 잘하고 있는 가문이 많았다. 많은 목회자를 배출한 가문, 세상적으로 성공한 가문도 많았다. 그 중에는 순교자의 가족도 있고, 일제시대에 고난을 당한 가족도 있다. 아버지가 고난을 당한 가정에서는 디모데의 가정처럼 할머니와 어머니의 철저한 신앙교육이 있었다. 그러했기에 시골 작은 교회에서도 위대한 신앙의 유산을 이어오는 가문이 끊어지지 않는 것이다.

교회의 외형이 크고 교인수가 많은 것이 허물은 아니다. 좋은 시설에서 예배를 드리고 자녀들의 신앙훈련을 하는 것은 바람직한 일이다. 그러나 이 모든 것들이 누구를 위한 것이냐가 중요하다. 거지 모습을 하고 예수님이 교회를 찾아온다면 교회는 어떤 반응을 보일 것인가를 생각해 보아야 한다.

이 책에 기록된 가문의 믿음의 유산은 그들이 어떻게 자녀들에게 신앙유산을 물려주었는가를 보여주고 있다. 가문마다 서로 다른 방법으로 전해지는 신앙유산의 공통점은 하나님을 온전히 신뢰하며 이웃을 사랑하는 것이다. 100년을 지켜온 믿음, 대를 이어 내려오는 신앙유산을 지금 우리 세대가 다음세대에게 잘 전해줄 책임이 있다. 부와 명예는 물려줄 수 없을지라도 생명되신 예수님의 말씀을 온전하게 전해주는 것이 부모된 자의 책임이다. 하나님의 준엄하신 명령이기도 하다. 이를 잘 지킨 가문과 민족에 대한 결과는 성경과 역사속에서 자주 만날 수 있다.

언더우드, 아펜젤러 두 선교사가 배를 타고 태평양을 건너 미지의 나라를 찾아온 지 올해 꼭 130년이다. 그들은 한반도에 살고 있는 우리 조상들에게 예수님의 복음을 전하기 위해 멀고 험한 바다를 건너왔다. 이제 우리는 커다란 증기선 대신 초음속 여객기를 타고 복음을 전하기 위해 이웃 나라로 나가고 있다. 누군가의 피와 땀과 눈물이 복음 전파의 열매로 맺어지고 있는 것이다.

『믿음, 그 위대한 유산을 찾아서2』가 우리나라에 복음이 들어온 지 130년이 되는 해에 출간하게 됨을 하나님께 감사를 드린다. 이 땅의 많은 교회와 교인 중에 하나님이 기뻐하시는 믿음의 이야기를 찾아 나서게 된 것은 전적으로 하나님의 인도하심이다. 부족한 필자를 위해 언제나 기도로 격려해 주는 가족들에게 감사의 말을 하고 싶다. 하나님의 종으로 온전하게 쓰임받는 기쁨과 즐거움을 주신 주님께 온 마음으로 찬양드린다.

― 2015년 2월, 전영철

1 공산당원들이 앞장서서 증언해준 이웃사랑의 삶

— 무보수로 16년 사역한 이재언 목사, 살아있는 성자 이은석 장로

이은석, 박영헌 장로 임직식 기념
(1950.1.13)

이재언 목사와 이은석 장로 이야기

　복음을 영접한 후 스스로 상투를 자르고 기독교인이 된 아버지의 신앙을 이어받은 이재언 목사는 아들이 섬기는 교회에서 16년간 무보수로 사역했다. 담임목사 취임시 약속한 대로 퇴임 때까지 무보수로 김제 연정교회를 섬긴 것이다.
　이재언 목사의 이러한 청렴함은 둘째(2남3녀 중 막내) 아들 이은석 장로가 물려받았다. 이은석 장로는 늘 남에게 베푸는 삶을 살며, 이웃사랑을 몸소 실천했다. 자기 자녀들보다 불우한 이웃을 먼저 돌보는 그를 가리켜 연정리 일대에서는 그를 '성자'로 부르기를 주저하지 않았다.
　한국전쟁 때 교회 지도자들이 인민군들에 끌려가 심문을 받는데 이은석 장로가 인민군 앞에 서자 지방 공산당원들이 앞장서서 이은석 장로를 가리키며 "저 동무는 우리 농민과 노동자 편으로 평소 잘 해준 사람입니다"라고 한 목소리로 증언해 주었다.
　그래서 인민군들도 "당신이 이은석이요? 나가서 예수나 잘 믿으시오"라고 했다는 이야기는 김제 일대에서는 유명한 이야기다. 이처럼 그의 삶은 인민군도 인정할 정도로 나누고 섬기는 삶이었다.

이재언 목사

이런 일도 있었다. 막내아들이 결혼할 당시 사돈댁에서 보내 준 예단과 양복 값을 가난한 전도사에게 줘버렸다. 대신 결혼식장에는 평소 입던 옷을 입고 참석하는 바람에 사돈과 온 식구들이 놀란 적도 있을 정도였다.

"다른 사람을 위해서라면 너희가 손해를 보아라. 너희가 쓸 것을 다 쓰고 하고 싶은 것 다하면 남을 도울 수 없으니 절제하고, 검소하게 살아야 한다."

이은석 장로가 평소 자녀들에게 해 주던 말이다. 그리스도인의 삶이 어떠해야 하는지를 보여준 이은석 장로는 주변 사람들에게 선한 영향을 끼치며 살았다. 그의 삶이 아름다운 이유다.

공산당원들이 앞장서서
증언해준 이웃사랑의 삶
― 무보수로 16년 사역한 이재언 목사, 살아있는 성자 이은석 장로

이재언 목사와 이은석 장로를 찾아서

　이재언 목사가 무보수로 16년간 사역한 김제 연정교회를 찾게 된 것은 온전히 하나님의 은혜였다. 'ㄱ'자 교회로 널리 알려진 김제 금산교회를 방문하여 이자익 목사와 조덕삼 장로에 대한 자료를 수집하고 집으로 돌아오던 길에 황산교회에 들러 홍영록 목사를 만났다.

　홍영록 목사는 처음 만난 필자에게 김제지역의 교회 역사에 대해 간략하게 설명해 주었다. 헤어지는 순간 그는 자신이 가지고 있던 『김제노회 50년사』를 빌려 주었다. 그 속에는 김제지역의 교회역사가 잘 기록되어 있었다.

『김제노회 50년사』에서 한 교회를 발견했다. 김제 연정교회(조병남 목사)였다. 이후, 연정교회를 방문하여 이곳저곳을 돌아보며 사진을 찍던 필자를 발견한 전미자 사모는 따뜻한 차 한 잔을 내 놓으며 연정교회에 대해 간략하게 설명해 주었다.

필자가 연정교회를 방문한 이유를 말하자 전미자 사모는 『연정교회 100년사』 한 권을 건네주었다. 그 속에는 필자가 찾고자 하는 인물이 있었다. 1906년에 설립된 이래 하나님께서 어떻게 연정교회를 지켜주셨는지, 어떤 분들이 교회를 위해 헌신하였는지에 대해 상세하게 기록되어 있었다.

연정교회의 많은 자랑거리 중에서도 으뜸은 바로 16년을 무보수로 목회를 한 이재언 목사와 그의 둘째 아들 이은석 장로의 이웃사랑에 대한 이야기였다. 그 다음에는 폐쇄될 위기에 처한 교회를 온몸으로 지켜낸 지변화 전도사에 대한 이야기였다. 남자들도 감히 나서지 못한 상황에서 힘있는 지역 유지의 행패를 믿음으로 막아낸 지변화 전도사의 용기는 그것을 읽는 내내 가슴 뭉클함을 안겨주었다. 에스더의 믿음과 용기를 연상케 하는 지변화 전도사의 행동이 없었다면 오늘날의 연정교회 모습을 상상할 수 없을 정도다.

몇 달 후 연정교회를 다시 찾아갔다. 조병남 목사와 함께 교회에서 멀지 않은 곳에 살고 있는 박주철 장로를 방문하였다. 조경회사를 운영하고 있는 박주철 장로는 3대째 연정교회를 섬기고 있다. 이은석 장로를 아버지라고 불렀으며 그의 자녀들과는 형님, 아우로 지낸다는 박주철 장로는 지금 북한의 헐벗은 산에 나무를 심어주는 귀한 사역을 담당하고 있다.

이 글을 마무리할 시점인 2014년 7월 말에는 전주에서 김복남 동은교회 원로목사를 만났다. 연정교회 출신인 김 목사는 지변화 전도사의 조카다. 82세의 나이지만 건강한 모습이었다. 자신이 신학교에 다닐 때 병석에 누워 있던 지변화 전도사로부터 며칠 동안 많은 이야기를 들었다고 했다. 지변화 전도사와 관련된 아름다운 이야기는 그의 증언에 기초한 것이다.

살아있는 성자의 후손에게선 기도의 향기가 난다

박주철 장로가 건네준 전화번호로 이은석 장로의 첫째 딸 이영 사모에게 전화를 걸었다. 몇 차례 전화를 걸었으나 연락이 되지 않았다. 이유는 바로 내가 전화한 낮 12시는 이영 사모가 교회에서 기도하는 시간이었던 까닭이었다. 전화를 받은 여자 집사는 "사모님은 매일 점심때 한 시간씩 기도를 하기 때문에 오후 1시 이후에야 통화가 가능합니다"고 알려주었다.

60세가 넘은 사모가 매일 12시에 예배당에서 한 시간씩 기도를 한다는 사실에 깜짝 놀랐다. 이영 사모의 기도 습관은 어릴 적부터 형성된 것이었다. 신학을 공부한 이영 사모는 할아버지 이재언 목사와 아버지 이은석 장로의 겸손함과 하나님 사랑을 이어받아 남편 최상선 목사와 함께 목회에 전념하고 있었다.

약속 시간에 맞추어 군산의 '시은소교회'를 찾아갔다. 이 교회는 최상선 목사가 미국에서 이민목회를 하다가 귀국하여 개척한 교회다. 기도를 마치고 나온 이영 사모는 방문자를 반갑게 맞아 주었다. 나이보다 젊어 보이는 이영 사모는 겸손했다. 아버지 이은석 장로의 신앙 유산에 대해 이야기할 때는 얼굴에 환한 미소가 번졌다.

이은석 장로가 항상 자기 자녀들보다 남을 먼저 생각하고 그들을 돌

보는 바람에 자녀들은 철들기 전까지 아버지에 대해 별로 좋지 않게 생각했다고 했다. 그러나 나이가 들어보니 아버지의 그 사랑이 진정한 이웃사랑이었음을 깨닫게 된다는 것이다. 그 피를 자신에 이어 자기 아들도 이어받은 것 같다고 조심스럽게 이야기해 주었다.

이야기를 마치고 일어서려는데 오래된 노트 한 권을 보여 주었다. 이은석 장로가 생전에 찬송곡에 자신의 생각을 가사로 적어 즐겨 부르던 찬송가였다. 몇 개의 찬송가 가사를 읽어보니 그의 평소 생각과 성품이 고스란히 묻어났다. 그 노트를 보면서 이은석 장로가 개사한 찬송가를 나도 모르게 속으로 흥얼거리면서 나보다 앞선 세대를 살았던 신앙 선배의 향기에 흠뻑 젖어들었다.

최상선 목사와 이영 사모는 군산 동광교회에서 성공적으로 목회를 하던 중 미국에 있는 한인교회의 청빙을 받았다. 이를 알게 된 성도들이 눈물로 만류하고 이웃 동역자들도 "왜 좋은 교회를 두고 고생스러운 이민목회를 하러 가느냐"며 반대했다. 그러나 최 목사 부부는 이민교회의 청빙이 주님의 부르심이라고 생각되어 이민목회의 어려운 길을 떠났다.

이렇게 시작 된 이민목회 12년 6개월 동안 그들은 하나님의 인도하심과 은혜를 체험하였다. 교인이 늘어나서 6,000평의 넓은 대지 위에 성전을 건축하고 부흥의 길에 이르렀을 때 최 목사 내외의 마음에는 주님께서 한국에 돌아가 교회를 개척하는 것을 원하신다는 것을 깨닫고 귀국을 결심하였다.

그들의 결심을 알게 된 이민교회(성약장로교회) 성도들은 최 목사가 떠나면 교회가 큰 어려움을 겪을 수도 있다고 만류하였다. 그러나 주님의 뜻으로 알고 계획한 개척의 길을 포기할 수 없어서 성도들을 달래고 설득하였다. 결국 최 목사가 후임을 추천하는 조건으로 사임을 받아들이기로 하여 젊은 목회자를 청빙하여 세우고 한국으로 돌아왔다.

두 사람은 60을 바라보는 나이에 한국에 돌아와 군산에서 시은소교회를 개척하였다. 교회를 개척하고 5년이 되던 해(2007년)에 하나님의 역사로 320여 평의 아름다운 성전을 건축하였다. 좋은 위치에 세워진 아름다운 성전에서 목회하던 최상선 목사 부부는 교회의 새로운 부흥을 위해서는 젊은 목회자가 필요하다고 판단했다. 2013년 후배 목사에게 교회를 맡기고 지금은 자녀들이 있는 미국에서 생활하고 있다.

이영 사모는 남편과 함께 40년을 목회하는 동안 성전 건축을 4번(여산 중앙교회 · 군산 동광교회 · 애틀랜타 성약장로교회 · 군산 시은소교회)이나 할 수 있었던 것은 하나님의 특별한 은혜이고 선조들의 신앙과 헌신 그리고 기도의 열매라고 말한다.

이재언 목사와 이은석 장로의 생애

설립 이후 30명의 목사와 60여 명의 장로를 배출한 연정교회

연정교회는 김제시에서 4km 정도 떨어진 농촌에 설립된 교회다. 연정리에서 기독교 복음을 영접한 사람들은 1906년부터 이웃 마을의 입석

(선돌)교회에 출석하면서 신앙생활을 하였다. 교회 내부 문제로 예배당이 철거되자 20리 정도 떨어진 대창교회에 출석하였다. 그러다가 1908년에 냉정교회(현 연정교회)를 설립하였다.

초대교인은 박사일, 박지홍, 박중집, 김기선, 김경집, 김병룡 등 6인이었다. 그들은 대부분 동학농민운동에 가담하였던 인물로 정부군과 일본군이 동학군을 색출하자 선교사로부터 기독교 복음을 받아들이고 교회에 출석하였다고 한다.

연정교회는 시골의 작은 교회이지만 1908년 설립 이후 100년 동안 30명이 넘는 목사와 60여 명의 장로를 배출하였다. 1960년대에는 교회가 세워진 연정리 사람들 중 90% 이상이 교회에 출석할 정도로 지역 복음화에 앞장섰던 교회다.

2010년부터는 필리핀에서 이주해온 결혼이주여성들을 위한 '연정필리핀교회'를 설립하여 전담 교역자를 두고 예배를 드리고 있다. 2012년 5월 21일에는 연정필리핀교회에 출석하는 교인들과 연정교회 교인들이 함께 모여 체육대회를 개최하기도 했다.

'연정교회의 에스더' 지변화 전도사, 예배당을 지키다

연정교회 설립자 중 한 사람이었던 박중집 영수는 자신의 땅을 헌납했다. 그는 자기의 머슴과 소작인을 동원해서 예배당을 지을 정도로 교회 설립에 열심이었다. 부자요 신앙심이 좋았던 그는 영수로 임명을 받아 열심히 교회를 돌보며 예배시간에는 설교를 하기도 하였다.

그러다가 나이든 그의 아들이 죽게 되자 그의 태도는 돌변했다. 교회지도자였던 박중집 영수의 신앙이 흔들렸다. 그는 예배에 불참하기 시작했다. 주변 사람들의 권면에도 불구하고 자신의 주장을 굽히지 않았다. 결국 그는 교인들에게 예배당을 비워 줄 것을 요구했다. 뿐만 아니라 교인들의 예배를 방해하기 시작했다. 이 때문에 설립된 지 얼마 안 된 연정교회에 위기가 닥쳐왔다. 자칫하면 연정교회가 역사의 뒤안길로 사라지게 될 형편에 처했다. 교회 존립이 걸린 중대한 문제였다.

그는 예배당 뜰에 과녁을 세워놓고 마을 한량들과 어울려 활을 쏘면서 놀았다. 교인들은 그의 행동을 중단해 줄 것을 요구했다. 그러자 그는 예배를 드리지 않는 시간에 활을 쏘게 해 달라고 제안을 했다. 그렇지만 교인들은 예배를 드리는 예배당을 활 쏘는 터로 만드는 것을 거부했다. 냉정마을 일대에서는 그 영향력이 막강하여 감히 그에게 맞서서

연정교회

대항하는 것이 쉽지 않았다. 교인들은 하나 둘씩 교회를 떠나갔다. 당시 교인들 중에는 부자였던 그의 논밭을 소작하던 사람이 많았기 때문이다.

결국 연정교회에는 두 가정만이 남게 되었다. 한 가정은 박지홍 가정이었고, 한 가정은 김기선 · 지변화 집사 부부 가정이었다. 그들에게는 예배당을 새롭게 건축할 경제적인 여유도 없었다. 오직 하나님을 믿는 믿음과 교회를 지켜야 한다는 신념뿐이었다. 다른 사람들이 모두 자신의 이익을 좇아 교회를 떠날 때 그들은 믿음으로 교회를 지켰다. 불철주야 하나님께 기도했다. 울면서 하나님께 매달리며 찬송을 불렀다.

하나님께서는 김기선 집사의 아내 지변화 전도사(당시 집사)에게 용기와 지혜를 주셨다. 믿음의 여인 지변화 전도사는 예배를 방해하는 사람들의 악행을 온몸으로 막고 나섰다. 하나님의 교회를 지키기 위해 결단을 내렸다. 그녀는 그들이 활을 쏘러 오기 전에 예배당에 자리를 잡고 앉아서 큰 소리로 찬송을 불렀다. 다소곳하게 앉아서 찬송을 부른 것이 아니라 윗저고리를 벗어버리고 상체를 드러낸 채 큰 소리로 찬송을 불렀던 것이다. 활을 쏘러 왔던 사람들은 예배당에서 울려 퍼지는 찬송을 듣고 예배당 문을 열어보았다. 그들은 눈앞에 젊은 여인이 상체를 벗은 채 기도하며 찬송하는 모습을 보자 어쩔줄 몰라했다.

이러한 상황이 며칠간 계속되자 박중집은 예배당에서 활쏘는 것을 포기하였다. 결국 연정교회는 하나님의 말씀을 전하고 예배를 드리는 본래의 모습으로 돌아갔다. 남자들도 감히 엄두를 내지 못했던 일을 젊은 여자 집사가 하나님께 기도하며 죽으면 죽으리라는 심정으로 부딪쳐서 해결해 내었다. 이스라엘 민족이 하만의 계략 때문에 몰살당할 위기에 처했을 때 사흘 동안 금식한 후 죽으면 죽으리라고 말하면서 아하수에로 왕 앞에 나섰던 에스더의 믿음과 용기와 행동을 떠오르게 하는 결단이었다.

하나님의 교회는 어렵게 지켜냈지만 이번에는 예배당을 유지하는 것이 문제가 되었다. 교회를 지키던 두 가정은 예배당의 초가지붕을 새로 이을 경제적인 여유가 없었다. 그러다보니 예배당 천정에서 비가 샐 정도였고, 벽은 무너지는 형편에 처했다. 이를 본 마을 사람들은 연정교회가 문을 닫았다고 수근거렸다.

그러나 남아 있던 교인들은 눈물로 감사의 예배를 드렸다. 이전보다 더욱 용기를 내어 교회를 지키며 복음을 전하였다. 이들은 눈물과 기도로 오늘날의 연정교회 기초를 튼튼하게 세워나갔다.

그러나 안타깝게도 교회를 지키기 위해 애쓰던 김기선 집사는 아내 지변화 전도사와 세 딸을 남기고 1928년에 소천하였다. 교회가 폐쇄될 위기에 처했던 때에 함께 눈물로 기도했던 박지홍 영수도 그 이듬해인 1929년에 하나님의 부르심을 받았다.

이후, 지변화 집사는 전주의 성경학교와 고등성경학교를 졸업하고 복음 전도자의 삶을 살았다. 미국남장로회의 그린(W. B. Greene) 여자 선교사의 조사로 임명 받아 군산과 김제, 익산 등지에서 전도사로 사역을 하면서 일생을 보냈다. 지변화 전도사가 목숨을 걸고 지켜낸 연정교회는 그의 이름을 영원히 기억하고 있다.

지변화 전도사의 자녀들은 모두 부모의 믿음을 이어 받아 믿음의 대를 이어가고 있다. 둘째 딸은 목사 사모가 되었다.

상투를 자르고 기독교인이 된 이명순, 대창교회 초대교인이 되다

이재언 목사의 아버지 이명순은 전라남도 해남군 북평면 오산리에서 전주 이씨 가문의 종갓집에서 태어났다. 이상근의 네 아들 중 맏이였다. 그는 부자요, 마을의 유지로 살았다. 그러던 이명순은 50세가 되던 해, 집안의 안녕과 자녀의 미래를 위해서는 고향을 떠나야 한다고 생각하고 광주 무등산 아래로 이사를 하여 살다가 다시 전라북도 김제군 죽산면 명량리로 이사를 했다.

이명순의 가족으로는 아내 김창업과 아들 이재언, 며느리 조길련 그리고 어린 손자 이은섭 등 5명이었다. 이명순에 이어 고향에 남아있던 세 동생도 김제로 이주하여 살았다.

이명순이 죽산면 명량리로 이거할 당시 전라북도 지방에는 미국남장로회의 군산선교부와 전주선교부가 설립되어 있었다. 두 선교부 소속의 선교사들은 전라북도지역을 나누어 복음을 전파하고 있었다.

이명순이 살던 지역에서 복음을 최초로 영접한 사람은 이기선이었다. 전주에 갔다가 선교사가 전해주는 복음을 영접한 그는 주일이면 전주 서문교회에 출석하였다. 김제군 월촌면 입석리에 기도처를 세운 그는 인근 마을을 다니며 복음을 전했다.

이기선은 이명순 가족들에게도 복음을 전했다. 그들에게는 전도인이 전해준 복음(福音) 즉, 예수를 믿으면 복을 받고 천국에 갈 수 있다는 것은 말 그대로 복된 말씀이자 새로운 희망의 메시지였다. 하지만 당시의 사정을 생각해 보면 복음을 받아들인 것이 예사로운 일만은 아니었다. 유교사상을 따르던 사람들은 머리를 자르면 상놈이라고 멸시하던 세월이었기 때문이다.

그러나 이명순은 세상이 우습게 여기는 양도(洋道, 기독교)를 믿겠다고 결심하고 스스로 상투를 싹둑 잘랐다. 그것은 대단한 결단이었다.

그는 자신이 상투를 자른 것에 그치지 않고 가족들도 상투를 자르게 했다. 하루는 맏아들 이재언을 불렀다.

"너도 머리를 깎고 예수님을 믿어야 한다."

"출입하는 집안(행세하는 집안, 양반집안)에서 그럴 수가 있습니까?"

"아니다. 참 도는 예수교가 참 도다. 그러니 너도 식구들과 함께 다 믿자."

이렇게 해서 이재언은 아버지의 강권에 따라 예수를 믿게 되었다. 그는 가족과 함께 대창교회에 출석하며 신앙생활을 하였다. 그는 광주에서 사경회가 열리면 며칠을 걸어서 참석할 정도로 열심이었다.

기독교인이 된 이명순은 철저하게 가정예배를 드렸다. 아무리 바쁜 때라도 아침저녁으로 가족을 모아놓고 예배를 드렸다. 그기 즐겨 부른 찬송은 "지난밤에 보호하사"(아침예배)와 "주여 햇빛 저무니"(저녁에

배)였다.

복음을 영접하고 그리스도인이 된 이명순은 최학성, 최학삼 등과 함께 대창교회 초대교인이 되어 최윤중의 집에서 첫 번째 예배를 드렸다. 이로써 이명순 가문의 복음의 역사는 시작되었다. 때는 1903년이었다.

대창교회가 설립된 시기는 이 땅에 일진회가 조직되어 친일행각을 시작하던 시점이었다. 농민들에 대한 일진회의 횡포가 늘어나면서 대창리

대창교회

일대의 주민들은 교회로 발걸음을 옮기기 시작했다.

목사 이재언, 대창교회와 명량교회에서 사역을 시작하다

이재언은 대창교회 설립 4년째가 되던 해인 1907년에 집사로 임명을 받았다. 그는 아버지와 함께 광주에서 열리는 사경회에 참석하였다. 이후 전주와 군산에서 농한기에 1개월 동안 사경회(달성경학교)가 열리면 최윤중 집사와 함께 어김없이 등록하여 열심히 성경을 공부하였다.

이재언 집사는 1910년 4월에 대창교회의 초대 장로로 장립을 받고 그 해 3월에 평양신학교에 입학하였다. 그때는 호남선(1914년 개통)이 부설되기 전이어서 김제에서 천여 리 떨어진 평양신학교에 유학하는 일은 쉽지 않았다. 그가 평양까지 가기 위해서는 먼저 집에서 김제시 청하면의 신창(사창강) 나루에서 배를 타고 만경강을 건너 군산항으로 가야 했다. 거기서 또 배를 타고 인천으로 가서 기차를 타고 서울을 거쳐 평양까지 가는 멀고도 험한 여정이었다.

1914년 평양신학교를 제7회로 졸업한 이재언 목사는 모교회인 대창교회를 비롯하여 이웃의 연정교회와 후독교회(현 복죽교회)에서 부위렴(W. F. Bull) 선교사와 동사목사로 청원을 받아 세 교회를 섬겼다. 1916년부터 1920년까지 4년간 대창교회 초대 담임목사로 목회를 한 후 1920년부터 명량교회에서 사역하였다.

무보수로 16년 동안 섬기며,
자전거를 타고 복음을 전하던 이재언 목사

명량교회를 담임하던 이재언 목사는 1931년 맏아들 이은섭 장로에게 명량리에 있는 가산을 물려주고 둘째 아들 이은석 장로가 살고 있는 연정리로 이사를 와서 함께 살면서 연정교회에 출석하였다.

이재언 목사와 연정교회 교인들은 서로 잘 아는 사이였다. 두 교회는 지리적으로 가까웠고, 이재언 목사가 부위렴 선교사의 동사목사 시절이던 1914년부터 2년간 연정교회를 비롯하여 이웃의 대창교회와 복죽교회를 돌본 시기가 있었기 때문이다. 담임목사를 청빙하지 못하는 교회 형편을 잘 알던 이재언 목사는 연정교회에 제안을 했다. 그것은 바로 자신이 무보수로 연정교회를 섬기겠다는 것이었다. 목사 없이 장로들이 돌아가며 예배를 인도하고 설교를 하던 연정교회에서는 그 제안을 감사한 마음으로 받아들였다.

이재언 목사는 당초의 약속대로 1931년부터 77세가 되던 1947년까지 16년간 무보수로 연정교회를 섬겼다. 이재언 목사가 사례비를 받지 않고 사역을 할 수 있었던 것은 둘째 아들 이은석 장로에게 40여 마지기의 넉넉한 재산을 물려주었기에 가능했다.

이재언 목사는 교인들의 가정을 부지런히 심방하였다. 시간이 날 때마다 자전거를 타고 이웃 마을을 다니면서 복음을 전하고 저녁 늦게 집으로 돌아왔다. 집에 머무르는 동안에는 기도하거나 성경을 읽으면서 시간을 보냈다. 주변 교회 중에 목회자가 없는 교회를 찾아다니며 예배를 인도하며 성찬식을 거행하기도 하였다.

　이재언 목사는 교인들을 돌보며 전도에 힘을 쏟는 한편, 아들 이은석 장로에게 교회에 충성하는 훈련과 교육을 시켰다. 그는 명석하고 공부를 잘하던 이은석 장로를 자신의 뒤를 이을 목회자로 키우겠다는 계획을 가지고 있었다. 그러나 아들의 건강 때문에 그 꿈을 이루지 못했으나 아들을 뛰어난 평신도 지도자로 교회를 섬기도록 하는 데는 성공했다. 이재언 목사의 신앙과 희생정신을 이어받은 이은석 장로가 연정교회에서 '성자'라는 칭송을 받게 된 것은 하나님의 은혜다.

　이재언 목사는 연정교회 설립 이후 처음 40년 동안의 유일한 한국인 목사이면서 교회 역사의 절반에 가까운 18년 동안 목회를 한 인물이 되었다. 그는 목사직에서 물러나고 6개월 후인 1949년 9월에 하나님의 부르심을 받았다.

공산당원이 증언해준 '살아있는 성자' 이은석 장로

　이은석 장로는 이재언 목사와 조길련 사모의 2남 3녀 중 막내(2남)로 태어났다. 젖을 뗀 후로는 조부모와 침식을 함께 하면서 사랑을 받으며 자랐다. 성격이 온후하고 머리가 명석했던 이은석 장로는 집안 어른들의 기대를 한 몸에 받았다. 그러나 건강이 나빠 당시 명문학교였던 고창중학을 2년간 다니고 중퇴를 해야 했다. 공부를 잘하던 이은석을 눈여겨 보았던 일본인 선생들이 일본으로 유학을 권유하였지만 건강상 이유로 포기하였다.

그는 아버지 이재언 목사가 교회를 섬기는 모습을 보면서 자랐다. 부모로부터 물려받은 재산이 많았던 그는 남들에게 베푸는 삶을 살았다. 자기 자녀들보다 불우한 이웃을 먼저 돌보는 그를 가리켜 연정리 일대에서는 그를 '성자'로 부르기를 주저하지 않았다. 이은석 장로는 김제 노회의 유명한 세 사람의 장로 중 한 사람이었다. 연정교회의 이은석 장로, 봉월교회의 윤동석 장로, 죽산교회의 박우금 장로는 이웃을 사랑하며 성실하게 교회를 섬기는 장로로 그 지역에서 칭송을 받았다.

6·25 전쟁 때 이은석 장로를 비롯한 김제지역 교회 지도자들이 인민군들에 의해 월촌면에 있는 분주소에 끌려가서 심문을 받게 되었다. 이은석 장로 차례가 되어 인민군 앞에 섰을 때 그를 심문하던 보위부사람  옆에 서있던 지방 공산당원들이 그를 가리키며 "저 동무는 우리 농민과 노동자 편으로 평소 잘 해준 사람입니다"라고 이야기했다. 그 소리를 들은 인민군은 "당신이 이은석이요? 나가시오! 나가서 예수나 잘 믿으시오"라고 했다는 이야기는 이 지역 일대에 널리 퍼져 있는 유명한 이야기다.

이은석 장로

고아와 맹인을 입양하고
신학생과 전도사들을 보살피다

이은석 장로 호적에는 자신이 낳은 2남 3녀 외에 두 명의 자녀가 올라 있다.

한 사람은 우물가에 버려졌던 어린 여자였다. 이은석 장로의 부인 이연순 권사가 친정인 부안군 백산면 대수리에 갔다가 돌아오는 길에 만난 아이다. 동네 우물가에 허기져 졸고 있는 여자 아이를 보고 누구냐고 물으니 동네 여인들이 "오갈 데 없는 아이"라고 하였다. 이연순 권사는 집에 돌아와서 이 일을 남편 이은석 장로에게 말했다. 이 말을 들은 이은석 장로는 부인에게 불쌍한 아이를 그냥 두고 오면 어떻게 하느냐고 나무랐다.

그는 아이 생각에 잠을 설치고 이튿날 아침 일찍 자전거를 타고 대수리로 갔다. 그러나 그 때는 이미 동네 여인들이 아이가 자기 동네에서 죽으면 재수가 없다고 이웃 동네로 내쫓아 버린 후였다. 그는 수소문 끝에 이웃 동네에서 아이를 찾았다. 그러나 아이는 오랫동안 굶었던 탓인지 자전거에 바로 앉지도 못해서 이은석 장로는 자전거에 아이를 앉히고 떨어지지 않도록 끈으로 묶어서 집으로 데려왔다. 피골이 상접하고 살 것 같지 않은 아이를 목욕 시키고 옷을 갈아입혀 호적에 올려서 딸을 삼았다.

또 한 사람은 시각장애인이다. 이은석 장로가 완행열차를 타고 다니며 이웃 마을로 전도를 하던 어느 날 열차 안에서 고아로 보이는 어린 맹아(盲兒)를 만났다. 사람들이 다 내리는 역에서도 내릴 생각을 안 하고 울고 있는 것을 본 이은석 장로는 아이가 걱정이 되어 물었다. "너는 어디에서 내리느냐?"고 물으니 아이가 "나는 갈 데가 없어요"라고 힘없이 대답했다. 그는 아이를 불쌍히 여겨 집으로 데려와 자식처럼 길렀다. 이 장로는 이 아이를 대전 맹아학교에 보내서 공부시켰다. 그는 가정을 이루고 믿음으로 잘 살아가고 있다.

이 두 사람 외에도 이은석 장로 집에는 함께 산 사람들이 여럿 있다. 그 중 한 사람은 신앙의 자유를 찾아 월남한 가난한 신학생이었고, 다른 한 사람은 기거할 곳이 없는 전도사였다.
이렇듯 이은석 장로는 자기 핏줄을 이어받은 자녀 외에도 어려운 이웃을 자식처럼 입히고 교육시키는 사랑의 실천자였다.

성경 말씀에 기초한 그의 이웃사랑은 그침이 없었다. 미친 사람을 데려다가 함께 기거하는가 하면, 사경을 헤매는 사람을 심방하기, 굶는 사람에게 고기 국 끓여주기 등으로 이은석 장로의 이웃사랑은 계속되었다. 아마도 이은석 장로 내외에게는 세리와 죄인들의 친구로 사셨던 예수님의 마음이 특별했던 모양이다.

자신보다 이웃을 더 먼저 섬기며 진정한 이웃사랑을 실천하다

이은석 장로와 관련하여 아름다운 이야기는 연정교회에 많이 알려져 있다. 연정교회에 출석하는 가난한 교인들이 집을 지을 때에 자신이 소유한 산에서 나무를 베어다가 집을 짓도록 배려했다. 그 중에는 연정교회 장로 5명도 포함되어 있다.

이은석 장로는 평소에도 교회가 제일 먼저이고 그 다음이 교인과 이웃, 그리고 제일 마지막이 자기 집 식구들을 돌보는 것이었다. 연정교회가 교회를 개척하고 예배당을 지을 때는 직접 현장에서 일하면서 공사를 감독하기도 하였다.

부자였던 그의 집에는 값비싼 나무들이 많았다. 그는 "우리 집에는 좋은 나무가 필요 없다."고 하면서 그 중에서도 좋은 나무는 하나 둘씩 교회 마당으로 옮겨 심었다. 뿐만 아니라 "나는 세상물질에 욕심을 부리지 않고 오직 전도에만 힘을 쓰겠다."고 하면서 집안에서 값나가는 물건을 하나씩 남에게 주었다. 그는 자신이 남을 도와주는 일을 남에게는 물론이고 가족들에게도 이야기 하지 않았다.

지금도 후손들은 이은석 장로가 누구를 어떻게 도와주었는지 구체적으로 알지 못한다. 성경 말씀대로 오른손이 하는 일을 왼손이 모르게 선행을 했던 것이다. 이렇게 함으로써 결혼하여 분가할 때는 꽤 많은 재산을 물려받았던 그의 재산은 점점 줄어들었다.

이은석 장로는 교회 주일학교 교장으로 봉사하면서 믿음의 후손들의 신앙교육에 열성을 쏟았다. 연정교회 출신 윤남중 목사와 대창교회 출신 안경운 목사는 어린 시절에 이은석 장로의 사랑을 많이 받으며 신앙생활을 한 인물이다. 두 사람에게 신학교 진학을 적극적으로 권유하였던 이은석 장로는 신학교를 마칠 때까지 물심양면으로 도와주었다.

윤남중 목사는 1989년 한국에 기아대책기구를 창립하는 데 주도적 역할을 했으며 1997년부터 9년간 한국기아대책기구 회장을 역임하였다. 안경운 목사는 이리 신광교회에서 32년간 목회를 하였으며 대한예수교장로회(통합) 총회장을 역임하였다.

이렇게 이은석 장로가 가정 살림을 나 몰라라 하고 남을 도울 수 있었던 배경에는 그의 부인 이연순 권사의 이해와 든든한 내조가 있었다. 이연순 권사는 미국남장로회 선교부가 전주에 세운 전킨(전위렴, W. M. Junkin) 선교사 기념학교인 기전여고(紀全女高)에 다녔다. 여고시절부터 이 권사의 신앙은 뜨거웠다. 학교를 졸업하고 초등학교 교사로 근무하기도 했다.

결혼 후에는 시부모님께 효성이 지극하였고 남편을 위한 내조에는 헌신적이었다. 그는 덕을 갖춘 지성인이었지만 절대로 자기를 나타내려 하지 않았다. 그는 말없이 남편을 도와서 주님을 섬긴 신실한 그리스도인이었다.

연정교회 2대 담임목사였던 이기하 목사(합동측 장로교 총회장 역임)는 "이은석 장로님이 성자로 불리는 데는 배후에 감추어져 있는 부인 이연순 권사가 있기 때문이다."라고 하였는데 이 말은 이은석 장로의 가정을 아는 분들이면 누구나 공감하는 말이다.

새 양복은 남에게 줘버리고 평소 옷차림으로 아들 결혼식에 나타나다

이은석 장로의 이웃사랑의 백미는 아들 결혼식 예단과 관련된 사건이다. 막내아들 결혼식장에 나타난 그를 보고 가족은 물론이고 사돈집안 식구들도 모두 놀랐다. 평소 입고 다니던 양복을 입고 예식장에 나타났기 때문이다. 사돈댁에서는 신랑 아버지인 이은석 장로에게 예단과 양복 수공비를 보내주었는데 그는 그 옷감과 돈을 연정교회 출신의 가난한 전도사에게 줘버리고 평상복으로 예식장에 왔다.

심지어 이연순 권사가 몸이 허약한 남편을 위해 고기를 사다 놓으면 아무도 모르게 폐결핵으로 고생하는 환자에게 갖다 주기도 했다. 집안에 고급 빵이라도 눈에 보이면 가난한 이웃에게 나누어 주는 바람에 자녀들은 맛도 보지 못했다. 이런 일이 반복되자 자녀들로부터 원성을 사기도 했다. 자녀들은 그러한 아버지를 그때는 이해하기 힘들었다. 자녀들은 외부에서 보기에 자기 집이 부자였을지 몰라도 실제적으로는 변변한 밥상을 받아보기가 어려웠다고 한다.

자신이 가진 것을 가난하고 불쌍한 이웃에게 주기를 좋아했던 이은석 장로는 자녀를 따라 미국으로 이민을 갈 때 가지고 갈 옷가지가 하나도 없었다. 자녀들이 사준 좋은 옷은 하나도 없고 평상시 입던 옷뿐이었기 때문이다. 집에 있던 대부분의 옷을 버리고 작은 가방 하나만 가지고 미국으로 갔던 일화는 그의 이웃사랑에 대한 단적인 사례에 불과하다.

이은석 장로는 입버릇처럼 자녀들에게 한 말이 있다. "다른 사람의 유익을 위해서라면 손해를 보는 것이 좋다. 남의 허물을 말하지 마라."

이은석 장로의 영향을 받아 목사가 된 김복남 목사

이런 이은석 장로의 영향을 많이 받은 사람이 있다. 김기선 집사의 동생 김영선의 유복자 김복남(전주 동은교회 원로목사) 목사다. 그는 연정교회 설립자 가족의 후손이다. 지변화 전도사의 남편 김기선 집사가 큰 아버지이고, 김경집 집사는 둘째 큰 아버지다. 아버지 김영선은 김 목사가 어머니 뱃속에 있을 때 세상을 떠났다.

유복자로 태어난 그는 어릴 때부터 철저한 신앙훈련을 받았다. 신학교에 입학하자 어머니는 "목사는 가난해야 된다. 부하면 안 된다"라는 말을 강조했다.

기골이 장대한 김복남 어린이는 이은석 장로의 사랑을 많이 받으며 자랐다. 이은석 장로의 자녀들과 동년배였던 그를 이은석 장로는 아들처럼 대했다. 이은석 장로의 권유로 신학교에 입학한 그는 공동묘지에 가서 밤새워 기도하라는 권면을 충실하게 따랐다. 친구 세 명이서 높은 산꼭대기에 올라가 한 봉우리에 한 사람씩 앉아 밤새워 기도하기도 했다. 담력을 키우고 기도 훈련을 하는 데 아주 좋은 방법이었다.

이은석 장로는 김복남 목사에게 잊을 수 없는 교회 지도자다. 방학을 맞아 고향 교회를 찾아오면 그는 김복남 학생을 교회로 불렀다. 자기 앞에서 설교를 하게 했다. 설교를 다 듣고는 함께 토론도 했다. 신학생에게 설교 훈련을 시킨 것이다. 김복남 목사는 43년의 목회기간 동안 700여 회 부흥회를 인도하면서 큰 어머니 지변화 전도사와 이은석 장로의 이야기를 자주 들려주었다. 김복남 목사는 이은석 장로의 사랑을 아직도 잊지 못한다고 했다.

바울과 바나바처럼 서로 돕고 보완하던 이은석 장로와 박영현 장로

이은석 장로가 연정교회에 정착하고 평생을 남을 위해 봉사하면서 살 수 있었던 데는 신앙동지의 도움이 컸다. 동갑나기인 박영현 장로였다. 두 사람은 이재언 목사가 1949년 소천하고 난 뒤인 1950년 5월 함께 연정교회 장로로 임직을 받았다.

두 사람이 연정교회에 출석한 동기는 다르다. 이은석 장로는 어릴 때 대창교회에 다니다가 결혼과 동시에 연정교회에서 신앙생활을 하였다. 박영현 장로는 부모를 따라 어릴 때부터 연정교회에서 신앙생활을 한 인물이다. 이은석 장로는 부잣집 도련님으로 태어났고, 박영현 장로는 가난한 집안에서 태어나서 자수성가한 사람이다. 하나님께서는 이 두 사람을 통해 연정교회를 바로 세우셨으며, 서로 믿고 협력하는 것이 얼마나 중요한가를 보여 주시는 모범으로 삼으셨다.

신앙의 동지요 동갑이자 사는 집도 앞뒷집이었던 두 사람은 경쟁심이나 주도권 등으로 문제를 일으킬 수도 있는 형편이었다. 게다가 두 사람의 성격은 판이하게 달랐다. 이은석 장로는 성격이 부드러우나 신앙적인 면에서는 단호했다. 반면 박영현 장로는 쾌활하고 사교적이면서도 완벽한 성품을 가진 인물이었다.

따라서 교회 안에서의 역할도 확실하게 구분되었다. 이은석 장로는 주일 설교나 교회 내부적인 일을 주로 감당하였고, 공무원이었던 박영현 장로는 교회의 대외적인 일을 주로 맡아서 했다. 두 사람의 이런 면이 충돌하는 것이 아니라 좋은 쪽으로 진행되면서 두 사람은 마치 바울과 바나바처럼 서로를 도와주며 서로를 세워주는 아름다운 신앙 동지의 모습을 보여주었다.

박영현 장로는 연정교회의 설립자 중 한 사람인 박지홍 영수의 아들로 태어나서 평생을 연정교회에 출석하면서 신앙생활을 하였다. 외지인인 이은석 장로를 받아들이고, 서로 협력하며 하나님의 교회를 바로 세우는 데 일생을 바친 박영현 장로는 목회자와 교회를 섬기는 데 솔선수범한 인물이다.

100여 마지기의 전답을 소유했던 박영현 장로는 교회에서 제일가는 부자로서 교인들의 모범이 되는 헌금생활을 했다. 공무원이었던 박 장로를 대신해서 농사와 집안 일은 그의 부인 최정안 권사가 책임지고 있었다. 그의 아내는 이웃 대창교회 초대 장로이자 제2대 목사였던 최학삼 목사의 막내딸이다.

박영현 장로 부부는 벼를 심거나 추수하는 것에 이르기까지 모든 농사일 중에서 교회 앞에 있던 20마지기를 제일 먼저 했고 거기서 나는 소출은 온전히 교회에 바쳤다. 박영현 장로의 십일조 생활은 그가 불의의 교통사고로 세상을 떠나기까지 20여 년 동안 계속되었다. 그 후에는 최정안 권사와 고향에서 연정교회를 지키고 있는 그의 아들 박주철 장로에 이르기까지 계속되고 있다.

이은석 장로와 박영현 장로의 아름다운 동행은 80여 년이 지난 지금도 이어지고 있다. 이은석 장로의 후손들은 대부분 미국에서 생활하고 있어서 고향 교회를 방문하면 박영현 장로의 후손들과 형제의 만남처럼 다정한 정을 나누는 사이로 살아가고 있다. 부모의 아름다운 우정이 다음세대로 이어지는 귀한 모습을 보여주고 있다.

"사람들이 가기 싫어하는 곳에서 교회를 섬겨라"

이은석 장로는 평소 자신이 지은 시를 찬송가 곡조에 붙여 즐겨 불렀다. 그 중에서도 자신이 작사한 "하나님 접대(성자의 귀한 몸 날 위하여)"를 가장 즐겨 불렀다고 한다.

제목 : 하나님 접대(성자의 귀한 몸 날 위하여)
1. 내 안에 하나님 모셨으니
   두려운 맘으로 접대하네
   맘 항상 깨끗이 늘 단속하면서
   보는 것 듣는 것 조심하네
   ···············중략···············
4. 그 이름 부르며 잠을 깨고
   온 종일 잠시도 잊지 않네
   그의 뜻 보이심 조용히 살피고
   명령이 내릴 때 빨리 좇네.

그는 이 찬송가 가사처럼 자신의 삶을 온전히 하나님께 바쳤다. 남에게는 한없는 자비를 베풀었지만 자기 자녀들에게는 인색하였고, 신앙생활에 대해서는 원칙을 고수하는 원칙주의자였다.

아침에 일어나면 먼저 가정예배를 드렸다. 아침저녁으로 온 가족이 모여서 예배를 드렸다. 특히 아침 밥상을 받기 전에는 모든 식구들이 성경 구절을 외워야 했다. 자녀들은 그때 외운 성경 구절을 지금도 기억하고 있다. 외출을 하기 전과 외출 후 집으로 돌아와서도 감사와 예배를 드렸다. 이 집안에서 가정예배는 이명순 집사가 교회에 출석하기 시작한 시절부터 계속되어 온 것이다. 예배가 삶의 중요한 부분이었다. 뿐만 아니라 주일을 거룩하게 지키기 위해 토요일 저녁까지 모든 집안일을 마무리하도록 했다.

다음은 첫째 딸인 이영 사모가 결혼을 할 때 이은석 장로가 사위에게 들려준 말이다.

"목사가 되면 교단 정치에 관심을 갖게 되고 주님께서 원하시는 목회자의 길을 가기가 어려우니 독학으로 신학을 공부하고 남들이 가기 싫어하는 섬마을이나 벽지에 있는 교회에 전도사로 가서 섬겨라. 또 자식을 낳으면 그들의 교육을 책임져야 하고 자식에게 메이기 쉬우니 아이를 갖지 않는 것이 좋겠다."

그러면서도 "실력을 갖추어야 한다."고 하면서 자신이 공부하던 꽤 많은 책을 내어 주었다. 이 말은 목회자의 삶이 얼마나 어려운가를 가까이서 보았던 이은석 장로의 충고였을 것이라고 생각된다.

이은석 장로의 사위 최상선 목사는 "그때 아버님께서 하시는 말씀을 충분히 이해하였고 목사가 되어도 그 뜻을 따라 목회의 길을 가겠다고 다짐을 하였지만 은퇴를 하고 뒤를 돌아보니 주님께 온전히 드리지 못한 세월이었다는 생각이 들어 부끄러움이 많다."고 고백하였다. 겸손함이 대를 이어 내려오는 아름다운 모습이다.

"사람들이 가기 싫어하는 곳에서 교회를 섬거라."라는 이은석 장로의 말은 양지만 찾아다니는 사람들이 많은 오늘날 귀한 교훈이 되고 있다.

그 아버지에 그 아들 딸, 110년을 지켜온 위대한 믿음의 향기

전라남도 해남에서 광주를 거쳐 김제에 정착한 이주민 이명순 집사의 후손들은 110년 가까운 세월 동안 신앙가문으로 살아가고 있다. 이명순 집사의 아들 이재언 목사는 16년 동안 경제적으로 어려운 연정교회에서 무보수로 담임을 하였고, 그의 손자 이은석 장로는 김제지방에서 소문난 성자로 살았다. 자기가 가진 것을 교회와 교인들에게 베풀었고, 가난하고 억압받는 사람들에게 복음을 전하기 위해 자신의 재산을 팔았던 인물이다.

이은석 장로의 자녀들도 아버지의 성품을 이어받아 성실한 신앙인으로 살아가고 있다. 네 번째 개척교회인 군산 시은소교회에서 만난 사위 최상선 목사와 첫째 딸 이영 사모를 비롯한 이은석 장로의 2남 3녀(장로1, 집사2, 사모2)와 그의 손주들도 한국과 미국에서 110년의 세월 동안 조상들이 지켜온 믿음의 자세를 이어가려고 노력하고 있다.

이 글을 마무리하기 위해 다시금 이영 사모가 사역을 하였던 군산의 시은소교회에 전화를 했다. 전화기 건너편에서 낯선 목소리가 들려왔다.

"이영 사모님과 최상선 목사님은 은퇴를 하고 미국으로 건너갔고 내년 봄쯤에 한국에 다시 들를 예정입니다"라는 답변이었다.

이영 사모는 자신이 개척한 교회를 후배에게 물려주고 한국을 떠나 미국으로 갔다. 마치 아버지 이은석 장로가 모든 것을 다 주고 평상복으로 미국으로 간 것처럼 말이다. 그 아버지에 그 딸이었다.

믿음의 명문가들을 순례하고 그 삶을 기록하면서 늘 느끼는 바이지만, 위대한 신앙의 후손들에게는 숨길래야 숨길 수 없는 믿음의 향기, 신앙의 인격 같은 것이 풍기곤 한다.

지금도 내 눈에는 매일 낮 12시에 시간을 지켜 기도하던 이영 사모의 모습이 아련하게 떠오르고 있다.

2 "부산에 장기려 박사가 있다면 원주에는 문창모 박사가 있다"

―복음은 목숨 걸고 지키고, 환자는 목숨처럼 아낀 문창모 장로

문창모 장로 이야기

　문창모 장로는 평생 가난한 환자를 위해 헌신하였다. 의사생활을 70년이나 했지만 그는 자신의 이름으로 제대로 된 부동산 하나 소유하지 않고 가난하고 헐벗은 이웃을 위해 나누어 주었다. "부산에 장기려 박사가 있다면 원주에는 문창모 박사가 있다"고 할 정도였던 그는 원주지역에서 '한국의 슈바이처'라고 불리고 있다. 그는 의사로서 뿐만 아니라 교회 장로로서도 많은 사람들의 본이 되었다.

　양반집 자제로 태어나 한학(漢學)을 공부한 문창모는 어린 시절 '기독영성학교' 교장인 이인창 장로의 사랑을 받으며 기독교 복음을 영접하였다. 이인창 장로는 방학기간을 이용하여 제자를 데리고 선천읍에서 열린 사경회에 참석하였다. 그는 손자뻘 되는 문창모에게 밥을 지어주고 성경도 가르쳐 주면서 확실한 신앙을 갖도록 지원해 주었다.

　문창모 장로는 엘리트인 아버지의 뜻을 따라 오산학교에서 잠시 공부하였고, 배재학당과 배재고보를 졸업했다. 배재고보 졸업반에 다니던 1926년에는 서울시내 기독학생회의 6·10 만세사건을 주도하다 옥고를 치르고 퇴학을 당하기도 했다. 아펜젤러 선교사의 도움으로 어렵게 복학한 그는 졸업생 117명 중 97등으로 겨우 졸업을 했으나 세브란스의전에 합격하여 의사의 길을 걸었다.

문창모 장로

모교에서 의사생활을 시작한 그는 8·15 해방이 될 때까지는 해주·평양·용호도를 오가며 환자를 치료하였다. 해주 구세병원에 근무하던 1930년에는 셔우드 홀 박사와 함께 한국 최초로 크리스마스 씰을 제작하기도 했다.

해방 후 잠시 해주시장으로 재직하던 그는 공산주의자들의 협박을 피해 월남하였다. 인천도립병원·국립마산결핵요양원·세브란스병원·원주기독병원(현 원주세브란스기독병원) 초대원장으로 일했다.

그는 또한 전도사(현 장로)로 임명을 받아 1938년 제3회 감리교 총회 때부터 대의원으로 활동하기 시작해서 42년간 봉사했다. 문창모 장로는 일제가 1941년 한국 감리교회를 일본 감리교회 형태로 바꾸려고 시도하자 총회에서 이에 정면으로 반박하여 부결시켰다. 총회에서 성경 중 4복음서를 제외한 나머지 성경 내용을 삭제하자는 의견이 상정되자 이에 반대하여 부결시키기도 했다. 이 사건으로 그는 거의 죽을 정도로 일본경찰에게 몰매를 맞았다.

1931년부터 70년 동안 가난한 환자를 위해 헌신한 문창모 장로는 1958년에 원주 기독병원 설립과 동시에 내려온 이후, 2002년 95세를 일기로 별세할 때까지 의사로서 뿐만 아니라 장로로서도 원주 발전을 위해 봉사했다.

"부산에 장기려 박사가 있다면 원주에는 문창모 박사가 있다"

— 복음은 목숨 걸고 지키고, 환자는 목숨처럼 아낀 문창모 장로

문창모 장로를 찾아서

2011년 원주제일교회를 방문하여 『원주제일교회 100년사』를 한 권 얻었다. 그 책을 읽으면서 해방 전에 북한에서 의사생활을 했으며, 원주세브란스기독병원 초대 원장을 역임한 문창모 장로에 대해 간단한 정보를 얻을 수 있었다. 그는 원주시민들과 일부 의사들에게는 잘 알려져 있지만 평범한 기독교인들에게는 별로 이름이 알려지지 않은 인물이다.

궁금증을 해소하기 위해 원주제일교회 황창성 장로(현 원로장로)에게 전화를 걸어 문창모 장로와 관련된 질문을 했다. 몇 번의 통화 끝에 원주제일교회 카페에서 황창성 장로를 만났다. 황창성 장로는 자신이 가장 존경하는 분이 문창모 장로라고 하면서 자신이 소장하고 있던 문

창모 장로의 자서전 『내 잔이 넘치나이다』를 내게 주었다. 이 책을 통해 문창모 장로에 대해 더 많은 정보를 얻게 된 나는 본격적으로 문창모 장로에 대해 관심을 가지기 시작했다.

그는 부잣집 아들로 태어나서 의학을 공부하고 해주 갑부의 사위가 되어 부족함 없이 살았다. 의사로서 문창모 박사는 선한 사마리아인이었다. 그는 70여 년 동안 의사로 살면서 가난하고 불쌍한 환자를 자식처럼 돌보아 주었다. 교회 장로로서는 믿음의 원칙을 지킨 존경할 만한 믿음의 어른이었다. 그는 일제 강점기와 해방 후 북한 공산치하에서 믿음

을 지키다 모진 고난을 당했지만 결코 명예와 재물에 얽매이지 않고 믿음의 순결을 지킨 자랑스런 장로였다

1년 뒤인 2012년 2월 23일, 황창성 장로가 '원주기독병원 문창모기념 사무실'에서 열리는 '문창모 박사 10주기 기념 대담회'에 나를 초청했다. 모인 사람들은 문 장로 생전에 교류를 했던 사람들로 자신들이 본 문 장로에 대해 여러 가지 이야기를 나누었다. 대담회에 참석한 나는 특별한 두 사람을 만났다.

한 사람은 『믿음, 그 위대한 유산을 찾아서·1』에 실린 김용기 장로의 둘째 아들 김범일 장로다. 그는 원주 인근에 있는 가나안농군학교(원주) 교장으로 일하고 있다.

또 다른 사람은 서북지방 여성으로서 최초로 세례를 받은 전삼덕 전도사(이 책 4장 전삼덕 전도사 편 참조)의 4대 손부인 손숙자 장로다. 두 사람 모두 문창모 장로와는 오랫동안 깊은 신앙적인 교류를 해 왔던 인물이다.

2012년 3월 13일 문창모 장로 소천 10주기 기념예배가 열린 원주세브란스기독병원교회에서 그의 아들 문희원 권사 내외를 만나 문창모 장로 가문에 대해 간단하게 인터뷰를 하였다.

문창모 장로의 생애

엘리트 아버지와 헌신적인 어머니의 사랑 아래 신학문을 배우다

문창모 장로는 1907년 4월 평안북도 선천군 남면 삼성동에서 문승훈과 담양 전씨 사이의 3남 3녀 중 장남으로 출생하였다. 선천읍에서 30리 정도 떨어진 시골마을이었다. 소작료를 받으며 살아가는 여유 있는 지주집안에서 태어난 그는 어려서부터 아버지의 적극적인 지원을 받아 신학문을 배웠다.

문창모 장로의 아버지 문승훈은 1914년에 수원농림(현 서울대학교 농업생명과학대학)을 졸업한 엘리트였다. 그는 자신의 전공을 살려 농작물 개발에 힘을 쏟는 한편 동네 사람들을 위해 자비로 약을 구비해 두고 무료로 치료해 주는 등 지역사회를 위해 봉사하며 살았다. 아들에게 이웃사랑과 희생적인 봉사정신을 심어주었다.

그의 어머니는 전형적인 한국 여성이었다. 대가족의 뒷바라지를 하며 부지런하게 살면서 자녀들을 자립정신이 강한 인물로 길렀다. 자녀들에게는 스스로 잠자리를 정리하도록 했으며 추운 겨울에도 세수는 반드시 우물에서 물을 길어다가 하도록 했다. 그것은 바로 "네가 할 수 있는 일은 직접 하도록 해라"라는 자립정신을 심어주기 위한 자신만의 특별한 자녀교육 방법이었다.

문창모 장로는 영성학교에 다닐 때 주일학교를 한 번도 빠진 적이 없다. 그것은 어머니가 주일 아침마다 깨워서 밥을 먹고 교회에 나가도록 챙겨주었기 때문이다. 심지어 제사를 지낸 후에는 제삿밥을 먹지 않도록 따로 밥을 지어주는 수고도 마다하지 않았다. 그의 어머니는 유교적 전통을 고수하는 시어머니의 반대와 12명이나 되는 가족을 돌보느라 교회에 출석하지 못하였지만 맏아들이 교회에 나가 신앙생활을 잘 하도록 적극적으로 지원해 준 든든한 후원자였다.

문창모 장로의 어머니는 생전에 예배당에 몇 번 나가지 못했지만 갑작스러운 죽음을 앞두고는 아들이 다녔던 남창교회 장로를 초청하여 그들의 간절한 기도 가운데 세상을 떠났다. 그러나 서울에서 배재학교를 다니던 사랑하는 아들 문창모 장로는 임종은 고사하고 장례식에도 참석하지 못하였다. 졸업시험 기간 중이라 집에서 어머니의 소천 소식을 알려 주지 않았기 때문이었다.

"예수만 잘 믿으면 너는 우리나라 제일가는 인물이 될 거야"

문창모 장로의 아버지는 사랑하는 맏아들의 교육에 열심이었다. 그는 문창모 장로가 8세 되던 해에 한 살 위의 삼촌과 함께 인근 마을에 설립된 삼봉공립보통학교에 입학시켰다. 13살이 되던 1919년에는 마을에서 30리 정도 떨어진 곳에 설립된 남창장로교회 부설 기독영성학교에 입학시켰다.

이곳에서 문창모 장로의 인생은 극적인 변화를 맞이했다. 교장 이인창 장로는 어린 문창모에게 특별한 관심을 가지고 언제나 용기와 희망을 가지도록 격려해 주었다.

"너는 똑똑한데다 건강하고 또 아버지가 선각자이신만큼 모든 면에서 완벽하다. 예수만 잘 믿으면 우리나라에서 제일가는 인물이 될 거야."

어느 날 이인창 장로는 선천읍에서 개최되는 사경회에 문창모를 데리고 참석했다. 다음은 문창모 장로의 회고다.

"어느 날 함께 30여 리 떨어진 선천읍까지 걸어가서 사경회에 참석했다. 14일간의 모임 동안 선생님은 자신이 손수 밥을 지어 나를 먹이고 성경도 가르쳐주고 또 아침저녁으로 나를 위해 예수 잘 믿고 훌륭한 인물이 되게 해 달라고 간절히 기도해 주었다. 그 선생님 덕으로 나는 지금까지 70년간 예수를 믿고 있으나 당시 형편으로는 크게 잘못된 일이었다(제자가 선생님을 섬겨야 하는데 오히려 선생님이 제자를 섬긴 것 : 저자 주). 지금 생각하면 선생님의 덕분으로 예수를 믿게 된 것이 얼마나 잘된 일인지 모른다. 예수께서 가르쳐 주신대로 살려고 힘쓴 것이 내 인생을 완전히 지배했고 변화시켰다고 믿으며 교장선생님에 대한 고마움을 한시도 잊지 못한다."

문창모 장로는 오산중학교를 거쳐 배재학당 야간부로 전학을 했다. 소년 문창모에게 배재학당은 신앙인으로 살아가는 밑바탕을 마련하게 된 곳이었다. 배재학당에는 60세가 넘은 김진호 목사가 한문과 성경을 가르치고 있었다.

어느 날 그는 성실하고 똑똑한 문창모 학생에게 뜻하지 않은 제안을 했다.

"창모야, 주일마다 시골에 가서 아이들 성경 좀 가르쳐 줄 수 있겠느냐?"

"선생님께서 하라시면 하겠습니다."

그 길로 두 사람은 서대문밖 무악재 너머 홍제원으로 가서 이(李) 권사를 만났다. 하와이로 이민을 떠났다가 돌아온 이 권사는 문창모 학생에게 자신의 마루방을 빌려 주었다. 문창모 학생은 주일 오후마다 30여 명의 아이들을 모아 열심히 성경을 가르쳤다. 시간이 지나면서 아이들이 늘어나고 아이들을 따라 학부모들도 모여 예배를 드린 것이 현재의 홍제감리교회의 시작이 되었다.

김 목사는 16세가 된 문창모 학생에게 이번에는 여름방학 동안 전도여행을 떠나라고 권했다. 그는 김 목사의 조언에 따라 배재학당에 다니던 학생 5명과 함께 전도대를 만들어 동해안으로 전도여행을 떠났다. 서울역에서 기차를 타고 원산으로 가서 다시 작은 배를 타고 속초의 대포항으로 가는 긴 전도여행이었다. 그들은 한 달 간 속초 일대를 돌아다니며 복음을 전하였다.

배재고보 기독학생회장으로 6·10만세사건을 주동하다

배재학당을 졸업한 문창모 장로는 연희전문학교 수물과에 입학했다가 다시 배재고보 4학년으로 편입하여 공부했다. 5학년이 된 그는 기독학생회장에 당선되어 서울 시내에 설립된 기독교계통 학교 학생회장들과 함께 활동을 했다. 그러다가 1926년 6월 10일에 거행된 조선조 마지막 임금인 순종 임금의 장례식이 거행되는 날을 택해 조직적으로 만세운동을 펼치기로 계획했다.

    문창모 장로가 주도한 만세운동은 순수한 학생운동이었다. 서울시내 기독교계통 학교의 기독학생회장들은 피어슨성경학교(선교사 Arthur T. Pierson 기념신학교) 지하실에 모여 '서울시내 모든 학교에서 일제히 만세를 부르자'고 결의했다. 그들은 어느 날 정오를 기해 종로에 있는 연경이 울리면 모든 학교 학생들이 일제히 교문을 차고 나와 만세를 부르며 종로 네거리에 집합한 후 광화문 쪽으로 가서 조선총독부를 점령하자는 계획을 세웠다. 그곳에 모인 회장들이 만장일치로 거사를 승인한 후 밤을 새워 모든 준비를 다 마치고 다음날 정오만 기다리고 있었다.

    그러나 그들의 계획이 사전에 발각되었다. 회원들이 아침을 먹으러 나간 사이에 서대문경찰서에서 피어슨성경학교 지하실을 습격, 모든 문서들을 가져가 버렸다. 현장에 있던 몇몇 학생들은 체포되었으나 문창모 장로는 일본 경찰을 피해 도망 다녔다. 이튿날 신문에는 그의 사진과 기사가 함께 실렸다. 이 사건으로 그의 부모는 심한 정신적인 고통을 받았다.

    그러다가 평소 자신에게 호의를 베풀었던 김성호 선생의 권유로 자수를 한 문창모 장로는 서대문경찰서에서 죽을 정도로 매를 맞았다. 그 뒤 옛날 중앙청 앞에 있던 경기도 경찰국의 유치장에서 며칠 동안 호된 고문을 당했고, 서대문형무소의 비좁은 독방에서 옥고를 치렀다.

몇 달 뒤 기소유예로 풀려난 그는 학교로 찾아갔다. 그러나 자신이 감옥에서 지내는 동안 1학기 시험이 끝나버렸고 퇴학 처리된 사실을 알았다. 아펜젤러 선교사의 도움을 받아 11월 말에 겨우 복학하였다. 그러나 그는 이튿날부터 치러진 2학기 시험에는 백지를 내고 말았다. 졸업생 117명 중 97등으로 겨우 졸업을 한 이유다. 설상가상으로 그에게는 옥살이를 한 기록 때문에 관립학교 진학이 허락되지 않았다.

그는 할 수 없이, 지원 가능한 학교 중에서 가장 경쟁률이 높았던 세브란스의전에 지원했다. 10대 1의 경쟁률을 뚫고 당당히 합격하였다. 배재고보를 겨우 졸업한 본인은 물론이고 주위 사람들도 믿을 수 없는 결과였다. 이후 70년 동안 그는 선한 사마리아인으로 병든 사람을 치료해 주었다. 하나님의 예정하심이었다.

의사 문창모, 한국 최초의 크리스마스 씰 제작에 참여하다

문창모 장로의 의사 생활은 세브란스의전을 졸업하던 1931년 3월부터 시작되었다. 그의 나이 25세였다. 모교의 엑스턴(현재의 인턴)으로 시작하였다. 그러나 젊은 시절, 무료처방을 해준 것이 문제가 되어 사표를 냈다. 그 후, 해주 갑부인 장인이 마련해준 건물에서 개업을 준비하다가 포기하고 경성제국대학병원(서울대학병원) 이비인후과 부수(조교)로 취직하였다.

나중에 그는 장인의 도움으로 셔우드 홀(Sherwood Hall) 선교사가 운영하던 해주 구세병원으로 자리를 옮겼다. 해주 구세병원은 1909년 아더 노튼(Arther H. Norton)이 설립한 황해도에서 제일 큰 병원이었다. 노튼이 서울 세브란스병원으로 전임한 1926년부터 홀(Hall) 원장 내외가 부임하여 운영 중이었다. 홀 원장은 서울에서 선교사업을 하던 미국인 여의사와 캐나다 의사가 결혼하여 얻은 맏아들로서 평양에서 의료선교사업을 하던 중 태어난 국내 최초의 외국인 2세다. 그는 캐나다 토론토의대를 졸업한 후 해주 구세병원을 운영하면서 결핵요양사업을 시작하였다.

1930년 서우드 홀 박사는 안식년으로 미국을 방문하고 돌아와서 미국에서처럼 크리스마스 씰을 제작할 계획을 세웠다. 씰 발행과 판매까지 주관할 7인 위원회가 구성되고 문창모 장로와 김병서 박사도 참여하였다. 처음에는 거북선 도안을 가지고 발행허가원을 조선총독부에 제출했으나 거절당하였고, 남대문 도안으로 바꾸고서야 씰을 발행할 수 있었다. 평양지역 판매 담당이었던 문창모 장로는 한경직 목사의 도움을 많이 받았다.

그러다가 홀 원장이 1940년 11월 일제의 압력을 받고 인도로 가 버리는 바람에 결핵 퇴치를 위해 열성적으로 진행하던 크리스마스 씰 발행은 9회 만에 중단되었다. 해방 후 세브란스병원장을 지내던 문창모 장로는 1949년과 1951년에 사재를 털어 자신이 직접 그림을 그려서 씰을 발행했지만 실패하였다.

결국 1953년 결핵에 관심을 갖고 있던 주변 인물과 힘을 합쳐 대한결핵협회를 조직하였고, 그해 12월, 대한결핵협회 명의로 된 크리스마스

썰을 재발행했다.

"감옥에 가든지 용호도에 공의(公醫)로 가든지 선택하라"

해주 구세병원에서 일하던 문창모 장로는 평양기독병원 안·이비인후과(眼·耳鼻咽喉科)로 발령을 받았다. 그곳에서 안·이비인후과의 최고 실력자인 강해룡 박사에게 3년간 많은 것을 배웠다. 그러던 어느 날 황해도청 위생과장으로부터 즉시 용호도 공의(公醫)로 부임하라는 전보를 받았다. 문창모 장로가 거절하는 편지를 보내자 황해도경찰국 위생과장은 용호도에 공의로 가든지 아니면 감옥으로 가라고 협박했다.

용호도는 백령도 근처의 작은 섬으로 일제 강점기에는 서해안에서 가장 중요한 요새였다. 그는 용호도에서 두 가지 귀중한 경험을 하였다.

첫째는 전임(前任) 공의가 살던 집을 매입해 그가 병원을 개원한 1935년을 의미하는 '삼오(三五)의원' 이라는 간판을 달고 진료를 시작한 것이었다. 이것은 일본인들의 비위를 거스르게 했고 나중에 용호도에서 쫓겨나는 빌미가 되었다.

둘째는 어린아이와 권사 한 사람이 다니던 용호교회를 신축한 것이다. 교인이 늘어나고 용호도 주민들로부터 신뢰를 얻고 인기가 높아가자 일본 경찰은 옹진경찰서로 불러 협박을 했다. 결국 문창모 장로는 가족을 데리고 용호도를 떠나야 했다. 그는 신의주에 있는 강해룡 박사의 안·이비인후과로 가서 환자를 돌보았다.

해주에서 안·이비인후과 전문의원인 평화의원을 개원하다

신의주에서 살던 문창모 장로는 해주로 가서 장인이 마련해준 건물에 '평화의원'을 개원했다. 그는 장인의 반대에도 불구하고 일반인들에게는 다소 생소한 안·이비인후과 전문 의원을 개원했다.

그는 장인에게 자신의 생각을 설명했다.

"제 자신 의사이긴 하지만 안과와 이비인후과만 조금 아는 정도인데 모르는 분야의 환자까지 진료하는 일은 양심이 허락하지 않습니다. 환자가 없어 밥을 못 먹어도 좋으니 병원간판에 안·이비인후과 전문병원이라고 써 주십시오."

"네 병원인데 네 마음대로 하렴. 아무려면 몇 식구 밥벌이야 안 되겠냐. 하고 싶은 대로 해서 정말 밥벌이가 안 되거든 우리 집 쌀을 보내 줄 테니 돈벌 욕심 부리지 말고 자신 있는 분야를 열심히 하거라."

그는 자신의 이익보다 환자를 위하는 신앙양심을 택했다.

해주 구세병원을 운영하게 되다

문창모 장로가 해주에서 경제적으로도 안정되고 의사로서도 인정을 받으며 살아가고 있을 때 홀 박사가 일본의 미움을 사서 강제 출국조치를 당하게 되었다. 후임으로 문창모 장로가 거론되자 그는 거절하였다. 며칠 후에는 미감리교 선교사인 파론 부인이 찾아와서 일본인에 의해 어쩔 수 없이 미국으로 돌아가게 됐다고 말하고 지금 살고 있는 주택을 맡아달라고 부탁했다.

문창모 장로는 선교사의 권유를 뿌리치지 못하고 해주 구세병원 운영을 맡게 되었다. 원장으로는 경성제대 의과대학부속병원의 박(朴) 박사를 임명했으나 일제는 박 박사가 창씨개명을 하지 않았다고 시비를 걸었다. 결국 환자들이 몰리기 시작한 지 한 달도 채 안되던 어느 날 조선총독부는 해주 구세병원은 미국 사람이 하던 적산(敵産)이니 즉시 문을 닫고 폐업하라고 통보했다.

해주시장이 된 문창모, 공산군을 처벌하다 3·8선을 넘다

문창모 장로는 해방 후 잠시 해주시장으로 일한 적이 있다. 해방이 되자 서울의 이규갑 목사(2대 국회 문교분과위원장)의 권유로 해주시 건국준비위원회를 구성하였다. 위원장으로는 3·1만세운동 당시 독립선언서를 읽었던 정재용 장로, 부위원장에는 문창모 장로가 선출되었다. 그러나 위원장이 사표를 내는 바람에 문창모 장로가 격랑의 시기에 해주시장이 되었다.

그때 북쪽에 주둔하던 소련군들이 대낮에도 강도질과 부녀자들을 겁탈하는 일을 빈번히 자행하였다. 치안을 맡은 보안대에 공산군들이 존재하고 있어 크고 작은 사건들이 자주 발생하는 등 무법천지가 되어갔다.

그러던 어느 날 아침 보안대장이 공산군 주동자들을 잡아 그 중 6명을 처형하고 10명을 유치장에 가두었다. 문창모 시장(장로)은 보안대 책임자에게 이번 기회에 공산군들을 전부 몰아내라고 지시했다.

이 일로 해주시장 문창모 장로는 3명의 소련군에게 붙잡혀 머리를 총대로 얻어맞고 머리에 피를 흘리며 정신을 잃고 쓰러졌다. 소련군은 문창모 시장에게 수갑을 채우고 밖으로 끌고 나갔다. 이때 강석봉 박사가 현장을 목격하고 소련군의 제지를 헤치고 의료기구를 갖고 와서 상처 입은 곳을 소독하고 거즈와 붕대를 동여매주었다. 저녁때가 돼서야 겨우 풀려났다. 강 박사는 젊은 시절 문창모 박사의 도움을 받아 의사가 된 사람이었다.

해주 공산군들은 동료 6명을 죽인 책임자인 문창모 시장을 찾기 위해 혈안이 되었다. 그때 해주성결교회 최 목사의 도움으로 한밤에 용당포에서 배를 타고 용매도로 향했다. 그러나 용매도에 가까이 갔을 때 갑자기 불어닥친 강풍으로 돛대가 부러지는 바람에 배는 인근의 조그만 섬에 닻을 내렸다.

그곳에는 마침 예전에 문창모 장로가 진료해주었던 사람이 살고 있어서 배를 빌려 용매도 대신에 청단으로 갈 수 있었다. 하나님께서 문창모 장로를 잡으려고 공산군들이 기다리는 용매도를 피해 청단으로 가게 하셔서 안전하게 월남할 수 있게 해 주신 것이었다.

대한민국 4개의 대형병원 책임자로 일한 문창모 박사

하나님의 도우심을 받아 겨우 서울에 도착한 그는 무일푼에 직장도 없었다. 그는 자신이 졸업한 세브란스의전을 찾아가서 최재유 원장을 만났다. 배재고보와 세브란스의전 선배였던 그는 병원에 문창모 장로가 기거할 공간을 마련해 주었다. 문창모 장로는 의사 가운 대신에 작업복을 입고 환자 수발을 들어주고 허드렛일을 했다.

그러던 중 1945년 12월 보건부장(현 보건복지부장관) 이용설 박사의 부름을 받았다. 이용설 박사는 세브란스의전에서 자신을 가르쳐 주었던 은사였다. 그의 도움으로 문창모 장로는 1946년 1월 3일부터 인천도립병원 원장으로 일했다.

그는 매일 아침 직원 중 교인을 모아놓고 기도회를 가졌다. 그러자 도지사가 "공공기관에서 기도회는 곤란하니 중지하라"는 통보를 했다. 그는 "나에게 기도회를 금한다는 것은 원장직을 그만두라는 것"이라는 의견과 함께 사표를 제출했다. 겨우 질서가 잡혀 안정된 병원 분위기를 잘 알고 있던 도지사는 "소리나지 않도록 기도회를 가지라"라는 말을 하며 문창모 장로의 기도회를 인정해 주었다.

인천도립병원장으로 근무하던 문창모 원장에게 이용설 보건부장이 전화를 했다. 이번에는 직원들 간의 알력으로 경영이 어려워서 병원을 폐쇄해야 할 지경에 있는 마산국립결핵요양소를 맡아 달라고 했다.

이곳에서도 그는 기독교인으로서 최선을 다해 일했다. 그는 직원들의 화합을 도모하면서 자신은 낮은 자, 섬기는 자의 삶을 살았다. 병원 창고 안에 미군들이 가져다준 매트리스가 쌓여있는 것을 본 그는 머리에 수건을 두르고 무거운 매트리스를 지고 다니며 환자들에게 나눠주었다. 환자들은 푹신하고 편안한 매트리스를 받게 되자 그에게 감사해 했다. 식사 때마다 식당을 돌아보기도 하고 주방에 돈을 더 줘서 고깃국과 생선을 마련토록 하는 등 환자들에게 각별히 신경을 썼다. 어떤 때는 밥상을 들고 가서 환자들에게 직접 나눠주기도 했다.

한편으로는 직원들 간의 단합을 위해 인천도립병원에서 효과를 본 적이 있는 직원기도회를 시작했다. 이렇게 날마다 아침 9시부터 30분씩 직원기도회를 가졌다. 빠지는 직원이 거의 없었고 싫어하는 사람도 없었다.

1948년 8월 15일 정부가 수립되자 문창모 박사는 소장직을 사퇴하였다. 서울로 올라온 문창모 장로에게 세브란스의과대학 학장을 맡고 있던 이용설 박사가 전화를 했다. 그는 정부 수립 후 보건부장을 사임하고 세브란스의과대학 학장을 맡고 있었다. 세브란스병원장이 개인사정으로 사임하게 됐다며 후임 원장을 맡아달라는 부탁을 했다. 문창모 장로는 1949년부터 1955년까지 원장으로 재직했다.

세브란스병원장직을 사임한 문창모 장로에게 감리교단에서는 원주에 기독병원을 설립할 책임자로 임명했다. 그는 1959년부터 1963년까지 원주기독병원 초대 원장을 역임했다.

이로써 문창모 장로는 대한민국에서 내로라하는 4개 대형병원의 책임자를 두루 맡게 되었다.

일본기독교와의 합병과, 신약성경 축소를 목숨 걸고 반대하다

문창모 장로는 일제시대인 1938년 10월 감리교회 제3회 총회에서부터 42년간 총회대의원에 선출되어 감리교회 중앙무대에서 평신도 간부로 활약했다. 특히 1941년 정춘수 감독이 한국 감리교회를 일본 감리교회 형태로 개조하고자 하는 일에 반대 투쟁을 하다가 경찰에 끌려다니는 수모를 겪기도 했다.

문창모 장로는 자신의 일생을 두고 조금도 두려움 없이 해냈던 일이 두 가지가 있다고 말했다.

첫째는 감리교 총회 때 일본기독교와의 합병을 반대한 일이다. 친일파들이 일본의 사주를 받아 일본·조선기독교의 합병안건을 총회에 상정하였다. 그리고 일사천리로 합병이 통과되기 직전 혈기 왕성한 문창모 장로는 의사진행발언을 얻어 일본 기독교의 흉계를 신랄하게 비판하여 합병안이 부결되도록 했다. 일본 경찰이 총회 현장에서 총을 들고 서 있는 살벌한 분위기에서 문창모 장로는 죽을 각오를 하고 나선 것이다.

결국 일본·조선기독교의 합병은 실패로 돌아갔다. 그러자 그는 총회가 끝나고 나서 일본경찰들에게 엄청난 폭행을 당했다. 그는 이때의 폭행으로 거의 죽는 줄 알았다고 했다.

둘째는 성경에서 마태복음, 마가복음, 누가복음 및 요한복음 등 4복음서만 남겨두고 다른 내용은 삭제하자는 감리교 총회 안건을 반대한 일이다.

총회 당일, 총을 든 일본경찰은 참석한 사람들에게 공포 분위기를 조성했다. 총회에서 동의, 재청, 가부가 일사천리로 처리되고 있었다. 이날도 문창모 장로는 발언권을 얻어 강력하게 반대논리를 폈다. 성경은 세계적으로 공통 공인된 것인데 어떻게 우리만 4복음서만 성경으로 사용할 수 있느냐고 그 부당성을 일목요연하게 설명을 했다.

일제가 성경 중에서 4복음서만 성경으로 사용하라는 것은 바로 식민지 백성에게 일본 천황을 신격화하는 데 있어서 구약성경 창세기의 천지창조 등이 걸림돌이 되기 때문이었다. 문창모 장로는 그 부당성을 조목조목 지적한 것이다. 결국 이 안건도 부결되자 역시 예측한 대로 또다시 심하게 두들겨 맞았다.

그러나 문창모 장로는 "주권은 비록 빼앗겼지만 신앙의 정절마저 빼앗길 수 없다"는 철저한 믿음으로 목숨을 걸고 일제의 부당함에 맞섰다.

이후에도 그는 감리교 총회 대의원에 선출되어 순수한 신앙을 지키기에 힘쓰다가 왜경이나 친일 목사에게 몰매를 맞았다. 그런데도 그는 총회에 꼭 참석하여 기독교 교리에 따라 행동하였기에 경기도경의 요시찰 인물이 되었으며 끝내는 총회에 참석조차 못하도록 원천봉쇄도 당했다.

이렇듯 문창모 장로는 일제 강점기에 정당한 신앙심에 의해 항거한 철저한 신앙인이었다. 이와 같은 문창모 장로의 담대한 처신의 원동력은 젊은 의사로 용호도에 갔을 때 허물어져 가는 교회 건축과정에 받은 성령의 은사가 큰 힘이 되었다.

국회의원이 된 뒤에도 계속 환자들을 돌본 문창모 장로

문창모 장로는 네 번 정치에 참여하였다. 첫 번째는 해방 후 해주시장이 된 것이고, 두 번째와 세 번째는 권력을 가진 자들의 반(半)강제적 권유로 마지못해 국회의원에 입후보했으나 낙선된 경험을 가지고 있다.

네 번째는 정주영 현대그룹 명예회장이 창립한 통일국민당의 전국구 국회의원이 된 것이다. 1992년, 그때 나이 85세였다. 문창모 의원은 당시 국회의원 중 최고령자여서 국회 개원식의 임시의장으로 사회를 맡았다.

국회의원이 된 문창모 박사는 국회의원으로 활동하는 동안 매일 새벽 6시부터 환자를 진료하고 국회로 출근했다가 오후에 다시 환자를 돌보는 노익장을 과시했다.

잊을 수 없는 고마운 사람들

문창모 장로는 자서전 『내 잔이 넘치나이다』에 자신이 살아오면서 만난 사람들 중에 잊지 못할 사람들에 대해 기술한 것이 있다. 오늘의 문창모 장로가 있게 해 준 은사들이다.

첫째는 영성기독학교 교장이던 이인창 장로와의 만남이다. 이인창 장로는 문창모 학생을 사랑으로 보살피며 기독교 복음을 전해주었던 인물이다.

둘째는 세브란스의전을 다닐 때 생리학을 가르쳐 준 김호선 교수다. 그는 문창모 학생을 보면 "너, 교회 잘 다니냐? 예수 잘 믿어" "좋은 의사가 되려면 예수의 가르침대로 환자를 사랑하고 정성껏 치료해줘야 되는 것이야."라고 말했다. 좋은 의사란 예수를 잘 믿고 그의 말씀대로 환자들을 사랑하며 진실하게 치료해주는 사람이라는 교훈이었다. 문창모 장로는 70년을 의사로 지내면서 김호선 교수의 이 충고를 잊지 않고 지키면서 살았다.

셋째는 세브란스의전 3학년 때 외과를 담당한 이용설 교수다. 그는 해방 후 보건부 장관을 지낸 인물이다. 문창모 장로가 38선을 넘어 월남하자 인천도립병원, 마산국립결핵요양원과 세브란스병원장직을 맡게 해 주었다.

문창모 장로는 자신이 성장하면서 많은 사람들에게 은혜를 받은 것을 기억하고 살면서 자신도 남을 위해 헌신하였다. 그 중에는 해주시장으로 재직할 당시 소련군의 구타로 죽을 처지에 놓였을 때 그를 치료하고 목숨을 구해준 강석봉 박사(안양대학교 설립자, 초대학장)가 있다.

그는 1932년 감리교 선교부가 경영하는 해주 구세병원 안·이비인후과 과장으로 근무하고 있던 문창모 장로를 찾아왔다.

"저는 해주시내에서 한 60리 떨어진 운산면에 사는 강석봉이라는 사람인데 평양에 있는 의학 강습소를 다니다 어떤 어른 말씀이 그것보다는 지금 구세병원에서 일하시는 문 선생님 밑에서 실습하는 것이 더 효과적일 거라기에 왔습니다. 선생님 곁에서 실습을 좀 하도록 해주십시오."

그는 자신의 다짐대로 열심히 공부했다. 문창모 장로의 도움을 받아 유능한 의사가 되었다. 6·25 전쟁 후에는 문창모 장로의 뒤를 이어 인천병원장으로 일하면서 인천기독병원과 부속 간호고등학교(현재의 안산대학교)를 개교하였다. 그는 문창모 장로의 권유로 예수를 믿기 시작한 후 독실한 신자로 감리교회 장로까지 되어 한국 기독교를 위하여 많은 공헌을 하였다.

이 외에도 문창모 장로는 자신을 찾아온 사람들에게 많은 도움을 주었다. 유명한 대학교수가 된 사람도 있고, 훌륭한 신학자가 된 인물도 있다.

한국전쟁이 일어나자 환자들을 위해 병원을 옮기다

세브란스병원장으로 일하던 문창모 장로는 1950년 6월 25일 동대문감리교회에서 낮 예배를 드리던 중 6·25 전쟁 발발소식을 들었다. 그는 병원에 입원 중인 환자를 전부 퇴원시키고 필동의 한 집에서 숨어 지내다가 서울수복을 맞았다. 중공군의 개입으로 1·4 후퇴 때는 부산으로 피난을 갔다.

중공군의 남침을 걱정하여 정부가 잘한다고 단체로 남하시킨 많은 청장년들이 춥고 배고파 병들어 죽어가는 것이 국회에서 문제가 되었다. 이에 세브란스병원은 밀양과 기타 몇 곳에 집결되어 있는 많은 환자들을 경북 청도읍에 있는 초등학교로 이송하여 치료해 주었다.

청도세브란스병원은 입원 중이던 환자들을 전부 완치시켜 고향으로 가게한 후 폐업하였다. 그 후 미8군의 요청으로 전쟁 중에 원주로 가서 무너져가는 세브란스 분원을 개원하여 많은 군대 노무자들을 치료해 주었다. 그는 흙벽돌로 입원실을 지어 추운 겨울을 지내고 1953년 3월에

서울로 갔다.

원주세브란스기독병원을 설립하고 초대원장을 역임하다

세브란스병원장직을 사임하고 나서 힘들게 살던 문창모 장로는 평소 친분이 있던 미감리교 레인스 감독의 초청을 받아 미국에서 2년간 공부하였다. 귀국 후 국제대학 학장과 감리교총리원 초대 사회국위원장을 겸임하였다. 그에게 있어서 사회국 위원장은 본직보다 비중이 컸으며 시간도 많이 들여야 하는 직책이었다.

그는 진료소로 시작한 인천기독병원을 6·25 전쟁 후에 1천 병상(病床)이 넘는 대형병원으로 확장하는 일을 담당했다. 아울러 그 병원의 재산으로 새빛학원을 조직한 후 문교부에 법인등록을 하고 인천간호전문학교(현 안산대학교)를 설립하는 데 노력하였다.

문창모 장로는 병원 이사장으로, 새빛학원 이사장으로 병원과 대학사업을 성공적으로 이끌었다. 그가 사회국위원장으로 주도한 일은 신용협동조합, 인우학사(지방교역자 자녀 서울 유학 지원), 고아양육사업, 양로원사업, 여주여광학교 설립, 명동학사(지방교역자 자녀 서울 유학 여학생 기숙사), 인천기독병원 부설 인천간호전문학교 설립 등이었다.

원주 최초의 병원은 1913년에 완공된 '서미감병원(瑞美監病院, The Swedish Memorial Hospital)'이다. 미국에 있는 스웨덴 감리교에서 5천 달러의 병원 건축기금을 기부한 것을 기념하여 이름을 지은 것이다. 이곳에서 앤더슨 선교사, 맥매니스 의사 부부와 세브란스 출신의 한국인

의사 안사영, 이은계, 윤선옥 등이 환자를 진료하다가 의료 선교사의 부족으로 1933년에 문을 닫은 적이 있다. 또한 6 · 25 전쟁 중에는 임시 세브란스 병원을 설치하고 진료사업을 하던 곳이었으며 전후 피난민이 밀

원주기독병원 (문창모 장로 흉상)

집되어 있다는 점 등이 감안되었기 때문에 병원 설립이 신속히 이루어졌다.

1955년 미국 감리교 세계선교부 총무 부르스터가 원주에 와서 병원 복구의 필요성을 타진하였고, 5월에는 리우드 선교사가 원주병원건축 운영책임자로 임명되었다. 원주는 일제시대에 강원과 충북지역에서 유일하게 병원이 설립되었던 역사적인 지역이다.

감리교단에서는 이미 1952년에 인천과 천안, 강화도에 기독병원을 설립하였기 때문에 원주에는 더 크고 좋은 종합병원을 설립하기로 준비하였다.

문창모 장로는 초대 원장직을 맡아 1958년 원주로 내려왔다. 당시 주변 사람들은 소도시 원주로 내려가는 것을 극력 반대하였으나 그는 원주에 내려와 작업복을 입고 손수레를 직접 끌고 다니며 병원 건립에 열정을 쏟았다.

1957년 11월 15일에 건축이 시작되어 1959년 10월 8일에 준공한 병원 건축에는 총 34만 3천 불의 기금이 투입되었다. 캐나다 선교부와 한국기독교장로회 측에서도 병원 설립에 참여함으로써 병원 이름이 원주연합기독병원이 되었다. 이로써 원주에서는 선교사가 설립하였던 서미감병원이 폐쇄된 지 27년 만에 현대식 종합병원이 설립되었다.

문창모 장로는 1963년 원주세브란스기독병원장직을 사임하고 자신

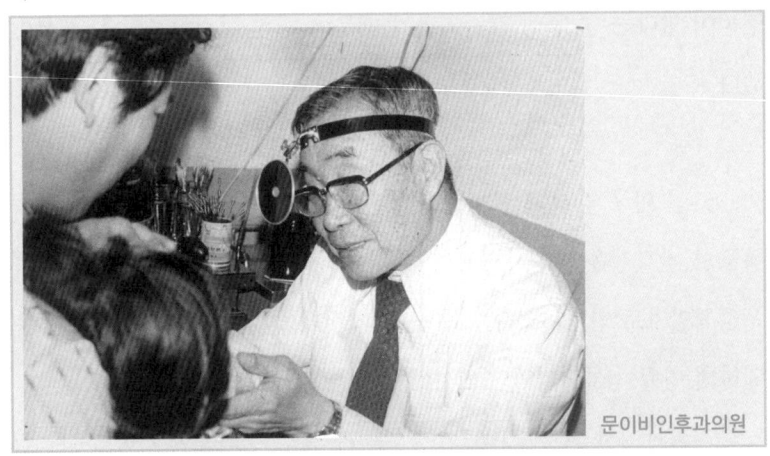
문이비인후과의원

의 이름을 건 이비인후과 전문의원을 개업하였다.

1931년에 의사가 된 후 2002년 하나님의 부르심을 받을 때까지 70여 년을 그는 가난한 사람을 돌보며 하나님의 영광을 위해 살았다.

전도와 교회교육의 모범, 원주제일감리교회

문창모 장로가 원주제일감리교회에 출석한 것은 1957년 원주기독병원장으로 취임하면서부터이다. 그는 2002년에 95세를 일기로 소천할 때까지 45년간 원주에 살면서 원주시 발전과 지역 복음화를 위해 힘을 쏟았다.

원주제일교회는 1905년 4월 15일에 설립되었다. 미국남감리회 선교사 무스(Robert J. Moose)가 원주에 와서 전한 복음을 영접한 장의권, 장서환, 한치선, 김봉규, 안인혁 등이 초대 교인이다. 창립 2년 뒤에는 선교지 분할협정에 따라 미국북장로회 관할이 되어 장로교 출신 김영옥 조사(이 책 6장 김영옥 목사 가문 참조)가 담임 교역자로 사역을 하였다.

1909년 9월에는 다시 원래의 미국남감리회 선교지 관할로 환원된 역사를 가지고 있다.

2015년에 설립 110년을 맞이한 원주제일교회는 교회 설립 초기부터 두 가지 영역에 크게 힘을 쏟았다.

하나는 교회 설립에 관한 것이다. 원주제일교회는 거리에 관계없이 교회가 필요한 곳이면 어디든지 장로 또는 임원을 파견하여 교회를 설립하였다. 지교회를 설립하면 교회가 자립할 때까지 재정적인 지원을 아끼지 않았다. 현재 원주 시내에는 원주제일교회가 설립한 교회가 여럿 있다.

1914년에는 만종교회를 개척하였다. 교회 설립 60주년을 기념하여 동성동과 개운동에 교회를 개척하였고, 100주년 기념교회인 문막제일교회를 설립할 때는 두 구역의 교인들을 기념교회에 출석하여 교회를 섬기게 하였다. 지금까지 국내에 개척한 교회가 20개, 해외에 설립한 교회가 20개에 이르는 것은 이 교회의 자랑거리다.

다른 하나는 인재양성이었다. 구체적으로는 자라나는 어린이 교육을 위한 유치원 교육과 신학생 지원이었다. 원주제일교회 앞마당에 세워진 '원주유치원'은 1916년 12월 27일에 설립한 것으로 원주지역 유아교육의 효시가 되어 '원주유치원'의 모체가 되었다.

또한 1960년에 8명의 신학생에게 장학금을 지급한 것으로 시작으로 지금까지 많은 신학생에게 장학금을 지급하여 훌륭한 목회자의 양성을 지원하고 있다. 원주제일교회에서 배출한 목사는 2014년 현재 40명이 넘는다.

문창모 장로의 원주 사랑

문창모 장로는 원주지역 기독교 발전을 위한 노력을 쉬지 않았다. 원주기독병원장을 역임하던 1958년에 기독교 모임인 '감리교 남선교회'를 조직하였다. 그 후 원주시 기독의사회를 비롯하여 11개에 이르는 기독교 관련 단체를 설립하여 원주시의 복음화를 위해 노력하였다.

한국기드온협회 원주캠프의 초대 회장을 역임하였던 그는 개인적으로 매주일 저녁 인근의 교회를 돌며 복음을 전하였다. 그가 원주지역 교회를 돌며 강연한 횟수는 500회를 넘는다. 그는 자신의 모든 것을 바쳐 교회를 바로 세우며 복음을 전하는 데 매진하였다. 뿐만 아니라 지역의 여러 학교를 방문하여 성경을 배포하는 일에도 열심이었다.

95세로 소천하기 1달 전에도 원주제일교회 황창성 원로장로와 함께 시내 고등학교 교문에서 기드온성경을 학생들에게 나누어 주었다.

이와 더불어 문창모 장로는 원주시 발전을 위해 많은 사회단체를 조직하고 이끌었다. 원주로타리클럽, 원주원성개발위원회, 치악장학회 등 20여 단체의 회장 및 위원장을 맡아 수고하였다. 1973년도에는 지역 유지들과 힘을 모아 연세대 의과대학 원주분교를 유치하기도 했다.

그래서 원주 사람이라면 누구나 "부산에 장기려 박사가 있다면 원주에는 문창모 박사가 있다."고 말할 정도다. 그를 두고 사람들은 '한국의 슈바이처'라고 부르기도 한다.

이러한 공로들을 인정받아 그는 무궁화대훈장에 추서되었고, 국민훈장 모란장, 연공상송학장, 누가상, 강원도 문화상, 원주시 문화상, 일가상, 독립건국포상(독립유공자)을 수상하기도 했다.

해주 갑부의 딸 이희주 장로, 부창부수(夫唱婦隨)의 모범을 보이다

문창모 장로의 아내 이희주 장로는 해주에서 갑부로 소문난 재산가의 맏딸로 태어났다. 어린 시절 미국남감리회가 해주읍에 설립한 의창여자보통학교에 다닐 때 기독교인이 되어 주일학교에 출석하였다. 미국남감리회에서 설립한 배화에서 수학하면서 신앙을 굳혔으며, 이화학당 대학부 시절에는 한 사람의 신앙 여성으로 인격이 형성되었다. 결혼할 당시에는 교회 주일학교에서 아이들에게 성경을 가르치는 믿음이 좋은 선생이었다.

그들은 대학에 재학 중이던 1928년 해주에서 제일 큰 감리교회인 남본정교회에서 결혼을 하였다. 결혼한 후 남편은 세브란스, 아내는 이화여대에 다니며 공부하여 두 사람은 같은 해(1931년)에 학교를 졸업하였다. 남본정감리교회(1902년 설립)에 다니면서 열심히 신앙생활을 하였다. 그의 아내는 권사로, 자신은 전도사(현 장로)로 임명을 받아 제3회 감리교총회 대의원으로 활동하였다. 이후 문창모 장로는 의사로서 교회 장로로서 신실하게 살았다.

이희주 장로는 문창모 장로가 1931년 세브란스의전을 졸업하고 경성제국대학(현 서울대학교) 병원에 있을 때나 해주 구세병원에서 근무할 때도 예배당 모임에는 한 번도 빠지는 일이 없었다. 평양기독병원에서 근무할 때는 이용도 목사 부흥회에 참석하기 위해 돌도 안 된 아기를 재워놓고는 철야기도회에 가서 밤을 새울 정도로 열심있는 기독교인이었다.

남편이 어느 날 공의라는 명목으로 황해도 옹진군 용호도라는 더럽고 냄새나는 섬으로 쫓겨가서 살 때도 아무 불평 없이 내조를 했다. 뿐만 아니라 그곳에 있는 조그만 감리교회에 주일학교 선생으로 봉사했다. 여전도사와 힘을 합쳐 밤을 새워 기도하며 힘써 새 성전을 짓고 많은 교인들이 모이는 큰 교회를 만드는 데 온갖 정성을 다했다.

원주에 와서 문창모 장로가 원주기독병원장으로 근무할 때는 병원이 매우 어려웠다. 밤새워 근무하여도 수입이 별로 없어 월급조차 제대로 받지 못할 정도였다. 그러나 생활비가 부족한 가운데서도 교회 일에 열심을 다했다. 절약 정신이 몸에 밴 그녀는 식구들이 반찬을 남기는 것을 허락하지 않았다.

원주제일교회에서 열심히 신앙생활을 한 그녀는 원주제일교회 최초의 여자 장로가 되어 여선교회 회장 등을 맡아 교회 일에 충성했다. 그녀가 일생동안 꾸준히 한 일은 엽서전도였다. 매주 금요일에는 "내일 꼭 교회에 나오십시오" 하고 엽서 20여 장을 써서 원근 친구들에게 보내는 것이 엽서전도였다. 그로 인해 많은 사람이 교회에 나왔다.

이희주 장로는 검소하게 생활하면서도 남을 도와주는 일에는 인색하지 않았다. 부잣집 맏딸로서는 보기 드문 생활이었다. 이희주 장로는 원주 YWCA의 초대회장으로 오늘의 YWCA의 기초를 세워놓았고 원주제일감리교회의 구호위원장으로 가난한 이, 불우한 이를 돕는 일에 앞장을 서기도 했다. 그 남편에 그 아내였다.

그 남편에 그 아내, 그 아버지에 그 자녀

문창모 장로의 생활은 소박하고 검소하였다. 아니, 자신을 위해 쓰는 것에는 인색할 정도였다. 신문지나 습자지로 된 달력종이를 화장지 대신 쓰고 밖에서 식사를 할 때 식당에서 제공하는 냅킨을 집으로 가져와

원주YMCA창립총회

서 사용하였다. 일가상(가나안농군학교에서 수여하는 사회봉사상) 수상식에 참석하기 위해 서울에 간 그의 양복 주머니 속에는 달력 종이와 냅킨이 들어있었다. 코를 푼 냅킨을 다시 집으로 가져가서 화장실에서 사용하기 위해서였다.

평생을 의사로 일했고 국회의원이라는 명예도 누렸지만 그의 재산은 문이비인후과와 살림집으로 쓰던 낡은 콘크리트 집이 전부다. 그것도 친구들이 돈을 모아서 지어준 집이다. 20평 남짓한 이 집에서 예비역 중령인 아들 내외와 손자 내외 그리고 증손자까지 4대가 함께 살았다.

그는 언제나 "하면 된다. 책임을 완수하자. 이웃을 섬기자."는 세 가지 인생철학을 실천하며 살았다.

이화여대 교수를 지낸 장녀 문인숙씨는 문창모 장로의 자서전 『천리마 꼬리에 붙은 쉬파리』라는 책에서 아버지를 이렇게 회고했다.

"어린 시절 나는 아버지를 무척 좋아했고 존경했다. (중략) 위에서 무슨 문패를 다섯 개나 그것도 어린아이들 것까지 다는 경우가 있느냐고 했다. (중략) 결국 우리 집은 문패를 다섯 개나 다는 이상한 집이 되었다. 여기서 나는 어린아이도 한 인격체로서 대우받는 인간임을 인식했을 것이고 나의 자존심을 키우는 데 크게 기여했다고 생각한다.

우리 아버지는 기분파이고 자상하시다. (중략) 어머니가 충청도의 한 기도원에 가셨는데 아버지가 어머니 생일이라고 원주에서 찾아가셨다는 이야기를 해주셨다. 비가 많이 오는 밤이었는데 비를 흠씬 맞으면서 선물을 들고 가셨다는 것이다. 어머니가 말년에 병원에 계시는 날이 무척 많았는데 아버지는 하루도 빠지지 않고 매일 두 번씩, 새벽에 그리고 밤에 입원실에 들르셨다. (중략) 어머니가 천당에서 기다리고 있으니 새 장가는 갈 수 없다고 혼자 사신다."

문창모 장로의 1남 2녀 중 맏아들인 문희원 권사는 부모의 뒤를 이어 원주제일감리교회에 출석하며 신앙생활을 하고 있다. 배재중학교 5학년 때 6·25 전쟁이 일어나자 학업을 중단하고 육군에 입대했다. 그는 유엔군이 인천상륙작전을 성공하던 날 육군장교로 입대하여 조국수호에 앞장섰다. 월남전에 참전하기도 한 그는 1973년 중령으로 전역할 때까지 충실한 군인으로 살았다.

어머니 이희주 장로가 소천한 후 아버지를 모시고 함께 생활한 그는 부모님의 절약정신을 늘 기억하며 살아가고 있다. 아버지는 집에서는 별 말이 없었고 저녁 8시~9시까지 진료하였을 뿐만 아니라 늘 외부일로 바빠서 식구들끼리 오붓한 저녁식사를 한 적이 별로 없었다.

문희원 권사는 슬하에 세 아들을 두고 있다. 맏아들은 회사원이고, 둘째와 셋째는 캄보디아 선교사로 활동하고 있다.

문희원 권사는 자신은 비록 아버지 문창모 장로와 어머니 이희주 장로의 신앙생활과 사회봉사를 뒤따라가지는 못하지만 부모님의 신앙생활을 본받아 믿음으로 살아가려고 노력하고 있다. 특히 아버지 문창모 장로를 기억하는 원주시민들에게 혹여나 아버지의 이름에 오점을 남기지 않도록 늘 몸과 마음가짐을 조심하고 있다고 했다.

어쩌면 문창모 장로는 다른 어떤 원주시민보다 더 원주를 사랑했던 인물인지도 모른다. 그는 자신의 삶의 절반에 해당하는 후반부 45년간 원주에 정착해 살면서 수많은 원주시민들을 무료로 진료해 주었고, 가난한 사람들에게 하나님의 사랑을 실천한 인물이다. 뿐만 아니라 그는 원주지역 발전을 위해 각종 기관단체를 조직하여 정상의 자리에 올려놓았고, 매주일 저녁마다 지역 교회를 돌며 복음을 전하였다.

그는 소천을 불과 10여 일 앞두고 90이 넘은 나이에 원주시내 고등학교를 찾아다니며 성경을 전해주는 일을 계속한 인물이었다. 하늘로 돌아가는 그 순간까지도 그는 복음을, 그리고 원주를 사랑한 사랑의 사람이었던 것이다.

3 가난과 시련을 넘어 믿음으로 살았던 추풍령의 성자

— 추풍령 고갯마루에 복음을 뿌린 정철성 영수

정철성 영수 이야기

"예수를 믿으면 술을 마시지 않고 담배도 피우지 않고 축첩을 하지 않습니다."

25세의 젊은 부해리(Henry Munro Bruen, 1874-1959) 선교사가 추풍령 지역을 돌며 전한 이 짧은 설교에는 강력한 힘이 있었다. 1899년에 미국 북장로회 선교사로 입국하여 경상북도 서북부지역에서 복음을 전하던, 파란 눈을 가진 젊은 선교사의 어눌한 말 한 마디가 한 개인과 가정 나아가 그 지역을 변화시키는 계기가 되었다.

어린 시절 극심하게 가난한 생활을 하였던 정철성 영수는 젊은 선교사가 전한 복음이 자신의 가슴을 울리는 것을 느꼈다. 예수를 믿으면 자신이 지금까지 보아온 불합리한 사회가 바로 세워질 수 있다는 희망을 보았던 것이다. 마을 사람들은 선교사의 복음보다는 노름과 술을 즐기는 삶을 계속했으나 정철성 영수는 즉시 예수를 영접하였다.

예수를 믿기로 작정한 정철성 영수는 선교사가 가르쳐준 대구제일교회(1897년 설립) 주일예배에 참석했다. 추풍령에서 대구까지 200리 길을 걸어서 갔다. 복음은 늘 그의 마음을 감동시켰다. 집으로 돌아오는 중에도 그는 선교사의 설교 내용을 머릿속에 떠올리며 그 의미를 되새겼다.

며칠 만에 집으로 돌아온 그는 가족들을 모아놓고 벅찬 감격으로 설교 내용을 식구들에게 전해주었고 식구들도 기쁜 마음으로 말씀을 들었다.

1901년 부해리 선교사가 추풍령에서 가까운 김천에 송천교회를 설립하자 이번에는 80리(32km)를 걸어서 송천교회에 출석하며 신앙생활을 하였다. 주일 낮예배를 비롯하여 저녁예배까지 드리고 집으로 돌아오기 위해서는 3일이 소요되었지만 그는 기쁜 마음으로 예배에 참석하였다. 이후, 그는 1903년 자기 집 잠실(누에 키우는 방)을 개조하여 예배처소로 사용했다. 관리교회(현 추풍령제일교회)의 출발은 이렇게 시작이 되었다.

열심히 일한 그는 머슴을 두고 농사를 지을 정도로 재산을 모았다. 어느 해 가을 추수가 한창이던 때에 밤이 되면 누군가가 들에 세워둔 볏단을 훔쳐가는 일이 발생했다. 벼를 훔쳐간 사람을 찾아 나섰던 그는 자기 이웃에 있는 사람이 벼를 훔친 범인임을 알고는 모른 척 용서했다.

정철성 영수 가문은 그의 외동아들 정석구 장로에 이어 손자 정병우 장로에 이르기까지 110년이 넘는 세월동안 3대에 걸쳐 교회 지도자로 세움을 받아 믿음의 대를 이어가고 있다.

가난과 시련을 넘어 믿음으로 살았던 추풍령의 성자
― 추풍령 고갯마루에 복음을 뿌린 정철성 영수

정철성 영수를 찾아서

2011년 6월에 추풍령제일교회를 방문하여 김홍일 목사와 대화를 하던 중 정철성 영수 가문에 대한 이야기를 듣게 되었다. 김홍일 목사는 추풍령제일교회의 설립 배경과 역사에 대해 설명하면서 각종 자료를 건네주었다.

김홍일 목사와의 대화를 통해 젊은 시절을 가난 속에서 보냈던 정철성 영수가 어떻게 경상북도와 충청북도의 경계지역인 추풍령에 교회를 설립하였는지, 그리고 그 후손들은 어떻게 신앙생활을 하고 있는지를 알게 되었다. 정철성 영수 가문과 관련된 자료를 찾아가는 과정에서 작은 시골교회의 아름다운 모습들을 발견할 수 있었다.

정철성 영수의 손자인 정병우 장로가 출석하는 교회 전화번호를 받아 들고 조심스럽게 전화를 했다. 전화기 건너편에서는 초동교회 강석찬 담임목사(현 예따람공동체)의 목소리가 들렸다. 강석찬 목사는 영주 내매교회 강병주 목사의 후손으로서 필자가 애타게 찾고 있던 사람이었다.

반가운 마음에 전화를 건 용건을 말하고 강병주 목사의 후손임을 확인하는 순간, 전율을 느꼈다. 추풍령제일교회 설립자의 후손을 찾는 과정에서 전혀 상상하지 못했던 다른 가문의 후손과 통화하게 된 것은 필자가 진행하고 있는 『믿음, 그 위대한 유산을 찾아서』가 개인의 일이 아니라 하나님이 기뻐하시는 일이라는 생각에 하나님께 조용히 감사기도를 드렸다(강병주 목사 가문 이야기는 『믿음, 그 위대한 유산을 찾아서·1』에 수록되어 있음).

정철성 영수 손자와의 통화는 순조롭게 진행되었고, 그 후로도 몇 차례 전화와 이메일을 통해 자료를 얻었다. 물론 『추풍령제일교회 100년사』에 기록되어 있는 내용도 많았지만 후손에게 직접 그 내용을 듣는 것은 또 다른 즐거움이자 영광이었다.

정철성 영수 가문에 대한 글을 쓰면서 느낀 것은, 하나님은 하나님의 시간과 때를 따라 하나님의 방법으로 사람을 들어 쓰신다는 것이다. 경상도에서 한양을 가는 길목에 위치한 추풍령고개는 "바람도 자고 가고

추풍령제일교회

구름도 쉬어간다"는 노랫말처럼 옛 사람들에게는 험한 고갯길이었다.

그러나 지금은 추풍령고개를 과거처럼 걸어서 넘나드는 사람은 없다. 교회가 설립된 이후 철도와 고속도로가 개설되면서 서울과 영남지역을 잇는 교통의 요충지가 되었다.

정철성 영수의 생애

추풍령에서 걸어서 대구제일교회에 출석한 정철성 영수

추풍령은 경상도와 충청도를 연결하는 교통의 요지다. 이 지역에 복음이 전해지던 시기에 추풍령은 행정구역상으로 경상북도에 속해 있었다. 따라서 대구에 선교부를 둔 미국북장로회 선교사들은 1899년 경부터 멀리 추풍령까지 와서 복음을 전해 주었다.

이 지역 담당 선교사는 부해리 선교사였다. 그는 열심히 찾아와서 복음을 전했다. 그러나 오지였던 추풍령지역 사람들은 유교적인 전통과 미신에 사로잡혀 있어서 쉽게 마음을 열지 않았다. 해발 221미터의 추풍령이 선교사들에게는 쉽게 넘지 못할 산처럼 보였다.

그러던 중 1900년 어느 날 젊은 부해리 선교사는 조사(助事, Helper)와 권서인(勸書人)을 대동하고 추풍령에 들러 복음을 전했다. 이날도 그는 마을 사람들에게 짧지만 강한 어조로 복음을 전했다.

"예수를 믿으면 술을 마시지 않게 됩니다."

비록 어눌한 한국말이었지만 키가 크고 파란 눈의 선교사가 건네 준 이 한 마디는 30대 후반인 정철성의 심장을 뛰게 만들었다. 과연 예수가 누구이기에 그를 믿으면 술을 마시지 않게 된단 말인가?

"예수를 믿으면 술을 마시지 않는 것은 물론이고 담배를 피우지 않고 축첩을 하지 않습니다."

더욱이 예수를 믿으면 담배를 피우지 않을 뿐만 아니라 축첩도 하지 않는다니 예수가 누구이기에 그런 일이 일어난다는 말인가?

선교사가 전한 메시지는 자신이 지금까지 살면서 보아온 마을 사람들의 생활상과는 엄청나게 차이가 나는 말이었다. 그는 선교사의 이어지는 말에 감명을 받았다. 그는 가난한 시골을 잘 살게 만드는 길이 예수를 믿는 것이라고 생각하고 즉시로 예수를 믿기로 작정했다. 추풍령 일대에서 첫 번째 기독교인의 탄생이었다.

기독교인이 된 정철성은 기쁜 마음으로 대구제일교회 주일예배에 참석했다. 대구제일교회는 1897년에 대구·경북지역에서 최초로 설립된 교회였다. 추풍령에서 대구까지 200리 길을 걸어가서 참석한 첫 번째 예배에서 그는 많은 사람들이 모여 찬송을 부르며 하나님의 말씀을 듣는 것에 감격했다. 별다른 대중교통수단이 없던 시절이라 매주일 왕복 400리를 걸어다니기 위해선 며칠이 걸려야 했지만 선교사의 설교는 그에게 새로운 소망을 안겨주었다. 그는 집으로 돌아와서 가족들을 모아놓고 선교사의 설교 내용을 전해주었다.

가난했던 어린 시절 남들처럼 한문교육을 받지 못했던 정철성은 한자로 기록된 성경책을 읽는 데 어려움을 겪었다. 예배에 참석하는 것만으

대구시 유형문화재 30호 대구제일교회

로는 부족함을 느낀 그는 옥편을 찾아가며 성경 말씀을 하나씩 익혀나 갔다.

나중에는 한문 성경을 여러 차례 통독하여 해박한 성경 지식을 바탕으로 교회 지도자로서 예배시간에 설교를 할 정도가 되었다.

대구제일교회와 안의와 선교사

대구·경북지역에서 복음을 전하기 위해 대구선교부를 설립한 사람은 안의와(安義窩, James Edward Adams, 1867~1929) 선교사다. 그는 1867년 5월 2일 미국 인디애나주 맥코이(McCoy)에서 태어나 1888년 캔사스주 토피카(Topeka)의 워시번 대학(Washburn College)을 졸업하였다. 그 후 1년간 존스 홉킨스(Johns Hopkins University)에서 수학하고 1894년 맥코믹(McCormick) 신학교를 졸업하였다.

목사 안수를 받은 안의와 선교사는 미국북장로회 선교부로부터 한국 선교사로 임명을 받아, 1895년 5월 29일 가족들과 함께 누나가 있던 부산에 도착하여 한국 선교를 시작하였다. 그의 누나는 부산에서 선교사로 활동하던 배위량 선교사의 부인이었다. 그는 배위량 선교사로부터 대구 선교를 인계받은 1년 후인 1897년 11월 1일 가족들(부인 Nellie Dick Adams, 1866-1909, 아들 Edward)과 어학 선생 김재수, 그리고 출산을 앞둔 부인을 위해 동행했던 임시 보모와 함께 대구에 도착했다.

안의와 선교사는 1897년 말 자신과 함께 대구에 온 일행 7명과 함께 남문안교회(현 대구제일교회)를 설립하였다. 이것이 대구·경북지방에 세워진 최초의 교회다. 초대교인은 자신을 비롯하여 부인과 자녀 그리고 보모였다.

그 후 교회는 나날이 성장하여 1900년 봄 존슨 의사의 조수 서자명과 정완식, 김덕경 등이 출석하여 세례를 받았고, 이듬해부터 교인이 급증하여 1907년에는 800여 명에 이르게 되었다.

안의와 선교사는 1923년 병으로 대구를 떠날 때까지 경북 곳곳에서 선교활동을 펴 많은 교회를 설립하였다. 또한 계성학교를 비롯하여 많은 학교를 세워 교장을 역임하는 등 교육사업에도 힘을 기울였다. 그의 장남 안두화 목사는 계명대학교 설립자로서 오랫동안 대구에서 살았다. 이처럼 안의와 선교사를 비롯하여 그의 후손들도 모두 한국을 위해 헌신 봉사하여 많은 업적을 남겼다.

송천교회와 부해리 선교사

1901년 부해리 선교사가 추풍령에서 대구로 가는 길목인 김천에 송천교회를 설립하였다. 경상북도 서북부 지역의 최초 교회다. 정철성 영수에게는 반가운 소식이었다. 송천교회는 추풍령에서 80리 길 정도로, 대구제일교회의 절반 거리였기 때문이다. 부해리 선교사는 그해 김천 부근에 죽원교회(선산군 옥성면), 상모교회(구미)도 설립하였다.

부해리 선교사는 1874년 미국 뉴저지주에서 제임스 브루엔의 둘째 아들로 태어났다. 12세 때 어머니가 세상을 떠나고 할머니 품에서 성장하였다. 그의 할머니는 저명한 성경학자로서 손주들을 신앙적으로 잘 키웠다. 할아버지(James McWhorter Bruen)와 아버지(James Dehart Bruen)도 목사였다.

1896년 프린스턴 대학을 졸업한 후 할아버지와 아버지가 신학을 공부한 뉴욕의 유니언 신학교(Union Theological Seminary)를 졸업하였다. 1899년 목사 안수를 받아 3대째 목회자의 대를 이은 그는 대구지역 세 번째 선교사로 부임하였다. 그는 안의와 선교사와 장인차 선교사 등과 합력하여 대구·경북지역의 복음화에 기초를 놓았다.

송천교회

부지런한 정철성 영수는 한 주간도 빠지지 않고 예배에 출석했다. 그는 주일 낮예배뿐만 아니라 주일 새벽예배, 낮예배, 저녁예배까지 참석하였다. 한 번 집을 나서면 꼬박 3일이 걸리는 여행이었지만 그의 발걸음은 가볍기만 하였다. 그는 집을 나설 때면 언제나 짚신과 주먹밥을 싸서 등에 메고 비가 오나 눈이 오나 걸어 다녔다. 그의 삶은 밭에 감추인 보화를 발견한 농부와 같이 기쁘고 즐거웠다. 매 주일 듣는 설교는 그에게 삶의 원동력이 되는 기쁜 소식이었다.

"천국은 마치 밭에 감추인 보화와 같으니 사람이 이를 발견한 후 숨겨 두고 기뻐하며 돌아가서 자기의 소유를 다 팔아 그 밭을 사느니라."
(마태복음 13장 44절)

정철성 영수에게 있어서 선교사가 전해준 복음은 세상에서 가장 소중한 것이 되었다. 송천교회에 다니며 신앙생활을 하던 정철성 영수는 40세가 되던 1902년 송천교회에서 부해리 선교사로부터 세례를 받았다.

마흔이 넘은 나이에 왕복 3일 길인 송천교회는 예사고 심지어는 200리 떨어진 대구제일교회까지 매주일 빠짐없이 왕복하며 신앙생활을 한 것은 후일 추풍령제일교회 교인들에게 큰 믿음의 본이 되었다.

첫 아이를 잃은 슬픔을 이기고 교회를 세운 정철성 영수

예배와 성경공부를 위해 열심히 노력하던 정철성 영수에게 커다란 불행이 닥쳤다. 어느 날 주일예배를 드리기 위해 집을 떠나 대구제일교회에 가 있는 동안에 첫 번째로 태어난 아이(10세 정도)가 죽은 것이다. 젊은 시절 가난하여 남들처럼 20대에 결혼하지 못하고 어느 정도 재산을 모은 30대에 결혼하여 얻은 귀한 자식이었다. 세상에 태어나서 10년도 살지 못하고 죽은 것은 정철성 영수 부부에게 너무나 큰 충격이었다.

아이가 죽자 집안에서 난리가 났다. 정철성 영수의 어머니는 화가 나서 집안에 있는 빨간 성경책을 마당에 집어 던졌다. "애가 죽은 것도 모르고 교회만 다닌다."고 불같이 화를 낸 것이다. 게다가 평소 정철성 영수가 교회에 나가는 것을 못마땅하게 생각하던 이웃들은 슬픔을 당한 그를 위로하기보다는 오히려 조상 제사를 모시지 않고 교회에 다닌 탓에 자녀를 잃게 되었다고 수근거렸다.

정철성 영수 부부는 자녀를 잃은 슬픔에 젖어 있을 여유가 없었다. 그보다는 주변의 따가운 시선과 비난을 적극적으로 극복해 나가야 했다. 그들이 할 수 있는 일은 조용히 하나님 앞에 무릎을 꿇고 기도하는 것이었다. 정철성 영수의 믿음의 정도를 가늠할 수 있는 부분이다. 마치 구약의 욥이 어려움을 당했을 때 보였던 믿음의 자세를 연상케 하는 믿음의 사람이었다.

극심한 가난을 극복하고 부를 이루었던 정철성 영수는 자신의 슬픔을 오히려 하나님께 영광을 돌릴 수 있는 기회로 만들기로 작정했다. 멀리 떨어져 있는 교회에 출석하는 대신 추풍령에 교회를 설립하기로 결심을 하게 되었다. 우선 자기 집에서 누에를 키우던 방을 개조하여 예배처소로 사용하였다. 자기 집 앞마당에 높은 장대를 세우고 그 꼭대기에 십자가를 만들어 매달아 놓고 감격적인 첫 예배를 드렸다. 김천의 송천교회로 예배를 드리러 다닌 지 2년 만인 1903년이었다.

이 자리에는 정철성 영수의 모친과 그의 부인 그리고 두 살 된 딸과 생질부, 머슴 등을 합하여 10명이 참석하였다. 정철성 영수의 첫 아이가 죽자 화를 내며 성경책을 마당에 내던졌던 그의 어머니도 초대 교인이 되었다. 추풍령제일교회의 전신인 관리교회의 첫 출발은 이렇게 시작되었다.

교회 설립자 정철성 영수는 교회가 설립된 해인 1903년에 영수로 임명을 받아 교회를 섬겼다. 1903년에는 추풍령제일교회 외에도 선산군 산동면의 도산교회와 김천의 월명교회 등이 설립되어 경상북도 서북부 지역의 복음화가 급속하게 진행되었다.

첫 자녀가 죽은 후에 보인 정철성 영수의 믿음의 자세는 우리에게 많은 것을 느끼게 해 준다. 창조주 하나님을 믿는다고 하지만 어려운 일이 생기면 하나님을 원망하고 교회를 떠나는 경우가 종종 있기 때문이다. 실제로 전라북도 김제 연정교회(이 책 1장 이재언 목사 편 참조)에서는 교회 설립자이자 영수로 교회를 섬기던 사람이 자기 아들이 죽자 교회를 떠났을 뿐만 아니라 예배를 못 드리게 훼방을 놓은 경우도 있었다. 'ㄱ'자 교회로 널리 알려진 익산의 두동교회에서도 어린 아들이 죽자 자기 집에서 예배를 드리던 교인들을 내 쫓아버린 사례도 있었다. 경기도 어느 교회에서는 집안이 망하게 되자 하나님을 원망하며 믿음을 버리고 세상으로 떠나버린 가문도 있었다.

그러나 정철성 영수가 시험을 이기고 신실한 믿음으로 신앙생활을 하자 그때까지 기독교에 대해 부정적이거나 별 관심을 갖지 않던 사람들이 하나 둘씩 교회에 출석하기 시작했다. 그 중에는 경부선 철도 부설로 인해 자신의 농토가 철도에 편입되는 것에 불만이 많았던 사람들도 끼어 있었다.

추풍령제일교회가 설립될 당시 추풍령에서 외부로 가는 길은 좁고 험한 산길을 통하는 것뿐이었다. 일제가 한국을 침략할 목적으로 1901년 총 연장 444.5km인 경부선 철도를 부설하기 시작했다. 그해 8월에 서울 영등포에서 북부기공식을 하였다. 한 달 뒤인 9월 21일에는 부산 초량에서 남부기공식을 가졌다. 물자가 풍족하지는 못했지만 고향마을을 지키며 살아가던 지역 사람들은 철도 부설을 반대하였다. 자신의 농토가 철도공사에 편입되는 것이 첫 번째 반대 이유였고, 그 다음으로는 지맥이 끊어지는 것에 대한 반대였다. 그들의 불만은 무시되고 결국 철도부설공사는 계획대로 진행되었다.

순박한 농민들은 그들의 불만을 털어놓는 곳으로 교회를 선택했다. 추풍령제일교회는 1905년 경부선철도가 개통될 때까지는 철도공사에 투입된 인부와 철도공사에 불만을 품은 사람들이 함께 모여 예배를 드리게 되었다. 교인들이 하나 둘씩 늘어나면서 조용하기만 했던 고갯마을에 찬송이 울려퍼졌다.

1903년에 설립될 당시 추풍령제일교회는 경상북도 김천에 속해 있었지만 1914년 행정구역 개편으로 충청북도 영동군에 속하게 되었다. 이로써 추풍령제일교회는 추풍령지역의 최초교회인 동시에 영동지역의 최초교회가 되었고 충청북도에서는 세 번째로 설립된 교회가 되었다.

복음을 접한 정철성 영수는 예배에 참석하는 것만으로는 부족함을 느낀 나머지 봄, 가을 두 차례에 걸쳐 평양에서 개최되는 사경회에도 참석하여 성경말씀을 배웠다. 사경회는 주로 교회 지도자인 조사와 영수가 참석했다. 한 번 열리면 보통 한 달 가량 집중적으로 성경말씀을 가르쳤기 때문에 사경회에 참석하기 위해서는 농사는 머슴에게 맡기고 몇 달간 집을 비워야 했다.

추풍령제일교회는 설립 이후 17년간 정철성 영수의 집에서 예배를 드렸다. 하나님께서는 법궤가 머물던 집안에 복을 내리셨던 것처럼 정철성 영수 집안에도 많은 복을 주셨다.

'신앙생활의 모범이요 믿음의 아버지' 정철성 영수

정철성 영수는 복음을 받아들이고 나서 성경적인 삶을 살려고 노력했던 인물이다. 가장 대표적인 것이 바로 자녀들의 이름이다. 예수를 믿고 난 후에 태어난 세 명의 딸의 이름을 성경에 나오는 믿음의 여인의 이름을 따서 한자로 지었다. 첫 번째 자녀를 잃은 후 1902년에 태어난 첫째 딸은 末伊(마리아)라 지었다. 이후 얻은 둘째 딸은 末於多(마르다), 셋째 딸은 末伊富(마리부)로 지었다. 막내로 얻은 아들 정석구는 호적에 올린 이름과는 별도로 집에서는 요한으로 불렀다.

이처럼 예수를 믿고 난 뒤의 정철성 영수의 삶은 철저하게 성경에 기초한 삶이었다. 배움이 짧았던 자신의 과거를 생각하며 독선생(獨先生)을 모셔놓고 자녀들에게 성경을 읽고 이해할 수 있도록 한문을 가르쳤다. 첫째 딸 마리아는 성경암송을 아주 잘하였다.

정철성 영수는 가정에서 뿐만 아니라 교회 지도자로서도 모범된 삶을 살았다. 적지 않은 나이와 부자였던 그가 이웃을 섬기는 자리에 선다는 것이 쉽지 않았음에도 불구하고 그는 성경 말씀대로 이웃사랑을 실천하고 겸손하게 섬기는 삶을 살았다. 남을 거느리고 지시하는 사람이 아니라 오히려 자신을 낮추는 삶을 사는 사람이었다. 틈나는 대로 성경을 읽었을 뿐만 아니라 집안 식구는 물론이고 일꾼들과 이웃에게 복음 전하는 일에도 열심이었다.

정철성 영수는 집안 일 뿐만 아니라 마을일도 늘 앞장서서 해결하였다. 그는 평일에도 길을 나설 때는 반드시 한 손에 삽이나 괭이를 들고 다니면서 동네 길이 파손되거나 무너진 곳이 있으면 길을 보수하면서 다녔다. 겨울에 눈이 내리면 새벽에 남보다 먼저 일어나 집에서 교회까지 눈을 깨끗이 치워 교인들이 예배에 참석하는 데 어려움이 없도록 했다.

그런 그를 가리켜 주변 사람들은 '신앙생활의 모범이요, 믿음의 아버지'라고 칭하였다. 우리나라 초대교인들이 그랬던 것처럼 정철성 영수도 주일을 거룩하게 지켰다. 엿새 동안 열심히 일하고 주일에는 온전히 교회 일에만 출석하였다.

정철성 영수가 설교를 담당하고 교인들의 신앙을 지도하던 추풍령제일교회는 교인이 날로 늘어나 1930년대에는 교인이 30여 명에 이를 정도로 성장했다. 마을에서 부자였던 정철성 영수의 집은 지역사회에서는 회당집으로 알려져 있었다. 정철성 영수가 누에를 키우던 잠실에서 교회가 시작했기 때문이기도 하지만, 교회를 방문하거나 추풍령을 통과하는 여행객이 찾아오면 그는 길가는 나그네에게 따뜻한 밥상을 차려주는 것은 물론이고 하룻밤 묵어갈 수 있도록 배려해 주었기 때문이기도 했다. 때로는 여비가 부족한 길손에게는 남몰래 여비도 보태주는 등 동네 어른으로서 뿐만 아니라 교회 영수로서 그리스도의 사랑을 몸소 실천하였다. 크리스마스나 설날에는 교인들이 정철성 영수 집에 모여서 윷놀이를 하는 등 교인들의 친목을 도모하였다.

자수성가 후에도 어린 시절의 가난을 잊지 않고 가난한 이웃들을 돕다

추풍령지역에서 첫 기독교인이 된 정철성 영수는 어린 시절을 극심한 가난 속에서 보냈다. 얼마나 가난했던지 추운 겨울날 삼베옷을 입고 담벼락에 기대어 앉아 고춧가루가 묻은 무를 먹고 있는 모습을 보고 지나가던 동네 사람들이 "자네 옷은 구멍이 뚫려 바람이 이쪽에서 들어와서 저쪽으로 나가니깐 하나도 안 춥겠네"라고 놀려댈 정도였다.

그는 자신의 어려운 처지를 남의 탓으로 돌리지 아니하고 부지런히 일했다. 처음에는 남의 밭을 빌려 보리를 심었다. 비료가 귀하던 시절이라 길가에 버려진 개똥을 주워서 거름으로 사용했다. 저녁에 잠을 잘 때는 망태기를 머리맡에 두고 한쪽 다리는 사랑방 문밖으로 내민 채 잠을 잤다. 새벽에 제일 먼저 동네로 나가 개똥을 줍기 위해서였다. 문을 닫고 따뜻한 방에서 잠을 자면 새벽에 일찍 일어나는 데 방해가 될까봐 자기 몸을 아끼지 않았던 것이다. 동네를 돌아다니며 보리밭에 비료 대신에 사용할 개똥을 담으면서 가끔씩 개똥이 묻은 돌멩이도 망태에 담았다. 돌멩이에 묻은 개똥을 씻어서 그 물을 거름으로 사용하였다. 이처럼 부지런하고 지혜롭게 농사를 지었던 정철성 영수에게 농토는 언제나 다른 사람보다 더 많은 보리 소출을 내 주었다.

하나님의 물질적인 축복 속에서 해마다 토지를 사서 재산을 불려가던 그는 어느덧 머슴을 두고 농사를 지어야 할 만큼의 재산을 모으게 되었다. 정철성 영수는 벼농사를 비롯하여 보리농사는 물론이고 당시 고소득 농업이었던 누에를 쳐서 부를 쌓은 추풍령 일대에서 소문난 부자가 되었다.

부자가 된 정철성은 가난했던 시절을 생각하며 자기 집에서 일하는 머슴들을 가족처럼 대했다. 머슴들에게 해마다 주는 세경을 모아두었다가 일정 금액이 모이면 그들을 자립시켜 주었다. 뿐만 아니라 그들이 남의 도움을 받지 않고 살아갈 정도의 재산을 보태줌으로써 주변사람들로부터도 신임을 얻었다.

'이웃의 허물을 들추느니 내가 손해보는 게 낫다' 며 도둑을 용서하다

일제 말기에 피폐해진 농촌 살림살이는 많은 농민들을 도둑으로 만들었다. 정철성 영수 집안은 주위 사람들보다 조금 더 여유가 있었다.

어느 해 가을걷이가 한창이던 시기에 정철성 영수의 논에 쌓아둔 볏단이 자꾸 사라지는 일이 발생했다. 어두운 밤을 이용하여 볏단을 훔쳐 가는 것을 알게 된 정철성 영수는 도둑을 잡으러 나섰다. 그는 한 밤 중에 큰 그릇에 물감을 타놓고 볏단을 쌓아 놓은 논에 숨어 있다가 도둑이 볏단을 훔쳐 지게를 지고 가려고 할 때 모르는 척하고 나타나 도둑들이 짐을 지는 것을 도와주면서 물감을 묻힌 손으로 도둑의 등을 만졌다. 도둑들은 감사하다며 볏단을 지고 돌아갔다. 현장에서 그들과 맞부딪히면 무슨 일이 벌어질지 모르기 때문에 아무런 말도 하지 않고 집으로 돌아왔다.

정철성 영수는 집으로 돌아왔으나 밤새 잠을 제대로 잘 수 없었다. 그의 머릿속에는 먹을 양식이 없고 입을 것이 없어 배고픔과 추위에 떨었던 어린 시절이 주마등처럼 스쳐 지나갔다. 오죽했으면 추운 겨울날 삼베옷을 입고 담벼락에 기대어 앉아 고춧가루를 묻힌 무를 먹고 있을 때 동네 어른이 지나가면서 "자네 옷은 구멍이 뚫려 바람이 이쪽에서 들어와서 저쪽으로 나가니깐 하나도 안 춥겠네"라고 놀림을 당했을까. 마을 어른들은 굶주림에 허덕이던 어린 정철성을 도와주기는커녕 그의 가난을 놀림감으로 삼았던 것이다.

정철성 영수는 밤새 잠을 설치며 교회 지도자로서 자신의 신앙과 삶을 돌아보았다. 이튿날 날이 밝은 후에 그는 무거운 마음으로 마을을 돌아다니며 옷에 물감이 묻은 사람을 찾아 나섰다. 그런데 물감이 칠해진 사람들이 바로 자기 이웃 사람임을 발견한 그는 아무 말도 없이 돌아섰다.

마을에서 부자로 살아가는 교회 영수가 가난한 이웃의 잘못을 만천하에 공개하여 그들이 평생에 씻지 못할 주홍글씨를 가지고 다니게 할 수는 없었다. 오히려 자기가 손해를 보는 것이 좋다는 생각이 들었던 것이다. 먹고 살기 힘든 가난한 이웃이 저지른 잘못을 들추어내서 망신을 주기보다는 그들의 삶을 더 걱정했던 사랑의 인물이었다.

"너는 구제할 때에 오른손이 하는 것을 왼손이 모르게 하여 네 구제함을 은밀하게 하라 은밀한 중에 보시는 너의 아버지께서 갚으시리라." (마태복음 6장 3, 4절)

자기 곡식을 훔친 사람의 행동은 미웠지만 남의 물건을 훔칠 수밖에 없었던 그들의 삶을 이해하고 용서한 것은 마태복음에 기록된 말씀에 따라 실천한 진정한 이웃사랑이었다. 그날 이후 정철성 영수는 가난한 이웃을 위해 더욱 자기를 희생하며 나누는 삶을 살았다. 정철성 영수의 이런 행동은 그의 신앙이 얼마나 성숙했는지를 말해주는 것이다.

자기 집 일꾼이었던 '믿음의 아들' 김원달을 장로로 키워내다

정철성 영수는 추풍령교회에서 많은 믿음의 자녀들을 길러내었다. 그는 자기 가족을 비롯하여 자기 집에서 일하는 일꾼들과 주변 사람들에게 복음을 전했다. 마을의 지도자였던 정철성 영수의 전도는 마을 사람들의 발길을 교회로 이끌었다. 믿음의 자녀를 많이 길러냈다.

그 중에는 자기 집에서 일하던 김원달 장로가 있었다. 그는 주인의 신앙생활을 본받아 성실하게 교회에 출석하였을 뿐만 아니라 헌신, 봉사하였다. 김원달 장로는 매우 똑똑한 인물이었으며 성경을 여러 차례 통독하여 교회에서는 성경박사로 소문난 장로였다.

그의 할아버지는 서당에서 아이들을 모아놓고 한문을 가르치던 훈장 선생이었다. 전통적인 유교 사상에 젖었던 탓에 손자의 교회 출석에 심하게 반대를 하였다. 그러나 김원달 장로는 자신의 뜻을 굽히지 않고 신앙생활을 하면서 청주 성경학교를 졸업하였다. 그는 성경을 여러 차례 통독하였으며 성경을 줄줄 외울 정도로 주요 성경 말씀의 장, 절을 모두 기억하고 있었다.

그가 장로 임직을 앞두고 청주제일교회에서 장로 시험을 칠 때 시험관인 선교사가 "당신이 질문하시오."라고 할 정도로 성경에 대한 지식이 해박하였다. 주일에는 추풍령교회에서 설교를 하였고, 평일에는 이웃 마을을 돌아다니며 복음을 전하는 일에 힘을 썼다. 목회자를 모시지 못한 인근 교회에서 설교를 하는 등 평생을 복음 중심으로 살았다.

김원달 장로는 1919년 추풍령에서 3·1만세운동이 일어나자 최초로 만세를 불렀다. 교회 청년들을 중심으로 해서 추풍령지역 만세운동을 주동했던 그는 그 후로 일제로부터 많은 탄압을 받게 되었다. 심지어 그의 아들 김기태는 항일독립운동가의 아들로 관계 당국으로부터 낙인 찍혀서 중학교에도 진학하지 못하는 어려움을 당하기도 했다.

그는 1922년부터 1933년까지는 민노아(Miller) 선교사와 소열도 선교사의 권서인(勸書人)으로 활동하면서 교회 교사로서, 청년회원으로서도 충성되게 일을 했다. 성경학교를 졸업한 그는 예배시간에는 설교를 하기도 하였다.

교회에서는 1936년 김원달을 장로로 장립하였다. 교회 설립자였던 정철성 영수는 73세로, 장로가 되기에는 나이가 너무 많아 성경지식이 많고 똑똑한 김원달이 장로가 되었던 것이다.

정철성 영수와 함께 추풍령제일교회 초대교인이었던 생질부 최월례의 아들 남기호는 청주 성경학교에서 신학을 공부하였고, 소열도 선교사의 권서로 임명받아 복음전파에 앞장섰다. 그는 정철성 영수가 연로하여 기도와 예배에 정진할 때에 김원달 장로와 힘을 합쳐 추풍령제일교회를 섬겼다.

믿음의 세대 계승자, 외아들 정석구 장로

정철성 영수는 58세의 늦은 나이에 외아들을 얻었다. 호적에는 정석구라고 올렸지만 집에서는 성경에 나오는 이름인 요한으로 불렀다. 위로 세 딸의 이름을 모두 성경에 나오는 여인들의 이름을 따서 지었던 것의 연장이었다.

1921년에 태어난 정석구는 어릴 때부터 아버지를 따라 교회 일에 열심이었다. 자기 집이 교회요, 교회가 자기 집이었던 관계로 그는 어려서부터 신앙적인 삶을 살았다.

1936년 3월에 추풍령 공립보통학교를 졸업한 정석구는 1943년 조선신학교(현 한신대학) 예과에 다니며 신앙의 기초를 다졌다. 그를 바탕으로 교회 형편이 어려워 전담 교역
자가 없을 때는 주일과 수요일에 설교를 담당할 정도로 교회생활에 열심이었다.

그는 평소에 요한복음 14장을 즐겨 읽었으며, '천지에 있는 이름 중', '온 세상이 캄캄하여서', '십자가를 질 수 있나' 등 찬송을 즐겨 불렀다. 음성이 좋아서 찬송가 독창을 즐겨하였으며 남전도대회나 총회 등 외부 행사에서 복음성가나 찬송을 배우는 기회가 생기면 꼭 악보를 가지고 와서 자녀들에게 가르쳐 주었고, 교회에서는 딸을 통해 학생들에게 가르치도록 했다.

그는 1955년에 아버지 정철성 영수가 설립한 추풍령제일교회 제2대 장로로 임직을 받았다. 초대 김원달 장로의 장립 이후 20년 만에 김만수 장로와 함께 장로로 임직을 받은 것이다. 정석구 장로는 가정적이며 사랑을 실천하는 아버지 정철성 영수와는 달리 매우 활동적이며 지도자적인 면을 가졌다. 그는 교회를 섬기며 충북노회, 충북노회남전도연합회, 한국기독교장로회총회 등에서 지도적인 역할을 수행하는 등 교단의 발전을 위해서도 많은 활동을 하였다. 노회에서 총회 총대를 뽑기 위한 투표에서 장로 총대 후보로 6년 연속(1963 - 1968) 득표 1위를 차지하는 등 가장 인기 있는 장로였다.

정석구 장로는 자녀들에게 일일이 간섭하기보다는 스스로 공부하도록 자율권을 많이 주었다. 매사에 최선을 다하고 부지런하며 성실할 것을 주문하였다. 특히 새벽 일찍 잠을 깨워서 공부하게 함으로써 자녀들이 게으름에 빠지지 않도록 교육했다. 졸리거나 집중력이 떨어질 때는 찬물을 대야에 담아 발을 담그고 공부를 하도록 했다. 한창 공부할 시기인 중·고등학교 시절에는 하루에 잠을 4시간 정도 자고 공부하도록 지도했다. 그의 자녀들은 지금도 철저한 공부습관을 가지고 살아가고 있다.

자녀들의 교육뿐만 아니라 신앙교육에 엄격했던 정석구 장로는 아무리 바빠도 주일에는 교회 일을 우선하며, 남에게 베풀 줄 알고 물질로 인해 서로 사이가 나빠지지 않도록 하라고 자녀들을 교육하였다.

정석구 장로는 지역사회를 위해서도 많은 노력을 하였다. 1957년에는 영동군 추풍령면 의회 의원으로 당선되어 활동했으며 그해 11월에는 수리조합 평의원에 당선되어 지역발전에 앞장서기도 했다.

영수의 며느리가 된 영수의 딸 김임순 권사

정석구 장로가 교회일과 바깥일을 성실하게 수행하는 데는 믿음의 아내인 김임순 권사의 말없는 내조가 크게 도움이 되었다. 교회에 봉사하는 것은 물론이고 자녀의 양육에 있어서도 신앙적인 훈련과 바른생활의 지도를 잘해낸 믿음의 여인이다. 자녀들을 교육함에 있어서 일일이 간섭하는 방식이 아니라 부모들이 몸소 이웃사랑과 성경말씀대로 살아가는 모습을 보여주었다. 아무리 바빠도 주일에는 예배참석과 교회일에 봉사하도록 늘 당부했다.

김임순 권사의 할아버지는 1912년에 구미시 무을면에 백자동교회를 설립한 김원주 영수다. 그는 젊어서 동학운동에 가담하였다가 회심하여 기독교 복음을 영접한 인물이다. 그가 예수를 믿기 시작하자 가문에서 극심한 반대를 하였다. 심지어는 그가 다니던 교회 예배당을 뜯어버리기까지 했을 정도이다. 그럼에도 불구하고 그는 예수 그리스도의 가르침대로 살면서 자녀들을 모두 신실한 그리스도인으로 길러냈다.

김원주 영수의 뒤를 이어 백자교회 영수가 된 사람은 그의 아들 김두익 영수다. 그의 두 아들은 장로로, 세 딸은 모두 권사가 되었다. 김임순 권사는 김두익 영수의 맏딸이다. 그는 할아버지 김원주 영수와 아버지 김두익 영수의 신앙을 본받아 어릴 때부터 교회에 다니며 신실한 그리스도인으로 신앙생활을 하였다.

모태신앙인이었던 김임순 권사는 어린 시절 할아버지가 설립한 백자교회를 다니면서 교회에서 실시하는 성경암송대회에서는 언제나 1등을 차지하였다. 김 권사는 70세가 되어서도 교회에서 성경암송대회를 하면 언제나 1등을 할 정도로 성경말씀에 해박한 지식을 가졌다. 자녀들에게는 '이렇게 해라. 저렇게 해라' 라고 지시하는 것이 아니라 자신의 일상생활에서 이웃을 사랑하고 성경말씀을 가까이하는 신실한 모습을 보여 주었다.

교회 부흥의 밑거름이 된 김점출 영수

추풍령제일교회는 1930년대에 크게 부흥하였는데 그 밑바탕에는 초대 장로였던 김원달 장로의 수고와 김점출 영수의 전입이 있었다.

김점출 영수도 김원달 장로처럼 성경에 해박한 지식을 가지고 있었다. 1897년 경북 선산군 옥성면 득익동에서 태어난 그는 어려서 한학을 공부하던 중 예수를 믿게 되었다. 8세 때부터 신앙생활을 한 그는 성장하여 목수 일을 하면서 대구에서 열리는 성경 사경회에 참석하는 등 신앙적인 삶을 살았다. 1930년 가족을 데리고 추풍령 지봉리로 이사를 한 그는 추풍령교회에 출석하며 열심히 신앙생활을 하였다. 그의 세 아들 김만수, 김동수, 김창수가 모두 추풍령제일교회 장로가 되는 영광을 얻었다.

추풍령제일교회 설립자였던 정철성 영수의 아들 정석구 장로와 김두익 영수의 맏딸 김임순 권사가 결혼을 하게 됨으로써 김점출 영수 가문과 정철성 영수 가문은 인척간이 되었다. 김점출 영수가 김임순 권사의 고모부이고 김만수 원로장로는 고종 사촌 동생이다. 추풍령제일교회 김종희 장로는 김 권사의 동생이다. 김점출 영수의 아들 김만수 장로는 정석구 장로의 고종 처남이 되었다.

혼인으로 맺어진 두 가문과 김원달 장로 가문이 주축이 되어 추풍령제일교회는 성장을 계속해가게 되었다. 목수였던 김점출 영수는 1957년 추풍령제일교회가 1차 신축공사를 할 때 토지 1천 평을 팔아 건축에 보탰다.

6년간 무보수로 헌신한 장봉환 목사

관리교회(현 추풍령제일교회)가 오늘날과 같이 발전한 배경에는 많은 사람들의 눈물과 기도와 수고가 있었다. 그 첫 단추를 끼운 사람이 정철성 영수였다. 추풍령지역에서 처음으로 기독교 복음을 영접한 인물이다. 대구제일교회에 예배를 드리러 간 사이에 첫 아이가 죽는 어려움을 겪기도 했다. 그러나 그는 실망하거나 교회를 떠나지 아니하고 오히려 산간오지인 추풍령에 교회를 설립하는 기회로 삼았던 인물이다.

그의 뒤를 이어 자기 집을 예배당으로 헌납한 최종철 장로와 전답 1천 평을 팔아 성전건축에 바친 김점출 영수도 있었다. 3·1만세운동을 하다가 고초를 당하고 아들까지도 핍박을 당했던 김원달 장로의 희생과 눈물은 추풍령제일교회의 역사와 함께 기억되어야 할 인물들이다.

추풍령제일교회가 재정적으로 어려웠던 1970년대 하나님께서는 장봉환 목사를 보내주셨다. 구미에서 성전유치원과 성전고등공민학교를 설립하여 운영하던 장봉환 목사는 추풍령제일교회에 부임하여 아무런 보수를 받지 않고 6년간 사역을 하였다. 추풍령제일교회가 안정되자 고향으로 돌아간 그는 1979년 구미시 봉곡동에 한빛교회를 개척하여 목회를 하였으며 2003년 4월에는 경북노회 공로목사와 한빛교회 명예목사가 되었다.

장봉환 목사는 추풍령제일교회에서 목회를 하는 동안 교인들의 삶의 질을 개선하는 데 많은 정성을 기울였다. 그는 교인들에게 농사법을 개량하여 소득을 증대하도록 했다. 일자리가 없는 교인들에게는 일자리를 알선해 주고 자립할 수 있는 기틀을 마련해 주었다. 근면과 합리적인 생활을 통해 가난을 극복하도록 함으로써 교인들의 사랑을 받았다.

아직도 교인들이 장봉환 목사를 가장 기억에 남는 목회자로 꼽을 정도로 그가 추풍령제일교회에 6년간 목회를 하면서 끼친 영향은 지대하다. 그것은 비단 장봉환 목사가 무보수로 6년간 교회를 섬긴 것뿐만 아니라 사랑으로 교인들을 대하며 교회발전을 위해 애쓴 것에 대한 감사의 마음이다.

하나님께서는 자기가 세우신 교회에 이처럼 충성스러운 일꾼들을 보내주셔서 일하게 하셨을 뿐 아니라 지금도 교회를 지키며 눈물로 기도하는 성도들을 통해 하나님의 뜻을 이루고 계신다.

초동교회 시무장로로 섬기는 3대 정병우 장로

정철성 영수의 믿음은 그 후손들에게도 이어지고 있다. 어린 시절 찢어지게 가난했던 그는 남다른 부지런함을 통해 부자가 되었다. 기독교 복음을 영접한 그는 철저하게 말씀 중심으로 살았다. 그의 이러한 삶의 방식은 그의 아들 정석구 장로와 손자 정병우 장로가 이어 받았다.

정석구 장로의 딸 정경혜 권사는 남편 허용범 장로와 함께 교회를 섬기고 있다.

외동아들 정병우 장로는 고등학교에서 학생을 가르치고 있다. 할아버지와 아버지의 부지런함과 성실함을 이어받은 그는 모든 일에 최선을 다하는 모범적인 선생이자 장로다. 뿐만 아니라 EBS교육방송에서 독일어를 강의하는 등 후학을 가르치는 일에 있어서 능력있는 교사로 널리 알려져 있다.

서울 초동교회 시무장로로 교회를 섬기며 신앙생활을 하는 그는 아내 김숙현 권사와 함께 집안 대대로 내려오는 신앙정신을 이어받아 주일성수와 찬양, 말씀읽기, 교회봉사와 베푸는 삶을 이어가고 있다. 뿐만 아니라 조상들이 지켜온 귀한 믿음의 유산들을 대를 이어 후손들에게 전해주기 위해서도 노력하고 있다.

여러 세대에 걸쳐 외동아들로 대를 이어온 정철성 영수 가문은 많은 후손을 두지 못했다. 그러나 모진 풍파를 헤치고 오직 하나님 말씀만 의지하며 살아온 믿음의 가문에는 겸손과 이웃사랑의 역사가 오늘도 이어지고 있다.

사랑을 실천한 정철성 영수 가문

정철성 영수는 매사에 부지런하고 솔선수범하는 삶을 살았다. 자기의 벼를 훔친 도둑을 용서해 주었던 그는 항상 그리스도의 사랑을 베풀었다. 그는 언제나 성경말씀을 가까이했다. 고된 농사일을 마친 저녁에는 언제나 호롱불을 켜놓고 밤늦게까지 성경을 읽으며 묵상함으로써 자신의 삶을 돌아보았다. 가족은 물론이고 한 집에 거하는 머슴과 이웃들에게도 복음을 전하여 추풍령지역의 복음화에 크게 쓰임을 받았다.

정철성 영수 가문에서는 주일성수, 찬양과 말씀읽기, 교회봉사와 베푸는 삶을 신앙의 기본으로 삶고 살아가고 있다. 정철성 영수로부터 전해지는 믿음의 유산은 110년이 지난 지금도 후손들에게로 이어지고 있다.

4 승지부인이 시작한 여인들의 믿음, 6대를 이어오다

— 600명을 전도하고 9개 교회를 세운 승지부인 전삼덕 전도사

전삼덕 전도사 이야기

남녀구별이 유난히도 심하던 조선시대 말엽인 1895년에 한반도 서북부지방에서 여성 최초로 세례를 받은 사람은 53세의 전삼덕 부인이었다. 그의 남편은 조선시대 승지를 지낸 인물이다. 어릴 때부터 한글과 한문에 능숙했던 전삼덕은 51세가 되던 1893년, 이웃사람의 권유를 받고 80리 떨어진 평양까지 가서 선교사로부터 직접 복음을 들었다. 기독교 교리문답, 세례문답, 감리교문답 등 여러 권의 기독 서적을 받아들고 집으로 돌아온 그는 혼자서 열심히 읽었다. 기독교인이 된 그는 제일 먼저 가족들에게 복음을 전해주었다. 그가 예수를 믿고 37년 동안 전도하여 세례를 받은 사람은 600명이나 되었다.

그는 복음을 영접하고 2년 후에 스크랜튼 선교사로부터 직접 세례를 받았다. 그러나 외국인이요 남자인 선교사가 귀부인인 여인의 머리에 직접 손을 얹고 세례를 주는 것은 상상조차 할 수 없었다. 결국 두 사람 사이에 큰 광목천을 치고 그 가운데에 낸 구멍을 통해 머리를 내밀어 세례를 받게 되었다.

평양까지 다니면서 신앙생활을 하던 그는 1898년에 자기 마을에 가까운 강서읍에 교회를 설립했다. 평양에서 개최되는 여자성경사경회에 맏머느리와 함께 빠짐없이 참석하며 공부하였다. 양성과를 졸업한 후에는 전도인이 되어 함종에서 여학교를 설립하고 교장으로 재직하면서 학생을 가르쳤다. 67세에 은퇴하고 고향으로 돌아온 그는 여학생을 가르치는 숭덕학교를 설립하여 며느리와 함께 학생들을 가르치는 일에 앞장섰다.

전삼덕 전도사

그의 손녀 김폴린은 생후 3개월 되던 1898년 7월에 어머니와 함께 노블 선교사에게 세례를 받았다. 할머니의 교육열에 힘입어 어릴 때부터 남자들과 함께 공부한 그는 이화학당을 졸업하여 교수가 되었다. 그는 우리나라 YWCA 초창기부터 활동했고, 일본과 미국 유학 후 감리교신학대학에서 20여 년간 학생들을 가르쳤다.

전삼덕 전도사의 4대 손부인 손숙자 장로는 원주세브란스기독병원 제5,7대 병원장을 역임한 김대현 장로의 부인이다. 원주기독병원 약국장을 역임하기도 한 그는 영강교회에서 10년 연속 전도상을 수상할 정도로 복음전파에 열심이다. 100여 년 전 전삼덕 전도사가 보여준 전도자의 사명을 이어 받은 것이다. 여성 장로로서는 우리나라 기독교 역사상 최초로 장로 부회장(기독교 장로회)에 당선된 믿음의 여인이다.

1893년에 복음을 영접한 한 여인이 뿌린 씨앗은 120년이 넘게 이어지고 있다. 전삼덕 전도사와 그의 맏며느리 김릴리 권사, 손녀 김폴린 교수, 4대 손부 손숙자 장로에 이르기까지 이 가문에는 여성들을 중심으로 굳건한 믿음의 유산이 이어지고 있다.

승지부인이 시작한 여인들의 믿음, 6대를 이어오다
— 600명을 전도하고 9개 교회를 세운 승지부인 전삼덕 전도사

전삼덕 전도사 가문을 찾아서

1885년 선교사들이 이 땅에 발을 디딘 이후 기독교 복음은 서울을 중심으로 전국으로 전해졌다. 8년이 지난 1893년 평양에 남산현교회가 세워졌다. 2년 후인 1895년에는 평양에서 80리 떨어진 곳에 살던 전삼덕 부인이 예수를 믿고 스크랜튼 선교사에게 직접 세례를 받았다. 전삼덕 부인은 당시 양반 계급에 속하던 승지부인이었다.

그런데 외국인 선교사와 귀부인이 얼굴을 마주하고 세례를 주고받을 수 없었다. 고심 끝에 고안해낸 방법은 두 사람 사이에 머리가 들어가는 구멍을 뚫은 광목 휘장을 치고 그 사이로 내민 머리에 물방울을 떨어뜨려 세례를 주는 것이었다. 이것은 상상만으로도 신기한 장면이다.

그러나 아쉽게도 전삼덕 전도사의 수세(受洗, 세례를 받음) 장면에 대한 글은 간혹 발견되었으나 그분의 후손에 대해서는 알 길이 없었다.

전삼덕 전도사의 후손을 만난 것은 뜻하지 않은 시간과 장소에서였다. 하나님께서는 이 책에 소개된 문창모 장로 가문에 대한 자료를 수집하는 과정에서 전삼덕 전도사의 후손을 만나게 해 주셨다. 2012년 4월에 원주지역에서 '한국의 슈바이처'라고 칭송을 받는 문창모 장로 서거 10주기를 추모하는 대담회가 원주세브란스기독병원 내의 '문창모장로기념관'에서 열렸다.

참석자 중에 한국가정법률상담소 원주지부(문창모 장로가 초대 이사장을 지냄) 손숙자 소장이 자신이 전삼덕 전도사 집안의 며느리라고 했다. 손숙자 장로의 남편은 원주기독병원 제5,7대 원장을 지낸 김대현 장로로서 전삼덕 전도사의 5대 손자다. 이날 함께 만난 사람 중에는 김용기 장로의 둘째 아들 김범일 장로도 있었다.

1년 뒤인 2013년 문창모 장로 11주기 기념예배에 참석하기 위해 원주에 들렀을 때 손숙자 장로를 다시 만났다. 그동안 손숙자 장로는 여러 경로를 통해 집안의 신앙역사에 대한 자료를 몇 가지 찾아내어 보관하고 있다고 했다.

5월에는 전삼덕 전도사의 손녀인 김폴린 교수의 자서전 『주님이 함께 한 90년』을 찾았다고 전화를 했다. 기쁜 마음으로 원주에 들러 김폴린 교수의 자서전(복사본)을 1권 받았다.

김폴린 교수는 자신을 비롯한 집안의 할머니와 어머니 등 자기 가족의 이야기를 상세하게 기록하였다. 자신이 보고 듣고 경험한 것들을 자세하게 기록한 이 책은 이 글을 쓰는 데 많은 도움이 되었다. 1880년대 후반에 일어났던 한 가문의 이야기가 기록을 통해 후손들에게 전해지고 있는 것이다.

전삼덕 전도사와 후손들의 신앙 이야기는 김폴린 교수의 자서전과 후손인 손숙자 장로의 증언을 토대로 구성하였다.

전삼덕 전도사의 생애

기독교인이 된 승지부인 전삼덕

전삼덕 전도사는 1843년 평안남도 벽위의 양반가정에서 태어나 우리나라 여성교육과 여권신장의 선구자로 살았다. 그는 원래 양반집 귀한 딸로 태어나 어릴 때부터 한글과 한문을 배웠으며 가사 일에 능통한 매우 똑똑한 여성이었다. 기독교인이 된 후인 1903년에 평양 남산현교회에서 열린 부인글짓기대회에서 우수상을 받기도 하였다.

아래의 시는 부인글짓기대회에서 3명의 여자 교인과 함께 발표한 연작시 중 전삼덕 전도사가 쓴 것이다. 시제는 '화덕'이었고, 운은 '게, 네, 세'였다.

찬화덕에불씨두게
석탄불노덥게하네
우리마암차고차나
성신불노덥게하세

전삼덕 전도사는 170년 전인 1800년대에 태어난 여인으로서는 드물게 자신의 이름을 가지고 있다. 기독교 복음이 이 땅에 전파되던 1900년대 초반까지만 해도 결혼한 부인들의 이름은 '김씨 부인', '박씨 부인' 등으로 기록되고 있는 점에 비추어 보면 남녀평등사상을 가진 집안 출신으로 추측할 수 있다. 뿐만 아니라 결혼 전에 한글과 한문을 익혔다는 사실은 전삼덕 전도사가 우리나라 기독 여성의 선구자 중 한 사람으로 자리매김하는 바탕이 되었다.

전삼덕은 17세 되던 1860년 평안남도 거장리 출신 김선주와 결혼하였다. 남편은 1864년에 증광시(增廣試)에 합격한 인재였다. 그 인품이 훌륭하여 임금은 김선주를 임금이 거주하는 한양에서 공주참의와 우부승지(정3품 당상관, 여타의 5승지와 함께 국왕의 측근에서 왕명을 출납하고 육조의 업무를 분장하였다)에 임명하였다. 조선시대에 관서지방(서북지방) 사람을 중용하지 않은 관례에 비추어 보면 대단히 파격적인 인사였다.

그는 한국에 선교사가 정식으로 입국하던 1885년 경에는 충남 보령 군수로 발령을 받아 부인 전삼덕과 함께 5년간 지내다가 1890년 공직에서 은퇴하고 고향으로 돌아왔다.

퇴임한 김 승지가 살던 강서군에 새로운 군수가 부임했다. 그는 조선시대 말 김 승지가 한양에 갈 때면 함께 입궐하며 친분을 쌓았던 사람이었다. 얼마 후 군수가 병들어 눕게 되자 그는 사람을 보내 병간호를 해 주었다. 당시만 해도 강서읍에 병원이 없었고, 평양까지는 길이 너무 멀어 속수무책이던 군수의 치료를 도와준 것이다. 나중에 군수가 세상을 떠나자 이번에는 장례식 일체를 맡아 주었다.

이 사실은 전삼덕 전도사의 손녀인 김폴린 교수가 그 군수의 아들로서 구한국 시대에 학부대신을 지낸 이재곤을 만난 자리에서 우연하게 알게 되었다.

어려서 한글과 한문을 깨우쳐 세상 돌아가는 이치를 잘 알고 있던 승지 부인 전삼덕 전도사는 그 당시의 자신의 처지를 이렇게 증언했다.

"옛날 양반집 풍속에는 여자가 문밖출입을 하려면 반드시 보교나 가마를 타고 앞에 하인을 세우고야 출입을 하였으므로 문벌이 가진 가문에 태어나 그와 같은 양반집으로 가서 살게 된 나는 좀처럼 문밖출입을 할 수가 없었다. 그럭저럭 내 나이 점점 많아가니 남편 보기에 젊어서 만큼 아름답지 못하였던지 그는 첩을 얻어 살며 나를 모른 체 하므로 나는 자연히 쓸쓸한 생활을 하게 되었다."

1893년 집안에서 무료하게 지내던 승지 부인에게 이웃에 살던 오석형(홀 선교사의 조수)이 신기한 소식을 전해주었다.

"요즘 평양에 이상한 교리가 들어왔는데 예수의 교리라고 합니다. 거기는 여자도 회원이 될 수 있다고 하니 평양을 한번 가보시지요."

이 말은 전삼덕의 호기심을 자극했다. 그는 용기를 내어 남편 몰래 4명이 메는 사인교(四人轎)를 타고 마을 뒷산을 넘어 평양으로 갔다. 그가 살던 왁새밭에서 평양까지는 80리가 넘는 먼 거리라 이틀이 걸렸다.

평양 남산현교회를 담임하던 홀(William James Hall M. D.) 선교사(의사)는 하인을 앞세우고 자기를 찾아온 귀부인을 보고 깜짝 놀랐다. 그 여인은 여염집 여인과는 달리 한글과 한문에 능통하였으며 세상 돌아가는 것에 대해서도 해박한 지식을 소유하고 있었다. 뿐만 아니라 기독교에 대해 궁금증을 가지고 외국인인 자신을 찾아왔기 때문이었다.

선교사는 스스로 자신을 찾아온 여인의 정성에 감동하여 친절하게 기독교에 대해 차근차근 설명해 주었다. 집으로 돌아가는 전삼덕에게 기독교교리문답, 세례문답, 감리교문답 등의 책을 주며 "열심히 공부하시오"라고 말했다. 조수 오석형에게는 이 책을 잘 가르쳐 주는 동시에 예수님이 누구신지 잘 가르쳐 드리라고 특별히 부탁했다.

그러나 안타깝게도 홀 선교사는 1894년 11월에 젊은 나이에 별세하였다. 청일전쟁 직후에 전국적으로 만연한 콜레라에 감염된 것이 원인이었다.

집으로 돌아온 전삼덕은 선교사가 건네준 성경을 펴서 한 자 한 자 읽어 내려갔다. 그 책 속에는 자신이 지금까지 들어보지 못한 새로운 사상, 곧 그리스도의 생명의 말씀이 기록되어 있었다. 맏며느리와 함께 그 책들을 능통하도록 공부하였다. 뿐만 아니라 두 며느리에게 "나는 아직 예배가 무엇인지 알지도 못하지만 마음으로는 예수를 믿으니까 너희도 내가 하는 대로 마음으로 믿기만 하라"고 전도했다.

글을 읽다가 모르는 것이 있으면 오석형에게 물어가며 기독교 진리를 하나씩 깨달아 나갔다. 집에서 기독교 서적을 탐독하던 그는 성경을 읽는 것으로만 만족하지 못하고 주일이면 평양 남산현교회에 출석하여 예배를 드렸다. 왕복 160리나 되는 먼 길을 기쁜 마음으로 오가며 예배에 참석하였다.

전삼덕과 맏며느리, 유모 등 집안의 여인들이 매주일 예배를 드리기 위해 보교로, 혹 도보로 평양에 있는 남산현교회를 다녔다. 멀지만 행복한 발걸음이었다. 때로는 평양에 주재하고 있는 선교사들이 가끔 전삼덕 가정으로 예배드리러 오기도 했다.

그러나 전삼덕이 교회에 출석하며 예수를 믿는 과정이 항상 순탄한 것만은 아니었다. 김 승지는 아내가 평양까지 오가며 신앙생활을 하는 것에 대해서는 별 간섭을 하지 않았지만 며느리가 동행하는 것에 대해서는 반대를 하였다.

전삼덕을 비롯한 집안 여인들은 예배를 드리기 위해 김 승지 몰래 여러 번 마을 뒷산으로 돌아서 평양을 다녀왔다. 그러다가 한 번은 이런 사실을 알게 된 김 승지가 맏며느리를 불러 앞에 세우고 "네 어미는 이미 미쳤는데 너도 어미처럼 미칠 작정이냐?" 하며 호되게 책망하였다.

휘장을 뚫고 세례를 받은 전삼덕 전도사

1895년 평양에서 스크랜튼(William B. Scranton, M. D.) 선교사와 오석경, 김창식, 이은승 등 네 사람이 김 승지 집을 찾아왔다. 스크랜튼 선교사는 의과대학을 졸업한 의사로서 홀 선교사의 뒤를 이어 평양 남산현교회를 담임하던 선교사였다.

그들은 두 가지 목적을 가지고 80리 길을 말을 타고 달려왔다. 첫째는 김 승지에게 복음을 전하는 것이고, 둘째는 홀 선교사로부터 신앙지도를 받고 2년간 열심히 신앙생활을 한 전삼덕에게 세례를 주기 위함이었다.

선교사 일행이 김 승지에게 복음을 전하였지만 그는 복음을 영접하지 않았다. 조선시대 말에 고위관리를 지낸 그로서는 기독교를 영접하는 것이 쉽지 않았던 것이다. 대신 김 승지는 아내가 선교사에게 세례를 받는 것에 대해서는 별다른 제약을 가하거나 반대하지 않았다.

그러나 외국인 선교사가 양반집 여인에게 세례를 주는 데는 현실적으로 몇 가지 장애물이 있었다. 첫째는 서양선교사가 양복을 입은 채로 양반집에 들어갈 수가 없었다. 둘째는 외국인이 한국 여인과 마주보고 세례를 줄 수 없었다. 셋째는 남자가 여자의 몸에 손을 댈 수가 없었다.

　상황이 이렇게 되자 스크랜튼 선교사는 사람을 시켜 전삼덕에게 세례를 받고 싶으냐고 물었다. 전삼덕으로부터 세례 받기를 원하지만 어떻게 해야 좋을지 모르겠다는 답변을 받았다. 일반인들도 철저하게 남녀칠세부동석을 지키던 조선시대에 양반집 마님이 서양 선교사와 얼굴을 마주할 수 없었기 때문이다.

　그러자 궁리 끝에 스크랜튼 선교사는 "방 한 가운데 휘장을 치십시오. 그리고 머리를 반쯤 내어 놓을 만큼 구멍을 뚫으십시오."라고 제의를 했다. 스크랜튼 선교사는 한복으로 옷을 갈아입고 김창식(후일 목사 안수 받음)과 함께 안방과 사랑방을 막은 담의 통행로로 안방으로 들어가 휘장 구멍으로 반쯤 내민 전삼덕의 머리에 물방울을 떨어뜨려 세례를 베풀었다. 이렇게 하여 1895년 53세의 전삼덕 부인이 서북지역 최초의 여성 수세자(受洗者)가 되었다.

　그 당시 여성들이 서양 선교사에게 직접 세례를 받는 상황이 이처럼 상세하게 전해지는 것은 우리나라 기독교 역사의 귀한 장면으로 오랫동안 기억될 일이다. 세례를 받은 전삼덕 전도사는 그해 여름 평양 남산현교회가 새로운 예배당을 세울 때 세례 받은 감격의 표시로 정성껏 헌금을 하였다.

　이날의 감격을 전삼덕 전도사는 다음과 같이 고백하였다.

　"나는 세례를 어떻게 하는 것인지 모르거니와 우리나라 풍속에는 여자는 모르는 남자와 대면치 못하는 법이 있으니 어떻게 하여야 하리이까 하고 물으니 그가 대답하기를 그러면 방 가운데 휘장을 치고 머리 하나 내놓을 만한 구멍을 낸 후에 그리로 머리만 내밀 것 같으면 물을 머리 위에 얹어 세례를 베풀겠다고 하였다. 나는 그의 가르쳐 주는 대로 하여 나의 작은 딸과 함께 처음으로 세례를 받게 되었다."

전삼덕 전도사가 세례를 받은 것은 1893년에 평양의 첫 교회인 남산현교회가 세워지고 나서 2년 뒤인 1895년이었다. 전삼덕 전도사에게는 '제2의 탄생'으로 기억될 일이었다. 이 세례는 우리나라에 기독교가 전파되고 나서 10년 만에 거행된 세례였다. 뿐만 아니라 서울을 제외한 지방에는 아직 복음이 널리 전해지지 않았던 시절, 여인들이 세례를 받은 역사를 찾아보기 힘든 시절에 행해진 세례였다. 게다가 세례를 받은 전삼덕이 양반계급에 속한 53세의 승지부인이었다는 사실은 세상 사람들에는 커다란 충격이었다. 이처럼 53세의 귀부인이 외국인 선교사로부터 세례를 받는 모습은 우리나라 기독교 역사에서 귀한 장면으로 기록된다.

전삼덕 전도사는 자신이 예수를 믿고 세례를 받은 후 예수님의 교훈이 참되고 옳다는 것을 며느리를 포함한 집안의 모든 여인들에게 전했다.

감사하게도 전삼덕 전도사의 4대 손주 며느리를 직접 만나 이 가문에서 일어난 믿음의 사건들을 직접 들은 것은 필자에게는 영광이었다. 더불어 외롭고 힘들지만 필자가 믿음의 가문을 찾아 나선 일이 하나님께서 기뻐하시는 것이라는 확신을 갖게 해 주었다.

집안 여인들을 전도한 전삼덕 전도사

전삼덕 전도사가 세례를 받고 3년이 지난 1898년, 이번에는 그의 집으로 노블(W. A. Noble) 선교사와 김창식 목사가 방문했다. 그들의 방문 목적은 전삼덕 전도사 집안 여인들에게 세례를 베풀기 위함이었다.

이날 전삼덕 전도사의 생후 3개월 된 그의 손녀와 맏며느리, 유모 그리고 동네 부인 등 4명이 함께 노블 선교사로부터 세례를 받아 정식 기독교인이 되었다. 전삼덕 전도사의 맏며느리의 세례명은 김릴리(Lily)였고, 손녀는 김바욜렛(Violet, 후에 김폴린으로 바꿈), 유모는 벨라, 또 한 여인은 데이지라는 세례명을 받았다. 여인들의 세례는 그들에게 새로운 삶의 시작을 의미하였다. 그들은 세례와 함께 자신의 이름을 가지게 된 것이다.

이처럼 한 여인이 복음을 영접하고 세례를 받은 후 한 가문의 모든 여인들이 세례를 받았을 뿐만 아니라 자신들의 세례명을 가지게 된 것은 귀한 일이다.

이날 세례를 베푼 노블 선교사 내외는 1892년에 내한하였다. 서울 정동에서 선교 사업을 하다가 1896년 4월에 홀 의사의 후임으로 평양 남산현교회로 파송 받아서 일했다.

노블 선교사 내외가 한국에 왔을 때의 일이다. 날이 어두워질 무렵에 인천항에 도착한 노블 선교사 부부는 서둘러 서울로 향했다. 그들이 서울에 도착했을 때는 이미 남대문이 굳게 닫힌 뒤여서 선교부가 있는 정동으로 들어갈 수 없었다. 결국 두 사람은 커다란 광주리를 타고 담을 넘어 성 안으로 들어갔다는 일화가 있다.

노블 부인은 1897년 11월에 평양에 처음으로 설립된 감리교예배당, 즉 남산현교회에서 한국 최초로 성경강습소를 개최하고 평양과 강서를 비롯한 인근 지방교회의 부녀자들을 대상으로 봄, 가을 한 달간씩 정기적으로 강습회를 열었다. 강습회의 주된 목적은 글을 모르는 부인들에게 글을 가르쳐 성경을 읽을 수 있게 하고 여성지도자들을 양성하려는 것이었다.

그는 부인들의 지식의 정도에 따라 단계적으로 반을 편성하고 점차로 지도자양성과목을 개설하여 차츰 과목의 정도를 높여갔다. 그 결과 1904년에는 12학년, 1908년에는 15학년이 되면 졸업장을 주어 각 학교로 파송하여서 가르치게 했다.

강서읍교회를 설립한 전삼덕 전도사

전삼덕 전도사는 세례를 받은 후에도 열심히 평양을 오가며 예배에 참석했다. 그러나 집안 여인들을 대동하고 왕복 160리 길을 오가는 것이 쉽지 않았다. 그는 자신의 집 가까운 곳에 교회를 세우기로 작정을 했다. 우선 노블 선교사에게 자신의 의지를 설명하고 도움을 청했다. 맏아들 김익수는 교회를 세울 토지를 지원했다. 김재찬(협성신학교 제1회 졸업 후 목사 안수 받음)의 협력을 얻어 그해 12월에 왁새밭에서 10리 정도 떨어진 평안남도 강서군 강서면 덕흥리에 강서읍교회를 설립하였다.

강서읍교회의 초대 교인으로는 전삼덕 전도사를 비롯한 그의 식구들과 김재찬과 그의 부인 노살롬이었다. 김재찬이 교회 지도자로, 그의 부인 노살롬 권사와 전삼덕 전도사는 여성지도자가 되어 교회 안에서 함께 아이들을 가르치면서 교회를 돌보았다.

특히 노살롬 권사는 불신자 가정에 시집을 와서 남편과 시댁 식구들의 모진 박해를 받아가며 신앙을 지켰다. 나중에는 남편뿐만 아니라 시댁 전부가 기독교인이 되도록 전도했다.

여학교 선생이 된 전삼덕 전도사

전삼덕 전도사는 평양에서 개최되는 여자성경사경회에 맏며느리 김릴리와 함께 빠짐없이 참석하여 전도인 훈련을 받았다. 봄, 가을에 열린 성경학교에서는 주로 성경과 산수 · 지리 · 국어 · 위생 · 과학 · 미술 · 음악 등 교사양성과목을 가르쳤다. 성경학교 수료증은 곧바로 교사가 되는 자격증 역할을 하였다.

전삼덕 전도사가 양성과를 졸업한 이듬해 봄에 에스데이(Miss Ethel Estay) 여선교사가 제안을 했다. 그것은 바로 왁새골에서 30리 정도 떨어진 함종교회(평안남도 강서군 함종면 함종리)에서 전도사로 교회를 섬기며 전도하는 일과 여학교에서 학생들을 가르쳐 달라는 것이었다.

이에 전삼덕 전도사는 함종으로 가서 여학생 3명을 데리고 가르치기 시작했다. 이들은 최충성, 오신일과 다른 한 명의 여학생이었다. 그 중에 최충성은 나중에 전도사가 되어 전삼덕 전도사의 후임으로 학교일을 돌보았다. 오신일은 신정면 사달학교에서 여러 해 동안 교사로 봉사했다.

전삼덕 전도사가 여성교육에 앞장서게 된 첫째 이유는 자신이 어릴 때 한글과 한문을 배운 깨어 있는 여성이라는 점이다. 둘째 이유는 예수를 믿고 평양 남산현교회에 매주일 예배를 드리러 갈 때마다 여선교사를 만나 서양의 여성교육에 대한 이야기를 많이 들었기 때문이다. 그 중에서도 스크랜튼 선교사의 부인과 그의 어머니(Mary Fletcher Scranton, 1832-1909)의 영향이 컸다. 그들은 1886년 5월 31일에 여성교육을 전담하는 이화학당을 설립하고, 여성교회와 여성전용병원을 설립하는 등 여성교육과 여성들의 복음화에 많은 관심을 가지고 노력한 사람들이다.

이처럼 선교사들이 전해주는 복음과 교육을 통해 변화를 받은 전삼덕 전도사는 그 당시 한국 여성들에게 가장 절실한 것이 복음을 영접하는 것과 신식교육을 받는 것으로 생각하고 직접 실행에 옮겼다.

전삼덕 전도사는 교장으로 재직하면서 자부 김릴리와 함께 학생들을 직접 교육하였다. 처음에는 학교가 없어 장병훈이라는 남자 교인의 사랑방을 교실로 꾸미고 가르쳤다. 나중에는 선교부의 도움으로 한옥 'ㄱ'자 기와집을 구입해서 학교로 사용했다. 안방은 낮에 학생들을 가르치는 교실로 사용하고, 건넌방은 지방 순회하는 선교사들의 숙소로 사용하였다.

전삼덕 전도사는 월요일에서 금요일까지는 학생들을 가르치고, 토요일은 전도와 심방하는 날로 정했다. 남자노인 한 사람, 여자노인 한 사람, 장병훈이라는 남자교인 한 사람, 그리고 전삼덕 전도사 넷이 한 조가 되어 다니곤 했다.

이렇게 전삼덕 전도사가 함종에서 전도 다닐 때 새신자도 많이 얻었지만 핍박과 비난도 많이 받았다. 어떤 사람은 "당신 미쳤소? 좋은 집에서 잘 산다고 하던데 집에 가서 편히 살 것이지 왜 저리 미친 사람처럼 다니느냐?"며 협박하기도 했다. 그들은 전삼덕 전도사 일행에게 욕설을 퍼붓기도 하고 돌을 던지거나 때리고 도랑으로 밀쳐 넣기도 하였다.

그러나 전삼덕 전도사는 조금도 두려워하지 않고 오직 주님을 모르고 죄 가운데 사는 형제들을 불쌍하게 여길 뿐이었다. 모든 미신 섬기는 일을 버리고 예수를 구세주로 받아들이도록 만드는 것만이 그들에 대한 소망이었다.

여성을 위한 숭덕보통학교를 설립한 전삼덕 전도사

전삼덕 전도사가 처음 함종으로 파송받아 갔을 때는 귀신 섬기기에 열을 올리는 사람들뿐이었고, 교인은 거의 없었다. 그의 열성적인 전도로 점차로 새로운 신자가 생기기 시작하여 그가 사역을 하던 기간에 교인이 세 배나 늘어나 교회를 세 번 늘려야 했다. 그는 수요일 예배 간증 시간에는 때때로 교인들에게 자신의 신앙고백을 하였다.

함종에서 열심히 사역하던 전삼덕 전도사는 67세가 되던 해인 1910년에 은퇴하고 고향인 학동으로 돌아왔다. 그러나 당시 학동에는 여자 아이들이 공부할 수 있는 학교가 없어서 함종에서 학교에 다녔던 두 손녀 김폴린과 김은순이 공부를 중단해야 할 처지가 되었다. 이를 안타깝게 여긴 그는 여자들이 다닐 수 있는 학교를 설립하기로 결심하고 평양에 거주하는 문요한(Dr. John Zechraiah Moore) 감리사를 찾아가서 학동에 여학교를 설립해 줄 것을 허락받았다.

평양에 설립된 여자성경학교 교수로 있던 여선교사 로빈스(H. P. Robins)와 함께 숭덕보통학교를 설립한 전삼덕 전도사는 자신의 집 사랑방에 '숭덕보통학교'란 간판을 달고 학생들을 가르치기 시작했다. 교장은 로빈스 선교사, 전삼덕 전도사는 학감, 김릴리 권사는 교사가 되어 학생을 가르쳤다. 한문과 수학은 정이용 선생이 담당했다.

이 학교는 무료로 학생들을 가르쳐 주었지만 학생을 모집하기가 쉽지 않았다. 그 당시 대부분의 일반 가정에서 여자 아이를 학교에 보내는 것은 생각하지도 않았다.

전삼덕 전도사는 팔을 걷어걷어붙이고 학생모집에 나섰다. 그는 지팡이를 짚고 날마다 이웃집을 방문하여 여자아이를 학교에 보내도록 부탁했다. 여자들도 배워야 하니까 딸이나 손녀가 있는 집안에서는 여자를 학교에 보내 달라고 설득했다. 그에게는 배움에 있어서 남자와 여자의 구별이 없었다. 이렇게 해서 모집한 첫 번째 입학생들은 손녀 김폴린과 김은순을 포함해서 모두 13명 정도였다. 여학교 설립을 통해 전삼덕 전도사가 이루려고 했던 것은 조상대대로 내려오던 남존여비 사상의 타파였다. 사회적으로나 경제적으로 여성의 교육여건이 좋지 않던 시대에 전삼덕 전도사는 여성교육에 앞장서서 일했다.

그 당시 도시에는 여학생을 교육하기 위한 학교를 설립하거나 한 학교에서 남학생반과는 별도로 여학생반을 구성한 경우가 더러 있었다. 선교사의 부인이나 여자 선교사들이 주도해서 여학교를 설립하였다. 그러나 시골에서 숭덕보통학교와 같이 여학생만을 위한 별도의 학교를 설립한 경우는 한국에서는 최초이자 유일한 사례였다.

사회적으로나 경제적으로 여성의 교육여건이 좋지 않았던 시대에 전삼덕 전도사는 여성교육에 앞장서서 일했다. 전삼덕 전도사에게 교육을 받은 학생들 가운데 훌륭한 여성 지도자들이 많이 배출되었다. 전삼덕 전도사의 개인전도에 의하여 예수를 믿고 세례를 받게 된 사람이 600명에 달하고 유력한 교역자가 된 인사도 많다. 그 중에는 오기선 목사, 박석훈 목사, 김홍식 목사, 정진현 목사, 김영신 목사 등이 있다.

전삼덕 전도사는 여학생을 위한 숭덕보통학교를 설립한 2년 뒤인 1912년에 학동교회 설립을 주도하였다. 그의 두 아들은 나이 많은 어머니의 수고를 덜어 드리기 위해 자기 마을 학동에 교회를 세워 주었다. 전삼덕 전도사는 학동교회 외에도 전삼덕 전도사는 강서와 함종, 삼화 등 9곳에 기도처를 세웠다.

전삼덕 전도사는 절대로 손님에게 술대접을 하지 않았다. 집안 잔치에서도 술을 내놓지 않을 정도로 철저했다. 그는 평소 여성을 교육하는 것과 아울러 신앙의 중요성을 강조하였다. 그는 매일 가족예배를 드렸다. 집안에서 일하는 하인들까지 모두 참석하였다. 토요일 저녁마다 주일학교 교사를 모아놓고 주일학교 공과를 지도하였다. 일주일 중 5일은 학교에서 학생들을 가르쳤고, 토요일은 하루 종일 지역을 순회하며 복음을 전하였다.

전도사직을 은퇴하고 15년이 지난 1925년 전삼덕 전도사는 새롭게 건축한 학동교회 봉헌예배와 자신의 선교30주년기념식에 참석하였다. 그는 이 자리에서 하나님께 감사와 영광을 돌렸다. 그는 자신의 삶을 되돌아보면서 다음과 같이 말했다.

"나는 앉은뱅이였으나 지금은 걸으며, 나는 귀머거리였으나 지금은 들으며, 나는 벙어리였으나 지금은 말한다."

숭덕보통학교를 세운 그는 이 땅에서 억압받던 여성들의 족쇄를 푸는 귀한 사명을 잘 완수하고 1932년 89세를 일기로 별세하였다.

사랑이 많은 며느리 김릴리 권사

김릴리 권사는 전삼덕 전도사의 맏아들 김익수의 부인이다. 시어머니의 전도로 기독교 복음을 영접한 그는 1898년에 맏딸 김폴린과 함께 노블 선교사로부터 세례를 받았다. 세례명은 백합이라는 뜻을 가진 릴리(lily)다.

전삼덕 전도사의 맏며느리인
김릴리 권사와 그의 둘째딸

김릴리 권사는 시어머니와 함께 숭덕보통학교에서 학생들을 가르쳤다. 시어머니를 따라 10여 년 간 평양을 오가며 '교사양성과정'을 수료하여 교사자격증을 가졌기에 가능했다.

그는 노블 선교사 부인에게서 배운 방식대로 학생들을 가르쳤다. 글을 모르는 학생들에게는 한글을 가르쳤다. 그 외에도 김릴리 권사가 가르친 과목은 성경을 비롯하여 수학, 한문 등 여자들이 사회생활을 하면서 필요한 과목들이었다.

김 권사는 교인수가 50명 남짓한 학동교회에서 부인선교회장으로 오랫동안 봉사했다. 초대회장을 지낸 시어머니의 뒤를 이은 봉사였다. 주일이면 장년 준비공부를 인도하였고 사랑채를 사용했던 유년부도 가르쳤다.

김릴리 권사는 바느질, 요리, 자수, 편물과 같은 일을 잘 했다. 남자들의 몫으로 생각되는 식물재배, 나무 접붙이기, 장난감 만들기, 목수 일에도 능숙하였다. 뒷동산과 집 안뜰에 있는 각종 과일나무를 잘 관리해서 해마다 좋은 열매를 얻었다. 심지어는 집에서 기르는 복숭아나무에 한 가지에는 복숭아꽃이 피고, 다른 한 가지는 자두 꽃이 피게 길렀다. 겨울에는 손자들을 위해 썰매를 만들어 주고 아이들이 썰매를 탈 수 있도록 얼음판을 만들어 주는 여장부였다.

김익수·김릴리 부부는 동정심이 많았다. 김익수는 길에서 불쌍한 거지나 사람을 보면 집으로 데리고 와서 식은 밥이라도 먹여 보냈다. 심지어 동네 사람들이 들에 일하러 나간 틈을 타서 빈집의 부엌을 들여다보고 밥을 지어먹은 흔적이 없으면 부인에게 양식을 갖다 주도록 했다.

김익수는 마을에서 잘못된 행동을 하는 사람들을 훈계하여 잘 사는 마을을 만드는 데 앞장을 섰다. 이웃에 살던 농부가 자녀를 학대하자 아버지를 불러 호되게 책망하여 나쁜 버릇을 고쳐 주었다.

동네의 젊은 농군 한 사람이 남의 논밭으로 다니며 농작물을 훔쳐 먹는 사실을 알게 되자 그 사람을 불러 놓고 일을 하지 않고 남의 농작물을 훔쳐 먹지 말라고 주의를 주었다. 머쓱해진 젊은이가 집으로 돌아가고 난 뒤에 부인을 통해 자신의 배추밭에 남아 있던 배추를 그에게 갖다 주도록 했다.

김익수는 자녀들의 교육에 관심이 많은 자상한 아버지였다. 외지에 나가 공부하던 자녀들이 방학 때 집에 머무르면 글씨를 쓸 수 있도록 장지와 붓과 먹을 준비하여 놓고 기다렸다.

동생 김진수는 자녀들에게 글씨를 가르쳐 주었다. 신학문에 관심이 많았던 김진수는 강서읍에서 신학문 선생을 초빙해왔다. 북과 나팔을 사고 나팔수를 데려다가 가르치게 했으며 머리 깎는 기계를 사서 남자 아이들의 머리를 잘라주기도 했다.

김릴리 권사는 오서현이라는 며느리와 함께 살았다. 오서현은 상해의 손꼽히는 유지의 딸로 선교학교에서 고등교육을 받은 지성인이었다. 마음이 어질고 관대하여 동정심이 많고 정의를 주장하는 모범적인 여성이었다.

오서현은 시할머니와 시어머니의 뒤를 이어 학동교회를 섬기면서 겸손하게 봉사하며 신앙생활을 하였다. 주일이면 보통 7~8명의 교인들에게 점심을 대접하였고, 수요예배 때도 3~4명 정도의 교인들에게 식사를 제공했다. 특별집회 등이 열리면 식사를 대접해야 할 손님이 많아지게 되어 자연스럽게 예배에 빠지게 되었다.

그럴 때마다 시어머니 김릴리 권사는 며느리에게 "너는 부엌에서 봉사하는 일로 하나님의 일을 돕는 줄로 알려무나."라는 말로 노고를 위로해 주었다. 그러나 아쉽게도 후손들은 김익수와 김릴리 권사가 6·25 전쟁 중에 남하하지 못하고 공산치하에 남게 되어 언제 세상을 떠났는지 알지 못하고 있다.

1923년 이화학교에 다닐 당시의 김폴린 교수

감리교신학대학 교수를 지낸 맏손녀 김폴린 교수

　전삼덕 전도사의 맏손녀인 김폴린 교수는 1898년 4월 10일 평안남도 강서군 강서면 학동에서 김익수와 김릴리 권사의 6남매 중 맏딸로 태어났다. 생후 3개월이 되던 1898년 7월에 어머니와 함께 자기 집에서 노블 선교사에게 세례를 받았다. 세례명은 비올라(Viola)의 애칭인 바이올렛(Violet)이었다. 김폴린이란 이름은 이화학당에 다닐 때 아펜젤러 선교사가 붙여준 이름이다.

　그는 남자 형제들과 동등한 대우를 받으며 성장하였다. 6~8세에는 동네서당에서 4촌 동생 김은순과 함께 남자 아이들 틈에서 한문을 배웠다. 훈장 선생님은 두 여학생을 자신 옆 따뜻한 아랫목에서 공부할 수 있도록 배려해 주었다. 이것은 일찍이 서양 문화와 기독교의 정신을 받아들여 여자를 높여야 한다는 교육관을 가진 할머니의 손녀 사랑 덕분이었다.

김폴린은 자신의 어린 시절에 대해 다음과 같이 이야기 했다.
"집안에서는 한 번도 딸이라고 차등을 두는 법이 없었다. '계집애'와 같이 여성을 비하하는 용어는 절대로 사용할 수 없었다."
어느 날에는 안방문 밖에서 동리 아이들과 장난하며 노는데 할머니 전삼덕 전도사가 김폴린을 방으로 들어오라고 불렀다. "너 지금 무슨 말을 했느냐? 그런 말을 다시 했다가는 벌 받을 줄 알아라"고 책망을 했다. 김폴린이 친구에게 "이 계집애 왜 이래?"라고 했기 때문이었는데 그 이후 김폴린은 한 번도 그런 말을 하거나 싸움도 하지 않았다.

김폴린 교수가 자서전에 기록한 1920년대의 장로교 예배당의 풍경이다.
"장로교회에는 전부가 예배당 중간을 휘장으로 막고 여교우들은 처음엔 장옷 쓰고, 다음엔 치마 쓰고, 그 다음엔 우산 받고(그땐 양산도 파라솔도 없었다) 다니다가 그 어느 해인지 예배당 안에 휘장도, 여신도들의 쓰는 것도 다 없어졌다. 남도의 어떤 촌에는 강단 앞에까지 휘장을 가로막고 입을 대고 말하는 구멍만 뚫어 놓은 것도 보았다."

7인 전도대의 일원이 되어 복음을 전한 김폴린

할머니와 어머니로부터 신앙훈련을 받으며 자란 김폴린은 할머니가

김폴린 교수와
7인의 전도대

설립한 숭덕학교를 졸업하고 8살이 되던 1912년 9월에 사촌 여동생 김은순과 함께 이화학당에 입학하였다. 그는 아펜젤러 교장이 붙여준 김폴린이란 이름을 즐겨 사용했다. 그때 조선총독부의 간섭으로 학제가 보통, 중등, 고등, 대학과로 변경되었지만 김폴린은 1919년 봄에 대학 예과 3년제를 졸업하고 1923년에 대학 본과 4년제를 졸업했다.

김폴린은 이화대학 본과에 다니던 1920년 여름방학 때 7인의 전도대의 일원으로 복음 전도에 나섰다. 전도대원으로는 이화대학 본과 1, 2, 3학년에 재학 중이던 홍에스더, 김함라, 윤성덕, 김폴린, 김애은, 김신도 등 6명과 단장 김활란 선생을 포함한 7명이었다.

그들은 전국을 돌며 복음을 전하기로 하고 흰 헝겊 판에 십자가 형태의 붉은 헝겊을 재봉틀로 박아 전도대기(傳道隊旗)를 만들었다. 찬송가 곡조에 맞추어 부를 전도대 노래 가사를 만들어 프린트했다.

> 우리는 다 주의 십자가 군병들
> 그리스도의 나라 전파하기 위해
> 복음을 손에 들고 전하러 나가세
> 앞으로 나가 십자가 군병들
> 기를 높이 들고서 앞으로
> 전진 전진하세

전도대가 떠나기 전인 1920년 6월 21일 저녁 YMCA에서 구령회(救靈會)를 가졌다. 첫 번째 행선지는 평양지방이었다. 1920년 6월부터 약 한 달 동안 평양, 정주, 안주, 곽산, 운산, 북진, 양시, 차련관, 영변, 선천, 의주, 강서 등지를 돌았다. 낮에는 전도지를 돌리며 복음을 전했고, 밤에는 교회나 소학교 건물을 빌려서 강연회를 가졌다. 평북 선천에서는 전도대의 강연에 1,000여 명의 군중이 모일 정도로 전도대의 활동은 환영을 받았다.

반면 정주에 갔을 때는 가슴 아픈 현장을 방문하였다. 잡초만 무성한 교회터였다. 그곳은 일본 사람들이 교인을 교회로 모이라고 해놓고 기름을 붓고 불을 질러 교회와 교인을 불태워버린 곳이었다. 전도대는 교회 재건을 위해 눈물로 기도한 후 금일봉을 전하였다.

　7인의 전도대가 가는 곳마다 많은 사람들의 환영을 받는 모습을 본 일본 경찰은 심기가 몹시 불편하였다. 그들은 전도대가 가는 곳마다 악착같이 따라다니며 행동을 감시했다. 전도대원들이 집회 때마다 부르던 전도대가(傳道隊歌)를 부르지 못하도록 인쇄한 종이를 압수하는 등 전도하는 일을 방해했다.

　1920년 6월 27일 안주에 가서 주일 아침에 '영생이 어디 있느냐? 라는 주제로 강연회를 가졌다. 6명의 전도대원들은 강단에 앉아있고 단장인 김활란 선생이 청중들을 향해 "곡식이 익어 추수할 때가 되었으니 낫을 들고 추수하러 가자"라는 성경에 있는 비유를 말했다.

　그 때 김폴린 학생 옆에 앉아 있던 일본 경찰이 군도(軍刀) 끝으로 마루를 쿵쿵 구르며 "안돼, 안돼"라고 소리 지르며 말을 중지시켰다. 이렇게 강연이 몇 번 중단 된 후 김활란 선생은 단상에서 내려와야 했고 집회는 산회되고 말았다.

　전도대원들이 일본 경찰들의 계속적인 방해에도 굴하지 않고 복음전도에 매진하자 그들은 아펜젤러 교장에게 전도 강연을 중지시키라고 종용을 하기에 이르렀다. 일본 경찰의 끈질긴 압력과 협박을 견디지 못한 아펜젤러 교장은 "남부지방의 전도를 중지하고 어서 학교로 돌아오라. 그렇지 않으면 내가 잠을 잘 수가 없다"는 편지를 보냈다.

　7인의 전도대는 일본 경찰의 방해 때문에 당초 계획했던 지역을 전부

다니지 못했다. 그러나 그들은 짧은 여행 속에서도 500여 명의 새신자를 얻는 기쁨을 누렸다.

교육자가 된 김폴린 교수

1923년에 이화학당 대학과를 졸업한 김폴린 교수는 아펜젤러 교장의 권유로 보통학교 1학년을 맡아 가르치기 시작했다. 월터 선생에게 배운 교육학 내용대로 가르친 김폴린 교수는 교수법이 좋다고 소문이 나서 보육학과 밴플릿 학과장이 학생들을 데리고 수업을 참관하기도 하였다.

이후 고등과와 전문과에서도 학생들을 가르쳤다. 유명한 오페라 가수 김자경 선생은 김폴린 교수가 그 당시 가르친 학생 중 한 명이다.

윌리암 홀 선교사의 아들인 셔우드 홀(Sherwood Hall M. D.) 의사가 하루는 김폴린 교수를 찾아왔다. "내가 너희 조모님(전삼덕 전도사)의 손녀 한 사람을 꼭 의학을 시키고 싶은데 상해로 가서 공부할 생각이 있느냐?"라는 말에 그는 의학을 공부할 생각이 없다고 대답했다. 그러자 홀은 13살이던 그의 동생 배세의 의향을 물어보았으나 동생은 무서워서 싫다고 했다.

김폴린 교수는 미국으로 유학을 가기로 결심했다. 그러나 1925년에 미국으로 유학을 가기 위해 준비하던 중에 마지막 절차로 세브란스병원에 가서 주사 한 대 맞은 것이 부작용을 일으켰다.

결국 그는 유학을 포기하고 집과 동대문부인병원(현 이화여대부속병원)에서 3년간 요양을 하면서 투병생활을 하였다. 그 사이에 간호원장의 요청으로 간호학과 학생들에게 간호윤리를 번역하여 가르치기도 했다.

감리교단 통합에 참여한 김폴린 교수

김폴린 교수는 학자로서 뿐만 아니라 기독교인으로서도 활발한 활동을 하였다. 대표적으로는 한국 감리교의 통합작업에 참여한 일이다. 한국 감리교는 본래 미국으로부터 북감리교와 남감리교 둘로 갈라져 들어와서 각기 선교지를 정하고 복음을 전하였다.

1930년 11월에 두 교단을 통합하기 위해 조선 남북감리회통합전권위원회를 구성하였다. 미국 남북감리교에서 10인, 한국 남북감리교에서 10인 그리고 한국교회 평신도 대표 10인을 포함하는 30명이었다. 김폴린 교수는 한국교회 평신도 대표 10인 중 한 사람으로 이 일에 참여하였다. 평신도대표로 참석한 위원 중에는 전삼덕 전도사에게 전도를 받아 기독교인이 된 오기선 목사도 있었다. 남북감리교가 합해서 하나의 감리교가 되는 1930년 12월 첫 총회에서 양주삼 목사가 첫 총리사로 피선되어 8년(1930~1938) 동안 통합된 감리교단을 이끌었다.

그 후에도 김폴린 교수는 1931년부터 1933년까지 미국 내슈빌교육대학에서 공부한 후 1933년 가을부터 1939년까지 7년 가까이 감리교 총리원 교육국 간사를 맡아 일했다. 이후 기독교 교육협회 편집위원(1954~1956, 1963~1965)으로 일하는 등 교단의 발전과 기독교 교육을 위해 노력했다.

김폴린 교수의 동생 김배세는 이화전문학교를 졸업하고 이화고등학교에서 8년간 학생들을 가르쳤다. 그는 결혼 후 중국 천진에서 살다 서울로 돌아와 북아현동에서 김폴린 교수와 함께 살았다.

그때 형사 한 사람이 매일 김폴린 교수를 만나면 "안녕히 계십시오. 다시 오겠습니다."라고 인사를 하였다. 그는 평안남도 강서경찰서에서 "김폴린 교수를 자주 찾아뵈라는 말이 있어서 매일 찾아오는 것"이라고 얘기했는데 그 배경에는 8·15를 전후해서 미국에서 유학생활을 한 사람은 다 없애 버리라는 지령이 있었기 때문이라는 것이었다.

해방이 며칠만 늦어졌어도 우리나라의 많은 지도자급 인사들은 집단 학살을 당할 뻔 했다. 지역마다 면 단위로 1명씩, 미국 유학생 출신 인사 전체 등 일제는 우리민족의 지도자를 일순간에 없애 버림으로써 영구한 식민지로 만들려고 획책했다.

활발하게 사회활동을 한 김폴린 교수

김폴린은 1923년 YWCA 초창기부터 활동하였다. 해방 후에 YWCA운동이 재개되자 서울 YWCA의 총무로 일했다. 서울 YWCA의 주된 활동은 교육사업과 구호사업이었다. 그들은 굶주리고 가난한 백성들에게 군정의 도움을 받아 구호품을 나누어 주고 솜을 얻어 이불을 만들어 나누어 주었다. 미군정과 YWCA 사이에서 크게 도움을 준 사람은 바로 언더우드 선교사의 부인이었다.

초창기 YWCA의 활동 중에는 농촌활동이 있었다. YMCA책임자였던 이상재 선생 등의 적극적인 지원에 힘입어 1931년에는 농촌활동을 위해 최용신을 수원 샘골(샘골교회)에 교사로 파견했고, 1934년에는 농촌부녀자훈련소를 개소했다.

김폴린 교수는 학생들을 가르치는 것 외에도 활발하게 사회활동과 교회활동을 하였다. YWCA 연합회 회원, 위원, 이사, 명예위원으로 활동했으며 1956년부터 대한감리교 여선교회 연합위원을 거쳐 자문위원으로 활약했다. 가정생활위원회와 '새가정' 편집위원으로 참여하는 등 각종 사회단체와 기관에서 많은 활동을 하였다.

미국 내슈빌 교육대학(1931-1933)과 에모리대학(1952-1953)에서 공부한 김폴린 교수는 감리교신학대학에서 1949년부터 1970년 정년으로 은퇴할 때까지 20년 이상 학생들을 가르쳤다. 주요 저서로는 1936년에 주일학교 교사용으로 지은 『하늘아버지와 어린이』를 비롯하여 『하나님의 세계(1937)』, 『에덴동산(1938)』, 『예배법(1987)』과 자서전 『주님이 함께하신 90년』 등이 있다.

김폴린 교수의 저서 『예배법』

4대째 믿음의 가문을 이어가는 손숙자 장로

전삼덕 전도사의 4대 후손 중에 원주기독병원 제5,7대 병원장을 역임한 김대현 장로가 있다. 원주 영강교회 장로로 임직을 받아 신앙생활을 한 김대현 장로는 한국기독교장로회(기장) 제32대 강원노회 노회장을 비롯하여 기장 강원노회 장로회회장을 역임한 믿음의 사람이다. 평안남도 출신인 김대현 장로는 연세대 의과대학을 졸업하고 산부인과 의사로 30년간 헌신하였다.

김대현 장로의 부인 손숙자 장로는 숙명여대 약학과와 동대학원을 졸업한 후 원주기독병원 약국장을 거쳐 학성동에서 약국을 운영하였다.

1980년부터 영강교회에서 10년 연속 전도상을 수상할 정도로 복음전도에 열심을 낸 손 장로는 지금까지 200명이 넘는 사람들을 교회에 출석하도록 했다. 영강교회의 영파 장학위원장, 영강교회 새 성전 건축위원장을 역임하는 등 교회발전을 위해 헌신하고 있다.

손숙자 장로의 교회 봉사와 사회활동은 100년 전의 전삼덕 전도사의 활동을 떠올리게 한다. 대학 Y시절부터 여성운동, 평화운동, 평등운동, 근검 절약운동 등에 관심을 가지고 활동하고 있다. 그는 결혼 후 남편을 따라 원주에 거주하면서 원주YWCA 회장, 원주시 여성단체협의회 회장, 원주시 어린이선교원연합회 회장을 비롯하여 각종 사회단체의 지도자가 되어 원주시 발전을 위해 노력하고 있다.

원주 영강교회 여성 장로인 손숙자 장로는 제83회 기장총회(1998년, 서울 한신교회)에 강원노회 총대로 참석하여 장로 부총회장에 선출되어 교단 발전을 위해 열심히 일했다. 우리나라 기독교 역사상 여성 장로가 교단의 장로 부총회장이 된 것은 손 장로가 처음이다. 이 총회에서 목사 부총회장으로는 이중표 목사가 선출되었다.

제4대(1995) 강원도 도의원을 역임한 손숙자 장로는 한국가정법률상 담소 원주지부를 개설하고 소장으로 일하고 있으며 부설 가정폭력·성폭력 통합상담소, 부설 베다니쉼터를 운영하면서 여성과 사회적인 약자를 위해 헌신하고 있다.

손숙자 장로는 손성환 집사와 김준수 권사의 3남 4녀 중 다섯째(막내딸)로 태어나서 어릴 때부터 신앙생활을 하였다. 이 가문의 복음화는 손 장로(長老)와 언니로부터 시작되었다. 두 사람은 부모와 형제들 그리고 형부와 올케들에게 복음을 전했다. 지금은 친정 식구 중에 손 장로 부부를 포함하여 5명의 장로와 4명의 권사가 있으며 그 후손들도 믿음의 대를 이어가고 있다. 그는 김대현 장로와 결혼하여 1남 2녀를 두었으며 '순종하는 마음, 겸손한 마음, 긍정적인 사고방식'을 좌우명으로 삼고 자녀를 믿음으로 양육하고 있다.

전삼덕 전도사의 가문으로 시집 온 손숙자 장로는 전삼덕 전도사와 그의 손녀 김폴린 교수와 관련하여 몇 가지 재미있는 이야기들을 들려주었다.

첫째는 손숙자 장로는 전삼덕 전도사가 출생한 1843년으로부터 100년 뒤인 1943년에 태어났다는 것이다.

둘째는 전삼덕 전도사가 여성으로서는 서북지방 최초로 세례를 받은 인물이고, 손숙자 장로는 여성 장로로서는 처음으로 한국기독교장로회(기장)의 장로 부총회장을 역임한 인물이라는 것이다. 이것은 우리나라 기독교 역사상 처음으로 여성 장로가 교단의 장로 부총회장으로 기록되고 있다.

셋째는 두 사람 모두 복음 전파에 열심이었다는 것이다. 전삼덕 전도사의 전도를 받고 세례를 받은 사람이 600명에 이르고 손숙자 장로도 200명이 넘는 사람에게 복음을 전해 세례를 받게 했다는 것이다.

넷째는 손숙자 장로가 전삼덕 전도사 가문으로 시집오기 전인 대학생 시절에 YWCA 활동 중 전삼덕 전도사의 손녀인 김폴린 교수를 만나 지도와 도움을 받은 적이 있다는 것이다.

다섯째는 전삼덕 전도사의 남편은 보령군수를 지냈고, 손숙자 장로의 아버지는 익산시장을 비롯하여 김제, 남원, 정읍 군수를 지낸 인물이라는 것이다.

이처럼 100년을 사이에 두고 태어난 전삼덕 전도사와 그의 4대 손부인 손숙자 장로는 여러 가지 면에서 공통점을 가지고 있다.

여인들의 기도가 믿음의 가문을 이어간다

서북지방에서 최초로 세례를 받은 여성인 전삼덕 전도사는 이 땅에 여성해방의 빗장을 푼 장본인이다. 나이 50이 넘어 기독교 복음을 받아들이고 세례를 받았을 뿐만 아니라 아들과 며느리에게 전도하여 가정의 복음화를 이룩한 인물이다. 그는 남자와 여자는 모든 면에 있어서 평등하다는 확고한 신념을 가지고 있었으며 이를 몸소 실천하는 삶을 살았다.

　전삼덕 전도사는 특히 여성교육에 관심이 많아 여자들을 위한 학교를 직접 설립하고 가르치기도 하였다. 그에게는 아들과 딸, 손자와 손녀의 구별이 없었다. 그는 삶을 통하여 후손들에게 많은 교훈을 남겼다.

　전삼덕 전도사의 믿음은 그의 맏며느리 김릴리 권사로 이어졌고, 손녀 김폴린 교수에게 내려왔다. 이 가문의 여인들의 믿음은 4대 손부인 손숙자 장로에게도 계승되고 있다. 손숙자 장로의 아들과 손자에 이르기까지 6대 120년에 걸친 기독교 복음이 이 가문의 축복의 통로가 되고 있는 것이다.

　한 여인의 회심은 개인뿐만 아니라 가문을 복음화시켰고, 대를 이어 하나님의 자녀로 살아가는 복음의 씨앗이 되었다.

5 할아버지가 설립한 교회에서 해마다 가족수련회를 갖는 후손들

— 노귀재에서 복음을 영접한 권헌중 장로 가문

권헌중 장로 이야기

"예수를 믿으면 천국에 갑니다. 예수를 믿으세요."

을미사변으로 인해 정부군을 피해 고향인 경주를 떠나 청송에서 살다가 노귀재를 넘어 대구를 향해 가던 권헌중에게 건네진 안의와 선교사의 이 한 마디는 그의 삶을 송두리째 바꾸어 버렸다.

권헌중 일행은 대구로 피란가려던 당초의 계획을 포기하고 노귀재에서 그리 멀지 않은 영천군 화북면 자천리에 정착했다. 그는 기독교로 개종하고 상투를 잘랐다. 복음이 권헌중의 삶의 자세를 바꾸었다.

기독교인이 된 그는 자신의 집에 십자가를 세워놓고 예배를 드리기 시작했다. 그때가 1898년이었다. 자천교회 초대 교인으로는 권헌중 가족을 비롯하여 서당에서 한문을 배우던 학생들과 자기 집에서 일하는 노비들이었다.

권헌중이 비록 양반이고 학식이 높았으나 외지인이었던 탓에 교회를 설립하는 데 많은 어려움을 겪어야 했다. 자신들이 믿는 미신과 유교적 풍습에 어긋난다고 생각한 주민들이 자기 마을에 예배당을 세우는 것을 반대했기 때문이다. 지역민들의 반발로 예배당 설립이 어렵게 되자 권헌중은 면사무소와 주재소를 건설해 주는 조건으로 건축허가를 받아 1904

년에 지금의 예배당을 건립하였다. 이어서 권헌중은 '신성소학교'를 설립하여 어린 아이들에게 성경과 신식학문을 가르쳤다.

권헌중 장로

권헌중 장로의 둘째 아들 권오진 장로는 자천교회에서 신앙생활을 하면서 3번의 죽을 고비를 넘기고 교회를 지켰다.

첫 번째는 일제 강점기에 일제가 태평양전쟁 발발 후 국내에 거주하던 선교사를 모두 추방한 뒤 선교사와 가깝게 지내던 그를 미군 간첩이라고 몰아붙인 일이다.

두 번째는 해방 직후인 1946년에 일어난 소위 10·1사건이다. 철도직원들의 파업으로 시작된 이 사건은 우익 인사와 교회 지도자들을 학살하고 교회를 불태운 사건이다.

세 번째는 6·25전쟁이다. 자천교회가 6·25전쟁 중 가장 치열한 전투가 벌어진 안강지역 인근에 있었기 때문이다.

권헌중 장로가 자천교회를 세운 지 110여 년이 지난 지금 그의 후손들은 모두 타지로 나가 살지만 해마다 8·15광복절을 전후하여 자천교회로 찾아와 가족 수련회를 열고 있다.

권헌중 장로 가문에서는 아들 권오진 장로와 손자 권혁동 장로에 이어 2명의 증손자가 장로 장립(2012년 권순백 장로, 2014년 권순극 장로)을 받음으로써 4대째 장로를 배출한 믿음의 가문이 되었다.

할아버지가 설립한 교회에서
해마다 가족수련회를 갖는 후손들
― 노귀재에서 복음을 영접한 권헌중 장로 가문

권헌중 장로를 찾아서

경상북도 영천 자천교회에 대해 관심을 가지게 된 것은 자천교회가 110여 년 전에 설립되었고, 현재의 예배당은 '경상북도 지방문화재 제452호' 이자 '한국기독교사적 제2호' (대한예수교장로회, 통합)라는 이유 때문이었다.

우리나라에 현존하는 예배당 중에 자천교회처럼 지은 지 100년이 넘는 것은 그리 많지 않다. 100여 년 전에 지은 예배당에서 현재 예배를 드리는 곳은 영천 자천교회와 봉화 척곡교회 등으로 알려져 있다.

우리나라 기독교 130년의 역사 속에서 기독교 복음이 전파될 당시에 지은 예배당이 이처럼 적은 것은 가슴 아픈 일이다. 일제 강점기와 6·

25전쟁 중에 많이 소실된 것이 한 가지 이유다. 또 다른 이유는 교인이 늘어나서 옛 예배당을 허물고 그 자리에 새로운 예배당을 건축하는 과정에 초기 예배당이 사라지게 된 것이다. 역사의식의 부족과 건축비의 부족으로 인한 결과다.

2011년 봄 안동지역 교회를 탐방하고 대구로 가는 길에 영천 자천교회에 들렀다. 교회 구석구석을 돌아보던 중에 자천교회 손산문 담임목사를 만났다. 그는 지방의 신학대학교에서 교회사를 강의하는 향토역사학자로서 자천교회의 역사뿐만 아니라 경상북도 교회의 역사에 대해서도 많은 이야기를 해 주었다. 그 중에서도 자천교회 설립자 권헌중 장로와 신성학교에 대한 이야기는 나의 궁금증을 유발하였다.

대화를 마치고 교회를 나서는데 손 목사가 한 가지 사실을 알려 주었다. 8월 15일에 자천교회를 찾아오면 권헌중 장로 후손을 만날 수 있다는 것이었다. 왜냐하면 전국에 흩어져 있는 권헌중 장로의 후손들이 해마다 8월 15일을 전후하여 1박 2일간 자천교회에서 가족 수련회를 갖기 때문이었다.

권헌중 장로의 손자로부터 가족수련회에 참석해도 좋다는 허락을 받고 약속된 8월 15일 자천교회를 찾아갔다. 자천교회에 도착하니 주차장에는 벌써 몇 대의 자동차가 주차되어 있었다. 급한 마음에 교회 마당을 들어서니 예배당 출입문 앞에는 여러 켤레의 신발이 가지런히 놓여 있고 예배당 안에서는 사람들의 음성이 들렸다. 교회를 탐방하는 사람들일 수도 있다는 생각에 잠시 바깥에서 기다리는데 이번에는 찬송이 울려 퍼졌다. 잠시 후 예배당 문을 열고 나온 사람들은 바로 권헌중 장로의 후손들이었다. 약속시간보다 조금 일찍 도착하여 예배를 먼저 드렸던 것이다.

손산문 목사의 소개로 권헌중 장로의 후손들과 인사를 나눈 후 교회 구석구석을 돌아보는 가족들 틈에 끼어서 궁금한 점을 물어보았다. 그들은 110여 년 전부터 현재까지 가문에서 일어났던 일들 가운데 어른들에게 전해들은 이야기들을 하나씩 들려주었다.

80대 장로와 권사로부터 10대 청소년에 이르기까지 한 자리에서 예배를 드리며 믿음의 조상들에 대해 주고받는 이야기는 자천면사무소 뒤편의 작은 식당에까지 이어졌다. 그들은 단순한 점심이 아니라 사랑이 깃든 믿음의 점심을 나누며 위대한 믿음을 물려주는 아름다운 대화를 나누는 것이었다.

자천교회와 권헌중 장로 가문에 대한 이야기는 손산문 목사의 증언을 비롯해서『자천교회 이야기』와 권헌중 장로의 후손들과의 대화를 정리한 것이다.

권헌중 장로의 생애

노귀재에서 안의와 선교사를 만나 회심한 권헌중 장로

1890년대 후반 한 무리의 사람들이 경상북도 청송군을 떠나 대구로 가기 위해 노귀재를 넘고 있었다. 해발 500m나 되는 꽤 높은 고개다. 북쪽 청송군에서 남쪽 영천시로 가기 위해서는 이 고개를 넘어야 했다. 지금은 약 1km 정도의 노귀재 터널이 두 지역을 연결해 주고 있어 사람들의 기억에서 사라진 고개다. 교통수단이 여의치 않던 옛날에 어린 아이들과 여인들이 넘어 다니기에는 벅찬 고개였다.

권헌중 장로는 1895년 일본의 자객에 의해 명성황후가 시해되고 이어서 을미사변이 일어나자 경주지역에서 의병으로 활동하였다. 의병 활동이 실패로 끝나자 고향을 떠나 청송에서 잠시 머물다가 다시 거처를 옮기는 중이었다. 그들의 최종 목적지는 대구였다. 그곳에서 무엇을 할 것인가에 대한 계획은 없었다. 우선 일본군의 눈을 피해 대구를 향해 남쪽으로 향하던 길이었다.

여인들과 어린아이들을 소달구지에 태우고 노귀재를 넘던 권헌중 장로는 잠시 쉬어가기로 했다. 마침 권헌중 장로 일행의 반대쪽에서 한 무리의 사람들이 재를 올라오고 있었다. 마부가 끄는 말을 탄 파란 눈을 가진 서양 사람과 등짐을 진 여러 명의 한국 사람들이었다. 서양 사람은 경상북도 북부지역에 복음을 전하는 안의와 선교사였고, 동행자들은 조사와 권서인 그리고 마부들이었다.

　인적이 드문 산길에서 사람을 만나는 것은 반가운 일이다. 서로 다른 목적으로 반대방향으로 길을 가던 그들은 자연스럽게 합석을 하였다. 어색함도 잠시뿐이었다. 키가 큰 서양 사람과 한국인 조사가 권헌중 장로의 일행에게 먼저 인사를 건넸다.

　서양 사람은 자신을 미국에서 온 안의와 선교사라고 소개했다. 자신은 하나님의 말씀을 전하러 북쪽으로 가는 중이라고 하면서 복음을 전하였다. 비록 서툰 한국말이었지만 뚜렷한 어조로 "예수를 믿으면 천국에 갑니다"라고 말했다. 헤어질 때는 가지고 가던 성경을 건네주며 다시 한 번 "예수를 믿으세요"라는 말을 했다.

　당시 경상북도 대구에는 미국북장로회 대구선교부가 설립되어 있었다. 1897년에 설립된 대구선교부에는 세 사람의 선교사가 소속되어 있었고 이들은 경상북도를 3개 구역으로 분담해서 복음을 전하였다.

　안동과 영주 등 경상북도 북부지방은 방위렴(W. M. Barrett, 1872-1956) 선교사가 맡았고 김천, 선산 등 서북부지방은 부해리 선교사가 맡아서 복음을 전했다. 경산과 영천 등 동부지방은 안의와(James Edward Adams, 1867-1929, 이 책 3장 정철성 영수 편 참조) 선교사가 담당하였다.

　안의와 선교사는 1897년 말에 미국북장로회 소속 선교사로 대구에 도착하였다. 대구선교부를 조직한 그는 그 해 말에 남문안교회(현 대구제일교회)를 설립하였다.

뜻하지 않게 노귀재에서 안의와 선교사를 만나 복음을 듣게 된 권헌중 장로 가족은 대구로 가려던 당초의 계획을 바꾸었다. 그는 노귀재에서 40여리 떨어진 보현산 자락의 영천군 신촌면(현 화북면) 자천리에 정착했다. 우리나라 최대의 천문대(1996년 설립)가 세워진 보현산(1,124m) 주변은 물 맑고 공기가 좋을 뿐만 아니라 기후가 온화하고 풍광이 수려한 곳이다.

　자천리에 정착한 권헌중 장로는 선교사가 전해준 쪽복음을 열심히 읽었다. 성경을 읽으면서 삶의 근본적인 문제를 해결해 주는 진리를 발견한 권헌중 장로는 어릴 때부터 읽어오던 논어, 맹자와 같은 유교경전을 버리고 기독교 복음을 받아들이기 시작했다.

　성경을 읽다가 모르는 부분이 있으면 직접 대구로 가서 선교사의 설명을 들으며 신앙을 키워나갔다. 때로는 영천지방을 순회하며 전도하는 안의와 선교사가 자천에 들러서 권헌중 장로의 집에 묵으면서 복음에 대한 대화를 나누기도 했다. 경주지방에서 서당 훈장을 하던 권헌중 장로는 성경에 대한 이해가 빨랐다. 선교사와의 만남이 잦아질수록 그는 점점 더 복음에 관심을 가지게 되었다. 나라를 잃은 서러움에 방황하던 권헌중 장로에게 기독교 복음은 이름 그대로 복된 말씀이었다.

노비문서를 모두 불태우고 자천교회를 설립한 권헌중 장로

　한학에 조예가 깊었던 권헌중 장로는 기독교 복음을 영접하고 나서 세상이 넓고 그 변화가 빠르다는 것을 깨닫게 되자 삶의 방향을 180도

바꾸었다. 그는 먼저 자신의 상투를 잘랐다. 뿐만 아니라 예수 안에서 모든 인간은 평등하다는 성경말씀에 감동을 받은 그는 대대로 내려오던 노비문서를 불태워버렸다. 동시에 그들에게 모두 자유를 주어 독립해서 살도록 해 주었다.

자유를 얻고 기독교 복음을 영접한 노비들은 뛸 듯이 기뻤다. 그들은 자신들이 섬기고 따르던 주인마님이 만난 하나님을 영접하였다. 그것은 바로 복음의 힘이었다. 그들의 입을 통해 그리스도의 복음이 가난한 자, 억눌린 자에게 널리 전파되었다.

자천교회는 권헌중 장로의 사랑채에서 시작되었다. 1898년으로 알려져 있다. 그 시절 여느 시골교회와 마찬가지로 권헌중 장로 집 앞에는 높은 십자가를 매단 장대가 세워졌다. 노귀재를 넘다가 안의와 선교사를 만난 지 얼마 지나지 않아서다. 초대 교인들로는 자기 식구와 서당에서 가르치던 문동들, 그리고 자신이 해방시켜 준 사람들이었다.

권헌중 장로는 부지런히 마을을 돌아다니며 복음을 전했다. 교인이 늘어나자 그는 안의와 선교사와 협의하여 예배당을 건축하기로 마음을 먹었다. 그러나 교회의 신축은 처음부터 난관에 부딪쳤다. 유교사상에 물든 지역민들이 기독교 예배당을 세우는 것에 크게 반발하였기 때문이다.

이것은 비록 권헌중 장로가 마을 아이들에게 한문을 가르치는 훈장 선생으로 유식한 한학자요, 부자였지만 마을 사람들은 그가 전하는 기독교 복음에는 마음을 열지 않은 결과였다. 토박이가 아니라 외지에서 온 사람이 예배당을 설립하고 예수 그리스도를 전하는 것을 쉽게 받아들일 수 없었기 때문이기도 했다.

토호세력들은 상투를 자르고 노비를 해방시킨 권헌중 장로의 행동에 불쾌함을 드러냈다. 대대로 누리던 자신들의 기득권이 사라지는 것에 대한 두려움 때문이었다. 이로 인해 외지인 권헌중 장로에 대해 곱지 않은 시선을 보내고 있었다.

그 바람에 교회건축은 잠시 중단되었다. 이에 권헌중 장로는 주재소와 면사무소를 지어주는 조건으로 교회건축을 허락받아서 정부관리와 주재소 헌병들의 보호 아래 지금의 예배당을 건축하였다. 우여곡절 끝에 예배당을 지은 자천교회는 1904년에 면사무소에 종교건물로 등기를 마쳤다. 이 예배당이 일제 강점기와 6·25전쟁을 무사히 넘기고 지금까지 옛 모습 그대로 남아있다.

이처럼 기독교 복음이 우리나라에 전파되어 예수를 믿은 초대교인들은 주로 양반과 부자가 주축을 이루었다.

초기 기독교가 양반과 부자 중심으로 성장한 이유는 몇 가지가 있다.

첫째로는 양반은 글을 읽고 해독하는 능력이 있었기 때문이다. 그 중에서도 그들은 한자로 기록된 각종 서적들을 읽고 이해하는 능력이 있었다. 그들은 한문성경을 쉽게 읽고 이해할 수 있었다. 선교사들을 돕던 조사와 권서인 중에 양반출신들이 많은 이유이기도 하다.

둘째로는 조선시대가 끝나가던 시대에는 대체로 양반은 부자여서 노비와 머슴을 거느리고 살았고, 그들은 자비량으로 교회를 설립할 수 있는 경제력도 갖추고 있었기 때문이다. 양반 한 사람이 복음을 영접하면 그 가문은 물론이고 그 가문에 속한 노비와 머슴들도 모두 기독교인이 되는 경우가 많았다. 복음을 영접한 그들은 데리고 있던 노비와 머슴들에게 복음을 전했다.

셋째로는 지역에서 지도자로 살던 그들은 주변사람들에게 영향력을 행사하고 있었기 때문이다. 그들은 자신들의 소신을 정확하게 표현하고 행동하는 데 별 제약을 받지 않았다. 이러한 형태의 복음 전파는 한글성경이 널리 보급되어 중인들과 여성들이 성경을 읽고 이해하고 나서 복음전파에 나설 때까지 지속되었다.

이러한 사실은 비단 자천교회의 권헌중 장로에게만 국한된 것은 아니었다. 안동의 이상동 장로, 이천의 구연영 전도사 등이 이를 증명하고 있다. 그들은 자신들의 신분, 재산, 지식을 통해 하나님의 사랑을 몸소 실천하여 복음의 전파에 일익을 담당했다. 이런 사례들을 통해 하나님께서는 가진 자들이 겸손하게 자기 것을 내려놓을 때 그들을 통해 큰 일을 행하신다는 것을 알 수 있다.

하나님은 모든 사람을 사랑하신다는 것은 해방된 노비의 입으로 증거되었다. 요한복음 4장에 등장하는 우물가의 여인처럼 복음을 통해 신분의 벽이 무너지고 새사람이 된 그들은 힘써 복음전도자가 되었다.

자천교회

'남녀칠세부동석(男女七歲不同席)' 교회, 문화재가 되다

자천교회 앞마당에 들어서면 잠시 시대를 거슬러 온 느낌을 받는다. 눈앞에는 옛 모습을 한 예배당이 조용히 서 있다. 오른쪽에는 나무로 세워진 종각과 꼭대기에 달려 있는 커다란 종의 모습이 한 눈에 들어온다. 종각 뒤편에는 이 지역 최초의 사립학교였던 '신성학당'이 있다. 이 교회가 오랜 역사를 갖는 교회임을 알게 해 주는 풍경이다. 신성학당은 봉화 척곡교회의 명동서숙(1909)과 함께 원형이 잘 보존된 교육시설이다.

교회 마당 왼쪽에 서 있는 아담한 나무 아래에는 교회 설립자인 권헌중 장로의 기념비와 묘비가 나무 좌우에 세워져 있다. 일반 교회에서는 볼 수 없는 귀한 풍경이다. 지금까지 설립 역사가 100년이 넘는 700여

예배당 현판

개의 교회를 방문하였지만 교회 설립자의 묘가 교회 마당에 있는 경우는 자천교회가 유일하다.

  교회 마당을 들어서면 정면에는 지어진 지 110년이 넘어서도 옛 모습을 그대로 간직하고 있는 예배당이 있다. 처마 밑에는 설립자 권헌중 장로의 아들로 이름난 문필가였던 권오진 장로가 쓴 '禮拜堂(예배당)'이라는 현판이 걸려 있다. 옛날에는 이 현판 아래의 출입문으로 남자 교인들이 드나들었다.

  조선시대의 관습인 남녀칠세부동석은 예배당이라고 해서 예외는 아니었다. 이것은 교회 마당을 들어서기 전부터 시작되었다. 남자와 여자가 예배당으로 들어오는 길은 담으로 분리되어 있어서 남녀교인들은 별도의 출입문을 통해 교회 마당에 들어설 수 있었다. 남자 교인들은 교회 대문을 통과해서 '禮拜堂(예배당)' 이라는 현판 아래 출입문을 열고 예배당 안으로 들어왔다. 반면 여자 교인들은 대문 옆의 작은 쪽문을 통해 골목길을 이용해서 예배당 오른쪽에 있는 출입문으로 드나들었다.

이렇게 해서 남자교인과 여자교인은 교회 마당에 들어서면서부터 분리되어 서로 얼굴을 마주치지 않고 예배당을 출입하고 예배를 드릴 수 있었다.

예배당 안에 들어와서도 남녀 구분은 계속되었다. 남자석과 여자석은 나무판으로 칸막이를 설치해서 구분했다. 설교자가 예배 인도자만 남녀 교인을 볼 수 있는 구조였다. 부모를 따라온 어린아이들만 남자와 여자석을 오갈 수 있었다. 강대상을 바라보고 남자들은 왼쪽 좌석에 여자들은 오른쪽 좌석에 앉아서 예배를 드렸다. 예배 시간에 남자와 여자는 목소리를 들을 수 있었으나 서로 얼굴을 볼 수는 없었다.

회중석 뒤편에 있는 두 개의 방은 원래 선교사들이 묵을 공간으로 마련했으나 사경회 등이 열리면 멀리서 참석하는 교인들의 숙소로 이용되기도 했다.

자천교회는 유교의 전통과 관습에 젖어있던 마을 사람들을 교회로 나오게 하기 위해 예배당을 철저하게 남녀유별을 실천하는 구조로 설계하였다. 지금으로서는 웃어넘길 수 있는 우리나라 초기 기독교 예배당 풍경 중 하나로 뿌리 깊은 '남녀칠세부동석'의 유교적 전통과 기막힌 절충이었다.

전통적인 우진각지붕 목조단층 형태의 한국목조건축양식으로 지어진 예배당은 'ㅡ' 자 형태를 하고 있다. 이렇듯 자천교회는 교회 건축물의 토착과정을 보여주고 있다. 경상북도 봉화의 '정방형(ㅁ자 모양)'의 척곡교회, 전라북도 김제의 'ㄱ' 자 모양의 금산교회와 더불어 교회건축에 관심을 가진 사람들에게는 귀한 자료가 되고 있다.

서당 훈장 권헌중이 신식학교를 세우다

대구・경북지방에서 최초의 기독사립학교는 안의와 선교사가 대구제일교회 구내에 설립한 대남학교다. 1900년 11월 11일에 시작된 대남학교는 작은 초가집이었다. 1907년 10월 23일에는 부해리 선교사가 신명학교를 설립하였다. 이후 대구를 비롯한 경상북도 일원에 설립된 교회에는 많은 학교를 설립하여 자녀들을 교육하였다.

안의와 선교사는 1902년에서 1910년 사이에 경북 각처 교회들에게 400원씩 보조하여 학교를 설립하게 하였고, 각 교회는 일제의 학부대신의 인가를 얻어 소학교를 설립하였다. 이후 대구를 비롯한 경상북도 일원에 설립된 많은 교회에서는 학교를 설립하여 자녀들을 교육하였다.

자천교회 권헌중 장로도 안의와 선교사의 권유를 받아들여 학교를 설립하였다. 2년제 소학교 과정인 학교 이름은 '신성학당'으로 정했다. 교실은 자기 집 사랑채였다. 권헌중 장로가 이곳 자천에 정착한 이

후 10년 가까이 아이들에게 한문을 가르치던 그의 사랑채가 하나님의 말씀을 가르치는 공간으로 변했다. 유교를 숭상하던 권헌중이 하나님을 말씀을 받아들인 결과였다.

그러나 아쉽게도 자천교회가 설립한 신성학당의 설립 연대는 정확하게 알 수 없다.『조선예수교장로회사기』하권에 '1913년 남학교를 설립하여 생도 50명을 교육하다' 라는 기록이 있을 뿐이다.

자천교회 부설로 설립된 신성학당은 자천리에서는 유일한 신식학교였다. 그곳에서는 기독교인들에게 필요한 성경을 중심으로 국어, 역사를 가르쳤다. 이 학교는 교인들로부터 많은 사랑을 받았다. 신성학당 외에는 별다른 교육기관이 없던 당시에 이 학교는 교회에 다니지 않던 주민들에게도 호감을 샀다. 신성학당을 다니는 교인들의 자녀가 새로운 지식을 배우는 것을 본 마을 사람들도 자녀들을 '열린 학교' 인 신성학당에 보냈다. '신성학당(新星學堂)' 은 이름 그대로 자천지역의 새로운 별이 되었다.

산골오지에 세워진 신성학당은 학교 설립 1년 만에 50여 명의 학생이 모일 정도로 인기가 좋았다. 마을사람들은 비록 자신은 교회에 출석하지 않았지만 자녀들을 새로운 학문을 가르치는 신성학당에 보내기를 원했다. 자녀를 서당에 보내 한문을 배우게 하던 사람들의 생각이 차츰 변한 것이다.

이로써 신성학당은 자천교회 교인들의 자녀뿐만 인근 마을 사람들의 자녀도 함께 신학문과 성경을 배우는 복음전파와 교육의 요람으로 자리를 잡게 되었다. 이 후 영천지방에 있는 다른 교회도 학교를 설립하였는데, 평천교회의 기독양덕학교, 신령교회의 홍화학교, 우천교회의 기독진도학교 등이다.

<small>신성학당 제1호 여학생이 된 권헌중 장로의 맏딸 권수기</small>

신성학당은 처음부터 남녀학생을 모집하였다. 여자반을 개설하여 여학생에게 입학을 허락한 것은 대구선교부 소속의 부해리 선교사의 부인 부마태 선교사의 건의를 받아들였기 때문이다.

부마태(Martha Scott Bruen) 선교사는 미국에서 부해리 선교사와 결혼한 후 1902년 5월에 대구에 부임하자마자 남문안교회(현 대구제일교회) 구내에서 신명여자소학교(현 종로초등학교)를 세웠다. 이이서

신성학당

1907년 10월에는 5칸짜리 일자형 한옥인 부인용 사랑채를 교사로 하여 신명여자중학교를 설립하는 등 교육부문에서의 선교활동에 힘썼다. 또한 남문안교회의 여자주일학교교장, 부인전도회 및 경북여전도회연합회의 조직과 운영에도 크게 이바지한 인물로서, 부마태 여사는 현재까지 대구·경북지방 여성교육의 창시자로 불리고 있다.

　신성학당에 여학생을 받아들이기로 하고 학생 모집에 나섰지만 결과는 참담했다. 권헌중 장로가 마을을 돌아다니며 아무리 설득해도 지원자가 한 사람도 없었다. 어린 여자아이를 밖으로 내보내 남자아이들과 함께 신학문을 배우게 하려는 주민들이 없었기 때문이다.
　결국 권헌중 장로는 솔선수범하기로 작정했다. 그는 자신의 맏딸인 권수기를 여학생 1호로 입학시킴으로써 주민들에게 본을 보였다. 교육의 평등을 실현한 셈이다. 아버지 권헌중 장로 덕분에 권수기 학생이 이 지역 최초의 신식학문을 공부한 여자가 된 것이다.
　신성소학교를 졸업한 권수기는 부마태 선교사가 대구에 설립한 신명여학교에 입학하여 제2회 졸업생이 되었다. 처음에는 여자를 학교에 보낸다는 것에 거부감을 가졌던 마을 주민들이 권헌중 장로의 딸이 학교를 다니며 신학문을 배우자 마음을 바꾸어 여자 아이를 신성학당에 보내 공부하도록 했다.

　권헌중 장로는 맏딸이 대구에 가서 공부할 때 몇 차례 편지와 엽서를 보냈다. 그 중에서 1925년 우체국 소인이 찍힌 편지에는 딸의 안부를 묻고, 집안 사정을 간략하게 적어 보낸 것이 있다. 이 편지를 보낸 후 얼마 지나지 않아 권헌중 장로는 소천했다.

이후 평양여자신학교를 졸업한 권수기는 자신이 졸업한 신명여학교 교사가 되어 학생들을 가르쳤다. 몇 년 후에는 선교사가 세운 부산일신여학교(현 동래여고)로 자리를 옮겨 교사생활을 하였다. 이때 막내 여동생 권만주가 권수기를 따라 부산으로 내려가 일신여학교에서 공부하였다.

권수기가 공부하고 학생들을 가르쳤던 신명여자고등학교와 일신여자고등학교는 모두 선교사들이 세운 학교로서 3·1만세운동에 적극 참여한 역사를 가지고 있다.

박물관이 된 신성학당

자천교회 마당 오른쪽에 위치한 신성학당은 'ㄷ' 자 모양으로 지어진 건물로 원래는 권헌중 장로가 살던 집이었다. 그는 자천리에 정착할 때 많은 재산을 가진 부자였다. 일제 강점기에 비밀리에 독립자금을 지원해 주고 교회가 어려울 때는 기꺼이 자신의 재산을 헌납하는 등 교회와 나라를 위해서 재물을 사용했다.

권헌중 장로가 세상을 떠나고 나서 가세가 기울었다. 그가 거주하며 학생들을 가르치던 신성학당 건물은 당시 영천군에서 부자였던 김영대 부친에게 빚 대신 넘어갔다. 김영대의 어머니는 며느리와 손자를 데리고 자천교회에 출석하고 있었다. 신앙심이 깊었던 그는 남편과 아들의 도움을 받아 교회에 풍금을 기증하였다. 김영대의 부친은 자신은 비록 교회에 다니지 않았지만 아내와 며느리, 손자가 열심히 신앙생활하는 모습에 감동하여 아내가 교회에 풍금을 기증할 돈을 마련해 주었다.

이 집을 물려받은 김영대의 아들 김경환은 어린 시절 권헌중 장로의 후손들과 함께 교회에 출석하며 신앙생활을 하였다. 그는 할머니가 교회에 풍금을 기증한 것을 기억하였다. 할머니와 어머니의 신실한 신앙을 잊지 않았던 그는 부모로부터 물려받은 'ㅁ'자 모양으로 증축한 현재의 가옥을 자천교회에 기증하였다.

자천교회에서는 김경환이 기증한 옛 '신성학당'을 자천교회 역사관으로 새롭게 단장했다. 대문 양 기둥에는 '새별배움터'라는 한글 현판과 '新星學堂'이라고 새겨진 현판이 걸려 있다. 대문을 들어서면 곳곳에 예전의 신성학당의 역사를 알려 주는 자료가 보관되어 있어 찾아오는 이들에게 진한 감명을 준다.

자천교회에서는 김경환의 귀한 헌신과 사랑을 기억하며 신성학교의 역사가 남아있는 이 건물을 많은 사람이 관람할 수 있도록 개방하고 있다.

장로가 된 권헌중

권헌중 장로는 경주의 조용한 시골에서 글을 가르치던 선비였다. 그는 노귀재를 넘다가 안의와 선교사로부터 전도를 받고 기독교인이 되었다. 그는 자천이라는 시골 동네에 있는 자기집 사랑채에서 예배를 드리다가 목조 기와의 'ㅡ'자형 예배당을 건립하여 복음전도와 교육사업에 힘을 기울였다. 권헌중은 새롭게 건립된 예배당에서 여러 동역자들과 함께 영수의 직분을 가지고 교회를 섬겼다. 1915년에는 권헌중 장로를 비롯하여 서석희와 정해민 세 사람이 자천교회 영수로 섬겼다. 교인이 늘어나자 1920년 제8회 경북노회에서 권헌중 장로를 자천교회 첫 번째 장로로 장립을 허락했다.

1922년 2월 26일 오전 11시 새롭게 건립된 자천교회 목조예배당에서 1898년 교회설립 이후 처음으로 장로가 세워졌다. 그는 장로로 장립되기 2년 전 1920년 교회가 가지고 있던 채무를 정리하기 위해서 자신의 답 2두락(1두락=1마지기, 논 200평, 밭 300평)을 팔아서 연보를 하였다.

권헌중 장로는 장로 장립을 기점으로 하여 교회활동 뿐만 아니라 경북노회 활동에도 적극적으로 참여하였다. 그는 영수로, 장로로 자천교회를 섬기면서 설교를 하였다.

세 번 죽을 고비를 넘긴 2대 권오진 장로

1925년 권헌중 장로가 소천하고 나자 자천교회는 어려움에 처했다. 담임목사를 초빙할 형편이 못되었을 뿐만 아니라 교회를 돌볼 장로도 없었기 때문이다. 권헌중 장로에 이어 제2대 서석희 장로가 장립을 받은 1937년까지 10여 년 동안 자천교회에는 예배를 인도하고 교인을 돌볼 교회 지도자가 없었다.

12년 동안 담임목사도 없고 장로도 세우지 못한 어려움에 처한 교회를 돌본 사람은 권헌중 장로의 둘째 아들 권오진(후일 장로가 됨)이었다. 모태 신앙인으로 태어난 그에게는 교회  앞마당이 놀이터였다. 그는 아버지가 설립한 신성학당에서 신학문을 배웠다. 그는 매사에 성실하게 아버지를 도우며 어릴 때부터 교회를 섬겼다.

권오진 장로는 아버지가 설립한 교회를 지키기 위해 온갖 어려움을 무릅쓰고 일했다. 일제의 압박이 심해지자 권오진 장로는 가족을 데리고 영천으로 피신해서 지내다가 주일이면 일제의 눈을 피해 잠시 자천교회에 들러 설교를 하였다.

권오진 장로는 아버지가 소천하고 나서 23년 뒤인 1948년에 장로가 되었다. 제2대 서석희 장로 이후 10년 만이었다.

권오진 장로는 아버지가 설립한 자천교회를 목숨을 걸고 지키다가 세 번의 죽을 고비를 넘기기도 했다.

첫 번째 죽을 고비를 만난 것은 일제 강점기였다. 일제 말엽에 태평양전쟁이 막바지에 이르자 선교사와 긴밀한 협력관계를 유지하던 자천교회에 대한 핍박이 아주 심하였다. 그들은 자천교회 권오진 장로가 미국선교사들에게 군사비밀을 제공하는 간첩이라고 누명을 씌우며 교회에 출석하는 것을 방해했다. 때로는 아무 이유도 없이 주재소에 끌고 가서 고문을 하였다.

하루는 일본 경찰이 권오진 장로에게 물었다. "천황이 높으냐? 하나님이 높으냐?" 그들이 원하는 답은 뻔하였지만 권오진 장로는 애써 모른척하며 "높은 사람이 높겠지요"라고 대답을 했다. 그러자 일본 경찰은 그를 인근에 있는 방공호 속에 가두어버렸다. 습한 방공호 속에 지내면서 옮은 옴을 제때 치료하지 못해 권오진 장로는 평생 피부병으로 고생하며 살았다.

그러나 권오진 장로는 결코 굴복하지 않았다. 끝까지 자신의 믿음을 굽히지 않자 일본 경찰들이 "너가 진짜 예수쟁이다"라고 인정할 정도였다. 일제의 심한 핍박으로 인해 권오진 장로는 정신적, 육체적 고통을 가지고 살아야 했다.

두 번째 죽을 고비는 해방 이듬해에 맞았다. 1946년 10월 1일에 일어났던 소위 '10·1사건' 때문이었다. 공산주의자들이 주동한 철도파업에서 시작된 쟁의가 대규모 시위로 번졌고 결국은 경상북도 일원에서 경제적인 어려움을 겪던 일반 대중까지 합세해 주로 교회와 지주들을 표적으로 하여 무차별적으로 공격하고 교회를 불태우기도 했던 사건이다.

시위는 대구를 중심으로 경상도와 전라도, 충청도 등 인근지역으로 들불처럼 번져나갔다. 그 과정에서 시위의 본질이 변하여 공공건물에 대한 방화와 경찰과 우익인사에 대한 습격이 시작되었다. 그들이 외친 구호는 시위대들이 단순히 임금인상이나 식량부족에 대한 불만 표출이 아니라 미 군정하에 있는 남한을 공산화시키는 것이었다.

폭도들은 관공서 중에서도 주로 경찰서를 공격했고 심지어 면사무소와 경로당 같은 건물도 불을 질렀다. 부잣집은 물론이고 무고한 교회와 학교에 불을 질러 10·1 폭동사건으로 인해 경상북도에서는 80명의 경찰이 사망하였다. 145명이 납치를 당하였으며, 96명이 부상을 입었다. 교회지도자를 포함한 우익인사 등 민간인 사망자는 24명, 부상자가 41명이나 되는 폭동이었다.

그 중에서도 영천지역 경찰서는 많은 피해를 입었다. 영천군수를 포함해서 수십 명의 공무원들이 살해당하고 영천군 임고면에서는 네 살 먹은 어린아이까지 참살 당하는 끔찍한 폭동이었다.

폭도들은 자천교회를 불태우려고 했다. 그러나 폭도 중의 한 사람의 어머니가 자천교회에 다니는 집사여서 그 여 집사의 간곡한 만류로 교회는 화를 면했다. 교회를 지키던 권오진 장로는 이들의 공격을 피해 남의 집 나무더미 속에 숨어 지내며 겨우 목숨을 구했다.

세 번째 고비는 바로 6·25전쟁이었다. 자천교회가 위치한 경상북도 영천시 일대는 6·25때 가장 격렬한 안강전투가 벌어졌던 안강지역과 가까운 곳이었다. 안강전투는 국군과 인민군 간에 벌어진 가장 치열한 전투였다. 이에 따라 이 지역에는 미군의 폭격이 극심했다. 공산군의 침략에 국군이 더 이상 물러설 수 없었던 상황이라 미군의 공습이 잦아지면서 교회 인근의 많은 건물이 파괴되었다. 교회 건물을 폭격할 것을 우려한 권오진 장로와 교회 청년들은 공산군의 눈을 피해 교회 지붕에 횟가루로 'CHURCH' 라고 크게 써놓아 미군의 폭격을 면할 수 있었다. 이렇게 해서 110년 전에 세운 교회가 원래의 모습으로 잘 보존되고 있는 것이다.

인민군의 횡포는 극심했다. 그들은 교회 건물을 자기들의 본거지로 삼고 자기들에게 잘 협조하지 않는 권오중 장로를 면사무소 옆의 참호에 가두었다. 때로는 생명의 위협도 가했다. 한번은 참호 바로 옆에 포탄이 떨어져 목숨을 잃을 뻔 하기도 했다.

그는 1978년 68세로 세상을 떠나기까지 아버지 권헌중 장로의 뒤를 이어 50년이 넘도록 성실하게 자천교회와 교인들을 섬기며 신앙생활을 했다.

권오진 장로의 부인 조성남 권사는 어머니의 영향을 받아 신앙으로 살았다. 그의 친정어머니는 청송 수락교회를 설립하였고 자녀들을 믿음으로 양육한 신여성이었다. 화목 초등학교와 동산성경학교를 졸업한 조성남 권사는 어머니처럼 자녀들의 신앙교육에 철저하였다. 남편 권오진 장로가 교회 일에 전념하는 동안 조성남 권사는 이웃을 돌보며 모범적인 신앙생활을 하였다.

그러나 6·25전쟁은 조성남 권사에게 커다란 상처를 가져다주었다. 남편은 인민군을 피해 영천으로 갔고, 두 아들은 국군에 입대하였다. 혼자 남아 집을 지키던 중에 인민군이 쳐들어와서 자신들의 의무본부로 삼고 전장에서 다친 부상병을 방마다 눕혀놓고 치료하였다. 날마다 죽은 시체를 끌고 와서 집안 곳곳에 쌓아두었다.

조성남 권사는 이 처참한 광경을 날마다 목격하면서 큰 충격을 받았다. 결국 전쟁이 끝나고 얼마 지나지 않아 그 당시의 충격을 극복하지 못하고 젊은 나이에 소천하였다.

할머니와 함께 교회를 지킨 권혁만 집사

아버지 권오진 장로가 자천교회를 지키다가 인민군에게 고난을 당하는 동안 두 아들은 국군에 입대하여 나라를 위하여 목숨을 걸고 싸웠다. 맏아들 권혁동 장로는 유격대원이 되어 원산지역에서, 둘째 아들 권혁만 집사는 학도병 제1기로 입대하여 신령전투(낙동강 전투)에 참전하였다. 권혁만 집사는 장교가 되어 군복무를 하던 중 부상을 입고 상이용사가 되었다.

두 사람은 참전 용사에게 매월 20만원씩 지급되는 돈을 모아 교회에 헌금하고 있다. 전쟁 중에도 목숨을 지켜주신 하나님의 은혜에 대한 감사의 표시다.

권혁만 집사는 제대 후에는 공직에 몸을 담았다. 여러 곳을 다니며 신앙생활을 한 그는 자천면장을 지낼 때는 할아버지가 세운 자천교회를 섬기며 신앙생활을 하였다. 그는 어릴 때 할머니와 함께 살면서 자천교회를 지켰다. 아버지 권오진 장로는 일제의 박해를 피해 영천에 머물 때였다. 이때 할머니가 들려준 교회 역사와 가문의 신앙역사는 권혁만 집사의 신앙생활에 밑거름이 되었다.

그는 아버지 권오진 장로가 평소 자신들에게 들려주었던 생활수칙을 오늘도 잊지 않고 가슴에 안고 살아가고 있다. 자신이 아버지로부터 물려받은 것을 이제는 자손들에게 물려주고 있다.

첫째, 하나님을 믿는 신앙을 가지고 살아야 한다.
둘째, 조국에 충성해야 한다.
셋째, 가문의 영광을 위해 살아야 한다.
넷째, 자신의 성공을 위해 노력해야 한다.

위의 네 가지를 모두 성실하게 수행하는 것은 쉽지 않은 일이다. 권헌중 장로 가문이 지금까지 믿음의 세대계승을 통해 하나님의 자녀로 살아가는 가는 것은 믿음의 선조들의 기도와 교육의 영향이 크다고 하겠다.

자천교회의 제2의 부흥과 양재황 집사 부부

자천교회 설립자요 지도자였던 권헌중 장로가 소천하고 나자 자천교회는 한동안 침체기에 접어들었다. 자천교회가 활기를 되찾게 된 것은 서울에서 신앙생활을 하던 양재황 집사 부부가 자천교회에 출석한 것이 계기가 되었다.

　순교자의 후손인 양재황 집사(후일 장로)는 선교사가 설립한 서울 경신학교를 졸업하고 1933년 영천군 신령금융조합 자천지소에서 근무하기 위해 자천으로 내려왔다. 믿음의 가문에서 성장한 그는 부인 이복조 집사(후일 권사)와 함께 자천교회에 출석하였다. 양재황 집사는 주일학교 책임자로 임명을 받아 예배인도와 설교를 담당했다. 대구 여자고등보통학교를 졸업한 이복조 집사는 자천초등학교에서 아이들을 가르치는 선생이었다. 그는 풍금을 반주하며 아이들에게 찬송을 가르쳤다. 대예배시간에는 교인들에게 새로운 찬송가를 가르쳐 주기도 하였다. 이복조 집사가 반주하던 풍금은 김영대의 어머니가 헌납한 것이다.

　양재황 집사 부부가 중심이 되어 3주간 진행된 자천교회 여름성경학교는 자천리 일대에 유명한 여름성경학교로 소문이 났다. 성경학교에는 자천교회에 출석하는 아동들과 이복조 집사가 가르치던 초등학교 학생들을 포함하여 120명 정도가 참여하여 성황을 이루었다. 성경학교 교사로는 양재황 집사 부부 외에도 신명여학교에 다니던 이복조 집사의 여동생 이은조와 자천교회 김종현 조사의 딸이 보조교사로 섬겼다. 아동여름성경학교가 활기를 띠자 교인들도 점점 불어나기 시작했다.

　양재황, 이복조 집사 부부는 학생들에게 성경과 찬송은 물론이고 한글을 가르쳐 주었다. 두 사람은 다른 지역으로 발령받을 때까지 2년을 근무하는 동안 열심히 교회에 봉사하였다.

교인들이 즐겨 부르던 찬송 중에 1922년 남궁 억 장로가 작사한 '삼천리반도 금수강산'은 일제의 심기를 건드렸다. 1931년 감리교단에서 처음 부르기 시작한 이 찬송은 가사가 문제였다. 이 찬송은 일제의 압박을 받는 우리 민족의 심금을 울리는 찬송이었다. 교인들은 절망 중에도 희망을 잃지 않으려고 목소리 높여 이 찬송을 불렀던 것이다.

일제는 가사 내용을 조선의 독립을 염원하는 '민족운동'으로 간주하고 교회에서 부르지 못하게 했다. 1935년 5월 금융조합 사무실에서 일하던 양재황 집사는 주재소로 불려갔다. 일제는 '삼천리반도 금수강산' 찬송을 교회에서 부르지 말라고 엄명을 하였다.

가족 수련회를 통한 믿음의 세대계승

권헌중 장로 가문에는 아름다운 전통이 하나 있다. 그것은 바로 그의 후손들이 해마다 8월 15일을 기해 권헌중 장로가 설립한 자천교회에서 가족수련회를 갖는다는 것이다. 우리나라가 일본으로부터 해방된 날을 기념하는 것과 동시에 가족 간의 친목을 도모하기 위해 전국에 흩어져 살고 있는 후손들이 한 자리에 모이는 것이다.

권오진 장로의 맏아들 권혁동 장로를 비롯하여 권혁만 집사와 여자 형제들은 물론이고 그들의 아들과 딸 그리고 손자 손녀들이 한자리에 모인다. 자천교회 담임목사를 모시고 예배를 드리는 것을 시작으로 가족수련회가 열린다. 그들은 110년 전에 지은 예배당에서 풍금 대신 피아노의 반주에 맞추어 감회어린 찬송을 부른다. 예배가 끝나면 온 식구들이 교회 주변을 돌아보며 지난 얘기들을 나누기도 하며, 어린 아이들에게 할아버지와 관련된 믿음의 이야기를 들려주기도 한다.

2011년 8월 15일에 필자는 이 가족들의 수련회에 참석했다. 해마다 8월 15일을 전후해서 1박 2일간 시간을 내서 모이는 가족 모임이다. 조상들의 믿음을 후손들이 자연스럽게 이어받는 기회를 삼고 있는 모습이 아름다웠다. 특히 2011년은 권헌중 장로의 증손자인 부산 '땅끝교회'의 권순백 장로(권혁만 집사의 맏아들)가 조상들의 대를 이어 4대째 장로로 임직 받은 것을 축하하는 뜻 깊은 시간이기도 하였다.

한 가문에서 110년이 넘도록 대를 이어가며 장로를 배출하는 것은

가족 수련회

하나님의 은혜요 가문의 영광이다. 고난의 세월을 이기고 믿음의 대를 이어가는 이 가문에 5대째 장로의 출현은 아직 멀다. 하나님께서 허락하셔야 가능한 일일뿐만 아니라 5대째 장로 가문의 전통을 이을 세대는 아직 어리기 때문이기도 하다.

가족수련회에 참석한 사람들 중에는 권헌중 장로의 5대 손주들도 있었다. 여름방학을 맞아 친구들과 여름휴가를 떠나고 싶은 마음을 뒤로하고 부모의 손을 잡고 참석한 어린 학생들이었다. 중학교 2학년(2011년)에 다니는 후손은 "가족 수련회에 참석하니까 좋아요. 할아버지들의 신앙을 본받아 저도 장로가 되고 싶어요."라는 포부를 자랑스럽게 말하는 것을 보면 이 가문에서 5대 장로의 출현이 불가능할 것 같지는 않다. 어린 학생의 소박한 꿈을 듣노라면 신앙 명문가문의 후손은 무언가 다르다는 것을 알 수 있다.

현대사회는 가족 간의 유대가 날로 희미해져가고 신앙의 깊이와 넓이도 점점 줄어들고 있다. 권헌중 장로 후손들은 가족수련회를 통해 세대 간의 벽을 허물고 신앙의 끈을 이어가고 있다. 이러한 일은 믿음의 명문가문을 세우는 귀한 모델이 되고 있다. 신앙유산을 물려주는 아름다운 모습이다.

110년간 조상의 숨결을 지켜온 복음의 힘

"아 하나님의 은혜로 이 쓸데없는 자 왜 구속하여 주는지 난 알 수 없도다……."

그들은 자신들이 이 자리에 앉아 있는 것은 전적으로 하나님의 은혜임을 입으로 고백한다. 할아버지 할머니가 앉아서 예배를 드리던 그 예배당에서 조상들의 숨결을 느끼며 한 목소리로 찬송을 부르며 예배를 드리고 있는 것이다. 남자 교인과 여자 교인들 사이에 설치된 칸막이는 옛 모습 그대로다.

호롱불 대신 전깃불 아래서 찬송을 부르는 모습은 과거와 현재가 공존하는 공간이 되었다. 110년의 세월을 이어주는 것은 바로 복음의 힘이었다.

"부름받아 나선 이 몸 어디든지 가오리다. 괴로우나 즐거우나 주만 따라 가오리니 어느 누가 막으리까 죽음인들 막으리까. 어느 누가 막으리까 죽음인들 막으리까."

예배를 마치고 나오는 가족들의 얼굴에는 미소가 가득하였다. 교회 설립자의 후손들로서 5대 110년이 넘도록 신앙의 계보를 이어가는 믿음의 세대계승자라는 자부심이 묻어나고 있다. 환난과 핍박 속에서도 믿음을 지켜온 후손들은 찬송가 가사처럼 오직 믿음만을 위해 살겠다는 다짐이 이 가문의 자랑이 되고 있다.

교회 설립자의 후손들이 한 자리에 모여 조상들의 믿음을 되새기고 가족 간의 신앙적인 유대를 공고히 하는 가족수련회는 많은 교인들의 귀감이 되고 있다.

권헌중 장로의 후손들 중에는 5명의 목회자가 배출되었다. 권오진 장로의 막내아들인 권혁명 장로의 두 아들 권철, 권준 목사를 비롯하여 외손과 친손을 합쳐서 5명이다.
　이 가문의 장로 10명 중 2명이 4대째 장로다. 권혁만 집사의 맏아들 권순백 장로(2011년)와 권혁동 장로의 막내아들 권순극 장로(2014년)가 4대째 장로다. 안수집사가 3명, 권사가 17명이다.

　2014년 8월 15일에도 권헌중 장로의 후손들은 영천 자천교회에 모여 가족 수련회를 가졌다. 7년째 모임이었다. 참석한 사람은 20명이었다. 그들은 앞으로도 이 수련회를 계속해서 가지기로 의견을 모았다.
　80대가 주축을 이루는 3대에서 50대가 주축을 이루는 4대로 믿음의 바통이 이어지는 아름다운 믿음의 세대계승이다. 한 알의 씨앗이 땅에 떨어져 맺은 열매는 대를 이어 풍성한 믿음의 열매를 맺고 있는 것이다.
　이 아름다운 믿음의 유산이 영원히 이어지기를 기대해 본다.

제2부

이 목숨, 조국과 복음을 위한 거름으로 삼으소서!
― 독립운동가와 순교자 가문 편

6 선교사의 마부, 안동 3·1만세운동의 주동자가 되다

— 언더우드 선교사의 마부였던 독립운동가 김영옥 목사

김영옥 목사 가족

김영옥 목사 이야기

황해도 연백 출신의 김영옥은 18세가 되던 해인 1888년 결혼한 둘째 누나 집을 방문했다. 우리나라 최초의 교회인 소래교회(松川敎會)와 가까운 평산이었다. 소래교회에서 언더우드(H. G. Underwood) 선교사를 만난 그는 복음을 영접하고 기독교인이 되었다.

언더우드 선교사를 따라 서울로 간 그는 언더우드 선교사의 마부가 되었고 얼마 후에는 세례를 받았다. 성실하고 똑똑한 김영옥을 눈여겨보던 언더우드 선교사는 그를 매서인으로 임명하고 자신과 함께 서울 시내를 돌며 복음을 전하였다.

그는 선교사와 함께 복음을 전하면서 서울지역의 여러 개의 교회 설립에 참여했다. 그는 1894년에 입국한 모삼열(Samuel Forman Moore, 牟三悅 혹은 毛三栗) 선교사를 도와 복음을 전했는데 이때 복음을 영접한 사람들이 연동교회 설립을 주도했다. 승동교회와 동막교회 설립에도 협력하였다. 그가 선교사를 도와 설립한 교회는 경기도 일원에 10여 개에 이른다.

1903년부터는 미국북장로회 오월번(A. G. Wellbon) 선교사의 조사가 되어 강원도의 철원, 춘천 등지에서 복음을 전했고 철원읍교회를 설립했다. 1907년 철원이 미국남감리회 선교구역으로 편입되자 철원읍교회를 감리교단에 이양하고 감리교단이 설립한 원주읍교회(현 원주제일교회)로 사역지를 옮겼다. 1909년에 원주지역이 남감리회 선교구역으로 환원되자 그는 오월번 선교사와 함께 안동읍교회(현 안동교회)로 사역지를 옮겼다.

안동교회 초대 조사로 사역을 하면서 평양신학교를 졸업한 그는 안동교회 초대 담임목사가 되어 안동교회의 기초를 놓았고 안동지역 복음화에 기여하였다. 1919년 3월 1일 서울에서 만세운동이 일어나자 안동지역 만세운동을 주동하였다가 옥고를 치렀다. 대구 사월교회에서 사역하던 1922년에는 독립자금 모금운동에 연루되어 고난을 당했고, 중강진 압송 사건에도 연루되어 옥고를 치렀다. 포항제일교회에서 사역하던 1927년에는 신간회 영일지회를 조직하여 독립운동을 하였다.

김영옥 목사의 아들 김은석 목사는 독립유공자다. 평양신학교를 졸업하고 일본 나고야로 건너가 복음을 전하던 중 일제가 태평양전쟁을 일으키던 날 새벽, 일본 경찰에 끌려가 죽을 정도로 심한 고문을 당했다. 소위 '나고야 민족주의 및 종교그룹 사건' 이었다. 그 일로 2년 가까이 옥고를 치렀다.

김은석 목사는 7남매를 두었는데 6명의 아들은 모두 목회자가 되었고, 1명의 딸은 목사 사모가 되었다. 손자 2명도 목사가 되었고, 증손녀 1명도 사모가 되어 5대째 목회자의 가문을 이어가고 있다.

선교사의 마부,
안동 3·1만세운동의 주동자가 되다
— 언더우드 선교사의 마부였던 독립운동가 김영옥 목사

김영옥 목사 가문을 찾아서

경상북도 안동교회를 처음으로 방문한 것은 2011년 4월이었다. 『믿음, 그 위대한 유산을 찾아서·1』을 집필할 때 자료 수집을 위해서 방문한 길이었다. 안동교회 105년의 역사 가운데 가장 큰 사건은 바로 1919년 3·1만세운동이다. 안동교회 담임이었던 김영옥 목사를 중심으로 장로와 교인들이 만세운동을 준비하였다. 그러나 이 모의가 사전에 발각되어 주동자들이 투옥 당했고, 앞장서서 만세를 불렀던 많은 사람들이 모진 고문을 당했다.

김영옥 목사에 대해 구체적인 관심을 가지게 된 것은 2012년 9월 경상북도 예천군 풍양면 효갈리에 있는 갈전교회를 방문한 것이 계기가 되었다.

어둠이 내리는 저녁 무렵에 방문한 갈전교회는 전형적인 시골교회였다. 갓 부임한 담임목사가 건네준『갈전교회 100년사』를 읽으면서 교회 설립자인 황영규 장로와 그의 동생 황영주 장로 가문의 이야기를 흥미를 가지고 읽어내려 가다가 김영옥 목사 가문에 대한 글을 발견하였다.

김영옥 목사의 셋째 손자인 김형태 목사가 기고한 글에서 자신이 갈전교회 황영주 장로의 외손자이며 김영옥 목사의 손자라고 밝혔던 것이다. 그의 아버지 김은석 목사가 독립투사라는 것도 기록되어 있었다.

서울 연동교회 원로목사인 김형태 목사가 지은『목사의 일생』(대한기독교서회)을 사서 읽었다. 반가운 마음에 몇 번을 반복해서 읽었다. 책 말미에 적힌 김영옥 목사의 후손들 중 김은희 집사의 이름을 발견했다.

그는 김영옥 목사의 맏손자인 김형칠 목사의 막내딸로서 필자의 아내가 전도사로 사역을 하고 있는 강릉제일교회(변혁 목사)에 주일1부 예배 피아노 반주자로 봉사하고 있는 성실한 집사다.

이 글은 김영옥 목사의 손자인 김형태 목사의『목사의 일생』,『갈전교회 100년사』,『안동교회 90년사』와『성내교회 100년사』,『점촌시민교회 80년사』,『사월교회 100년사』,『포항제일교회 100년사』와 후손들의 증언을 토대로 구성하였다. 김영옥 목사 가문의 사진은 성내교회(최갑도 목사)의 도움을 받았다.

김영옥 목사의 생애

1888년에 복음을 영접하고 언더우드 선교사의 마부가 되다

김영옥 목사는 1871년에 황해도 연백군 해월면 부소리에서 김한규와 동래 정씨의 2남 2녀 중 장남으로 출생했다. 원래 이름은 김용모(金溶模)였으나 기독교 복음을 영접하면서 이름을 김영옥(金泳玉)으로 바꾸었다.

그는 아버지가 집안을 잘 돌보지 않아 가정 형편이 어려워지자 어린 동생을 돌보며 소작농으로 살았다. 18세의 청년 김영옥은 1888년 평산으로 시집간 둘째 누나 집을 찾아갔다.

그는 누나 집에서 자신의 삶의 방향을 바꾸게 된 귀한 소식을 들었다. 평산에서 그리 멀지 않은 황해도 장연에 '소래교회'(松川敎會)가 있는데 그곳에 미국인 선교사가 자주 들른다는 것이었다.

이 교회는 1886년 7월에 서상륜과 그의 동생 서경조에 의해 우리나라에서 최초로 설립되었다. 언더우드 선교사가 한국에 입국하여 서울에 최초로 설립한 새문안교회(1887년 9월)보다 1년 앞서 설립된 교회다.

소래교회는 한국에 부임한 선교사들이 찾아와서 교회를 돌보기도 하고 한국어를 배우기도 하는 교회였다. 언더우드 선교사는 1887년에 처음으로 소래교회를 방문하였고, 이듬해인 1888년에는 두 번째로 방문하였다.

이때 호기심 많던 청년 김영옥이 소래교회를 찾아가서 언더우드 선교사를 만났다. 언더우드 선교사는 자신을 만나러온 키가 크고 언변이 뛰어난 청년에게 복음을 전해 주었다. 며칠을 머물면서 김영옥 청년이 접한 성경말씀은 할아버지가 훈장으로 가르치던 서당에서 배운 유교 경전과는 근본적으로 다른 사상이었다.

가난을 벗어버리기 위해 하와이로 이민을 가려고까지 생각했던 그는 대신 언더우드 선교사의 마부로 일하기로 결심하였다.

그는 1년 만에 한문으로 기록된 성경전서를 완독했다. 기독교 복음에 대한 확신이 선 그는 언더우드 선교사에게 세례를 받았다. 10여 년 뒤에는 그의 아들 김은석도 언더우드 선교사에게 유아세례를 받았다.

언더우드 선교사의 마부가 되어 늘 동행했던 그는 시간이 날 때마다 장로교 교리와 전도법 그리고 영어를 공부하였다. 언더우드 선교사가 교회 지도자를 양성하기 위해 '훈련반'을 개설하자 마부 김영옥도 훈련반에 등록하여 본격적으로 성경을 배웠다. 이 훈련반은 1년에 한 달씩 성경주해, 제목별 성경공부, 교회사, 찬송, 설교 등 교회 지도자로서 갖추어야 할 제반사항을 집중적으로 가르쳤다.

초기에는 전국각지에서 교회지도자들이 참석하여 훈련을 받기도 했다. 지방에서는 이것을 '달성경학교'라고 불렀다. 이곳에서 훈련을 받은 사람은 주로 교회에서 예배를 인도하고 교인들을 돌보던 영수(領袖,

Leader)를 비롯해서 선교사를 돕는 조사(助事, Helper)와 성경을 판매하는 매서인(賣書人, Colporteur)들이었다. 이들은 우리나라 초기 기독교 복음을 전파하는 데 크게 기여한 인물들이다. 일부 선교사들이 "우리가 세운 교회의 70%가 매서인들의 덕분"이라고 고백한 것만 보더라도 그들의 피와 땀과 눈물이 우리나라 기독교의 기초를 놓았음을 알 수 있다.

마부에서, 매서인으로, 조사로… 복음전도자가 되다

매서인 김영옥은 내한한 선교사들로부터 많은 사랑을 받았다. 그 바탕에는 서당에서 할아버지로부터 배운 뛰어난 한문 실력과 언더우드 선교사와 함께 지내면서 배운 수준급의 영어 실력이 있었다.

매서인으로 열심히 활동하던 김영옥 조사는 언더우드 선교사가 안식년으로 미국으로 돌아가자 1892년에 입국한 모삼열 선교사의 조사로 활동을 계속했다.

김영옥 조사가 모삼열 선교사를 도와 설립한 교회가 바로 백정이 장로가 된 것으로 유명한 서울의 승동교회(곤당골교회, 1893년)다. 모삼열 선교사 기념교회인 동막교회(1900년 경)를 설립하는 데도 힘을 보탰다.

그는 모삼열 선교사와 함께 경기도 동쪽지역과 황해도 남쪽지역인 백천, 평산, 양구, 화천, 양주 등으로 다니며 복음을 전하였다. 이때 10여 개의 교회 설립에 협력하였다. 1898년에는 모삼열 선교사와 함께 자신의 고향인 백천군에 운교교회를 설립하였고 영수가 되어 교회를 섬기기도 했다.

1903년부터는 미국북장로교 오월번 선교사의 조사가 되어 강원도 철원과 춘천 등지에서 전도하고 철원읍교회를 설립하는 데 협력하였다. 그해 평양 장대현교회에서 열린 조선예수교장로회공의회 제3회에 조사 자격으로 참석하여 "연약한 교회를 어떻게 방조(傍助)할 것인가"에 대해 연설하는 등 그의 활동영역은 크게 확장되었다. 이어서 1904년 9월에 경성동현교회(홍문동교회, 1894년)에서 개최된 제4회 경성소회 총대로 서경조, 고찬익 장로와 함께 참석하였고, 1906년 9월에는 경성 연동중학교에서 열린 제6회에 경성소회총대로 서상륜과 함께 참석하였다.

그 당시 함께 활동한 인물로는 길선주, 이기풍 등 우리나라 기독교계의 큰 족적을 남긴 지도자들이 많았다.

'교계예양'(敎界禮讓)으로 선교지가 분할되다

우리나라에 선교사가 본격적으로 입국한 것은 1885년이다. 미국북장로회 선교사 언더우드와 감리회 선교사 아펜젤러가 부활절에 제물포항을 통해 입국한 것이 시초다. 이후 호주장로회(1889), 성공회(1890), 미국남장로회(1892), 미국남감리회와 침례교(1896), 캐나다장로회(1898) 선교사들이 속속 입국하여 한반도에 복음을 전하였다.

선교 초기에 복음을 들고 인천항으로 입국한 선교사들은 서울과 인근 지역에 복음을 전했다. 호주장로회 소속 선교사들은 처음부터 부산항으로 입항하여 부산과 경남지역에 복음을 전하였다. 이렇게 해서 우리나라에는 4개국 8개 교단이 각각 독립적으로 선교사업을 진행하게 되었다.

미국남장로회 선교사들이 입국한 이듬해인 1892년 1월에 '장로교공의회'에서는 선교지역을 자체적으로 분담하였고 후에 호주장로회와 캐나다장로회 선교사들이 동참하였다.

미국북장로회는 경상북도와 황해도, 남장로회는 제주도와 전라도 및 충청도, 캐나다장로회는 함경도, 그리고 경상남도는 호주장로회와 미국북장로회가 공동으로 선교하도록 조정하였다.

이어서 1892년 6월에는 미국북장로회 선교부와 북감리회 선교부 간에 선교지 분담에 대한 논의가 진행되었다. 이듬해인 1893년에 장로교 선교부와 감리교 선교부 간에 교계예양이라는 선교지분할협정이 체결되었다. 선교지분할협정 초안의 내용은 다음과 같다.

첫째, 인구 5천 명이 넘는 개항장이나 도시(서울, 인천, 원산, 평양 등)는 공동으로 선교한다.

둘째, 사업을 시작하려는 선교부에는 무교회 지역에 개척하도록 권유하여 모든 지역에 선교 사업이 이뤄지도록 한다.

셋째, 원칙적으로 전도문서는 판매해야 하고 가격도 통일되어야 하며 무상으로 지급해서는 안 된다.

'교계예양(敎界禮讓)' 혹은 '예양협정(禮讓協定 · Comity Arrangement)'이라고 불리는 선교지분할협정이 체결된 것은 1909년 9

월에 장로교단과 감리교단 간의 '지역분담협정위원회'에서다. 우리나라 전역에서 선교활동 구역을 조정하는 작업이었다. 우리나라에 입국하여 선교하던 9개 교단 중 장로교 4개 교단과 감리교 2개 교단 지도자들이 합의한 것이다.

이러한 협정은 선교 초기에는 긍정적인 면이 많았다. 이는 사도 바울이 로마서 15장 20절에 기록한 "또 내가 그리스도의 이름을 부르는 곳에는 복음을 전하지 않기를 힘썼노니 이는 남의 터 위에 건축하지 아니하려 함이라.(로마서 15:20)"라는 말씀에도 부합되는 정책이었다. 선교지역의 중복에 따른 선교의 비효율성을 제거하는 효과도 있었다.

그러나 선교지분할협정은 시간이 지날수록 군소교단의 원성을 사게 되었다. 이 협정에 참여하지 않았던 성공회, 침례교, 성결교 및 구세군 등의 반발이 있어서 오래 지속되지 못한 것이다. 뿐만 아니라 선교지분할협정은 지역적인 갈등을 일으켰다는 비판을 받기도 하였다. 2014년 현재 우리나라(북한 제외)의 100년 넘은 교회(1,000개) 분포는 대체적으로 선교지분할협정 체결 당시와 비슷하게 나타나고 있다.

이러한 선교지분할협정은 오늘날 우리나라가 해외선교를 계획할 때 선교대상국과 지역의 안배를 고려하는 데 참고할 만한 일이다. 한 교단이 한 곳을 맡아 집중적으로 선교를 할 때 얻을 수 있는 선교의 효율성과 경제성이 무분별한 선교경쟁보다 유익한 점이 더 많을 수도 있을 것이다.

2007년 현재 우리나라(북한 제외)에는 설립된 지 100년이 넘는 교회가 660개다. 2014년 현재는 1천 개 교회가 100년이 넘었다. 1885년 선교사들이 복음을 전하기 위해 입국한 이래 '평양대부흥운동'이 일어난 1907년까지는 해마다 30개의 교회가 설립되었고, 그 이후에는 해마다 약 50개의 교회가 설립된 것으로 나타나고 있다.

우리나라에서 100년이 넘은 교회 분포를 보면 한 가지 특징이 나타난다. 그것은 유교와 불교의 영향이 강했던 경상북도에 교회가 가장 많이 설립되었다는 점이다. 현재 복음화율은 낮지만 초기 기독교 복음을 빠르게 받아들였음을 가늠할 수 있는 숫자다.

선교지 분할에 따라 철원에서 원주로, 안동으로 사역지를 옮기다

1907년 미북장로회 및 캐나다장로회와 남감리회 선교부 사이에 선교지분할협정이 이루어졌다. 철원 이북의 강원도지역은 남감리회 구역으로 되었고, 원주 이남지역은 북장로회 구역이 되었다. 북장로회 소속이었던 오월번 선교사와 김영옥 조사가 개척했던 황해도 백천지역 교회는 미감리회로, 강원도 철원교회는 남감리회로 넘어갔다. 두 사람은 자신들이 함께 개척한 철원읍교회를 떠났다. 그들은 새로운 선교지역인 원주로 내려가서 미국 남감리회 선교사들이 세운 원주읍교회(원주제일감리교회, 1905년 설립, 제2장 문창모 장로 편 참조)에서 사역을 하였다.

김영옥 조사는 원주제일교회에서 사역을 하는 한편 장로교 곽안련(Charles A. Clark, 1878~1961) 선교사를 도와 강원도의 평창, 강릉, 영월,

평해, 울진 등으로 순회하며 복음을 전하였다.

  2년 뒤인 1909년에 장로교와 감리교 선교부 사이에 새로운 선교지분할협정이 체결되었다. 김영옥 조사는 자신이 돌보던 원주제일감리교회를 다시 미국남감리회 선교부에 넘겨주었다. 그는 미국북장로회 선교구역인 경상북도 안동으로 사역지를 옮겼다.

  곽안련 선교사는 1902년에 미국 시카고의 맥코믹 신학교를 졸업하던 해에 25세의 나이로 부인과 함께 내한하여 서울을 중심으로 경기도 동북부지방을 돌며 복음을 전하였다.

  그는 1907년 경에 상심리교회(1905년 설립)를 돌보았다. 그 후 10년간 상심리교회 당회장으로 섬기면서 경기도 일대에서 열심히 복음을 전하였다. 양평 일대에서 묘곡교회, 문호교회, 양평읍교회, 고읍교회, 신점교회, 곡수교회 및 고송교회를 돌보았다.

안동교회 초대 목회자가 된 김영옥 조사

  원주에서 함께 사역을 하던 오월번 선교사와 김영옥 조사는 1909년에 경상북도 안동으로 이사하여 안동교회를 맡아 복음전도에 나섰다. 안동교회가 설립되고 나서 2개월 후였다.

  김영옥 조사가 양반의 고장 안동 땅에 도착했을 때는 안동 주변에 몇 개의 교회가 세워져 있을 정도였고 기독교에 대한 지역 민심은 그리 후하지 않았다. 주된 이유는 유교 전통에 젖어있던 그들에게 기독교 복음은 생소하였기 때문이었다. 뿐만 아니라 그것을 전하는 사람이 이북출신이라는 점 때문에 김영옥 조사를 쉽게 받아들이지 못했다.

안동읍교회(현 안동교회)는 1909년 8월에 김병우 매서인의 전도를 받아 기독교로 개종한 7명의 교인들이 그의 서원에서 모여 첫 예배를 드림으로써 시작되었다. 이듬해인 1910년에 교인이 70명으로 늘어나자 선교사의 임시주택에서 예배를 드리는 조직교회로 발전되었다.

김영옥 조사가 평양신학교에 입학한 것은 36세가 되던 1906년이었다. 그는 오월번 선교사와 함께 강원도 일대를 다니면서 복음을 전하다가 오월번 선교사의 권유로 신학을 공부하게 된 것이다.

그는 40세가 되던 1911년 6월에 제4회로 평양신학교를 졸업하고, 9월에는 대구제일교회에서 목사 안수를 받아 안동교회 초대 담임목사가 되

안동교회 석조예배당

었다. 그는 주일학교와 여름성경학교를 조직하여 어린이들의 신앙교육을 장려하였다. 여전도회를 조직하고 저명한 강사를 초청해서 도사경회를 개최했다.

김영옥 목사는 1911년에 11칸 크기의 'ㄱ'자형 예배당을 신축할 때 자기가 지방 순회 때 타고 다니던 당나귀를 팔아 건축헌금에 보탰다. 1913년 11월 목조 함석지붕으로 길이 40-50척 크기로 신축 예배당을 건축할 때는 선교사가 사준 사택을 팔아 헌금함으로써 안동교회 발전에 모범을 보였다.

이렇듯 그의 목회 철학은 헌신적이며 희생적이었다. 김영옥 목사는 안동지역의 중심교회인 안동교회를 비롯하여 영주, 지곡, 내매, 명동, 풍산, 수동 등 이웃에 설립된 미약한 교회를 순회하면서 섬겼다.

안동지역 3·1만세운동을 주동하다

안동교회를 담임하던 김영옥 목사는 1919년에 일어났던 안동지역 3·1만세운동을 주동한 인물 가운데 한 사람이었다.

그는 1919년 3월 초 일본 동경 유학생 강대극이 2·8독립선언서를 지참하고 안동교회로 찾아오자 안동에서도 독립만세운동을 전개할 것을 함께 모의하였다. 그는 자신이 담임하고 있던 안동교회의 이중희 장로 등과 함께 3월 13일 안동 장날에 거사할 것을 논의하였다. 서울에서 세브란스의전에 다니던 김재명은 아버지인 안동교회 김병우 장로와 함께 시위를 계획하고 준비에 나섰다. 안동교회 교인이었던 안동군청 서기

김원진도 합세했다.

그러나 거사 하루 전날인 3월 12일 주동자들은 예비검속을 당해 김영옥 목사 등은 보안법 위반으로 구속되었다. 만세운동이 계획단계에서 주동자들이 검거되자 만세시위가 무산될 위기에 처했다.

이에 임청각의 후손 이상동 장로(『믿음, 그 위대한 유산을 찾아서 · 1』의 이상동 장로 편 참조)는 예정되었던 3월 13일 혼자서 자전거를 타고 태극기를 흔들며 만세를 불렀다. 이상동 장로가 만세를 부르자 안동시장에 모인 사람들과 안동교회 교인들도 합세하여 안동시장을 돌아다니며 만세를 불렀다.

이어서 다음 장날인 3월 18일 정오 12시경 기독교인 30여 명이 삼산동 곡물전 앞에서 독립만세를 목이 터져라 외쳤다. 오후 6시경에는 다시 기독교인 60여 명이 구속자 석방을 요구하며 시위를 계속했다.

김영옥 목사는 혹독한 고문을 받고 대구지방법원 안동지청 검찰국에 구속 송치되었다. 그러나 증거불충분으로 불기소처분을 받은 그는 동년 3월 27일 방면되었다. 함께 구속되었던 김원진과 강대극은 각기 2년 징역형을 선고받았다.

김영옥 목사는 조국의 독립을 위해 자신을 희생하며 솔선수범하는 결단력을 가진 인물이었다. 그는 경북노회 노회장과 초대 경안노회 노회장을 역임하며 안동지역 기독교 지도자로서의 소임을 다하였다.

기독청년면려회 조직에 앞장선 김영옥 목사

청년면려회는 원래 1916년 서울의 새문안교회와 승동교회 등에서 시작되었다. 그러나 서울에서의 청년면려회가 지속되지 못하다가 3·1만세운동 후에 청년들에게 올바른 신앙과 독립정신을 길러주기 위해 안동에서 복음을 전하던 안대선(W. J. Anderson, 安大善) 선교사가 정식으로 조직하였다. 그는 1920년 4월 8일 안동교회에서 김영옥 담임목사와 권중윤 등과 힘을 합쳐 안동기독청년회를 조직했다. 회장에 김원진, 부회장에 김영옥 목사가 피선되었다.

그러나 이 조직에는 순수 기독교인 외에도 민족독립운동을 염원하는 사람들도 많아 순수한 기독교 조직으로 활동하기에는 어려움이 있었다. 그러다보니 보수적인 권찬영 선교사의 반대가 있었다. 이듬해인 1921년 2월 5일 조선기독교청년면려회로 이름을 바꾸어 새롭게 조직을 출범했다. 이것이 장로교단 최초의 청년면려회가 되었다.

청년면려회는 안동교회를 비롯한 경상북도 일대의 각 교회에 널리 전파되었다. 안동교회에서 청년면려회가 조직되고 나서 봉화 척곡교회 등 이웃교회로 빠르게 전파되어 1921년 6월 7일~9일에는 경북연합대회가 안동교회에서 개최되었다. 봉화의 척곡교회에는 회칙이 남아 있다. 청년면려회에서는 교회봉사 및 대사회사업으로 야간학교 개설, 금주운동, 물산장려운동, 문맹퇴치, 농촌사업 등 범 국민운동을 전개하였다.

일제는 안동지역 3·1만세운동을 주동하고 기독청년면려회를 조직하는 등 복음전파와 조국독립을 위해 애쓰던 김영옥 목사의 일거수일투족을 감시하였다.

청년면려회는 권중윤이 서울로 올라가서 활동하면서 전국적인 조직으로 발전되었다. 1924년 12월에는 '기독교청년면려회 조선연합회' 창립총회가 피어슨성경학원에서 열렸다. 면려회 활동을 홍보하고 활성화시키기 위해 기관지 '진생'(眞生)을 발간하고, 1929년 총회에서는 모든 교회가 매년 2월 첫 주를 청년면려회주일로 지키기로 결의하였다.

해방 후 고등CE, 청년CE, 장년CE로 분할되어 오늘의 고등부, 청년회, 남선교회 전국연합회로 발전하였으며, 장로교 교단에 따라서는 면려회

청년면려회 기념비

이름을 그대로 쓰고 있는 곳도 있다.

'중강진 압송사건'으로 옥고를 겪다

중강진 압송 사건은 억울한 사건이었다. 이 사건은 1921년 11월 12일부터 1922년 2월 6일까지 미국 수도 워싱턴에서 9개국 대표들이 회집한 국제군축회의(일명 태평양회의, 일제는 '화부회의'라고 함)에 한국의 독립을 청원하는 전국 각계각층을 대표하는 374명이 서명 날인한 청원서를 상해 임시정부를 대표하여 이승만과 서재필이 그 회의에 참석한 각국 대표들에게 배포한 사건이다.

일제는 이 문서를 위조라고 반격하면서 청원서에 이름이 있는 자들과 그리고 '현재 그러한 운동에 반드시 참가했을 것으로 짐작되는 인물들은 서명에서 빠졌다'는 의구심을 가지고 대대적인 내사를 감행하였다. 그 청원서에 서명한 사람 중에는 소수의 기독교 대표가 포함되어 있었고 나머지는 전국 각 도 지방의 대표자들이었다.

이에 일제는 평소 요시찰 인물로 감시 대상이었던 기독교계의 중진들을 잡아들여 중강진감옥(또는 경찰서)에 가두어 두고 혹독한 취조를 하였다. 김영옥 목사(경북 안동읍교회)를 비롯해서 김영제 목사(함북 길주 명천교회), 이자익 목사(전북 금산교회), 정덕생 목사(부산 초량교회), 최영택 목사(충북 청주읍교회), 장사성 목사(당시 평양신학교 재학생, 경북 안동 동부교회) 등 6명이었다. 이것은 기독교 지도자들의 대한민국 독립을 위한 활동을 사전에 방지하고자 하는 의도도 있었다.

독립공채 모집에 앞장서다

감옥에서 풀려난 김영옥 목사는 1922년 6월에 경산(현재는 대구시)의 사월교회로 사역지를 옮겼다. 그는 이곳에서도 경북 일대의 장로교 지도자들과 협력하여 조선의 독립을 위해 노력했다.

그는 비밀리에 점조직으로 독립공채 모집을 독려하고, 우편물 발송, 점포나 시장에 독립운동 선전물을 살포하였다. 한편으로는 대구 선교부의 아담스 선교사 등에게 조선의 독립을 호소하여 국제 여론을 환기시키려는 청원을 구두 또는 문서로 전달하였다.

그러나 6개월간 극비로 추진하던 일이 한 사람이 체포되는 바람에 전모가 드러났다. 상해 임시정부 재무총장 이시영(후일 부통령)의 지령으로 경북교통사무특파원으로 파견되어 국내에 잠입한 청년 교인이었다. 그가 일본 경찰에 붙잡혀 자신의 임무를 자백하는 바람에 사건이 드러나게 되었던 것이다.

이로 인해 김영옥 목사를 비롯하여 상해임시정부 재무총장 이시영, 재무차장 윤현진(부산 초량교회 집사), 교통차장 김철, 무관학교 교관 도인권 등 관련자 41명이 체포되어 1923년 1월 24일 대구지원 검사국에 구속 송치되었다. 그들은 일본 경찰의 모진 고문에도 동료들의 비밀을 자백하지 않고 함구하였다. 이로 인해 김영옥 목사는 증거불충분으로 불기소 처분되어 5일 만인 1월 29일 석방되었다.

김영옥 목사는 이처럼 적극적으로 우리나라의 독립을 위해 노력하다가 많은 고난을 당했다. 그는 자신이 주동했던 안동지역 3·1만세운동은 만세를 부르지도 못하고 사전에 검거되는 바람에 정식 재판을 받지 않았고, 투옥당한 기록이 없다. 경산 사월교회에 사역할 때의 사건도 증거불충분으로 불기소 처분되어 투옥기록이 없다. 이런 이유로 그는 아직 국가로부터 독립유공자로 인정을 받지 못하고 있다.

신간회 영일군지회 설립에 앞장서다

1925년 1월 포항읍교회(현 포항제일교회)로 부임한 김영옥 목사는 신간회 영일군지회 설립에 앞장서서 일했다. 그는 1927년 4월 포항에서 신간회 영일군지회를 설치하기 위해 일반 유지 측과 각 단체 대표들을 접촉하여 발기회를 준비하였다. 신간회 운동은 조선일보 사장 이상재의 주도로 발족한 운동이다. 3·1만세사건 때처럼 기독교 지도자들이 교회 전국망을 통해 주도적으로 참여하였다.

김영옥 목사는 서울에서 선교사의 조사로 활약할 당시 서울 연동교회 교인이던 이상재와 교분이 있어서 그의 도움을 받아 1927년 6월 3일 조선일보 포항지국 안에서 발기회를 개최하였다. 위원으로는 김영옥, 최경성, 권의봉, 김화섭, 정학선, 이재우 6인을 선정하고 적극적으로 회원 모집에 나섰다. 김영옥 목사는 3년 가까이 신간회 영일군지회 선전부 간사로 활동하였다.

김영옥 목사의 이런 활동은 일본 경찰의 감시대상이 되었다. 일본 경찰의 지속적인 감시와 협박은 그의 목회생활에 대단한 지장을 초래하였다. 개인은 물론이고 가족이 당한 고난과 희생도 적지 않았다. 1930년 1월 경북 영주읍교회(현 영주제일교회)로 임지를 옮겼다.

김영옥 목사는 해방 이듬해인 1946년 12월 28일에 남조선과도정부입법위원 선거에 경북 문경군과 예천군에서 입후보하여 당선되었다. 그는 최고령자로서 청원징계위원장으로 광복된 조국의 건국을 위해 계속 봉사했다.

입법위원 시절에는 돈 보따리를 들고 청탁을 하러 오는 사람을 지팡이를 짚고 소리치며 밖으로 쫓아내다가 허리를 다칠 정도로 강직하고 청렴한 삶을 살았다.

그 아버지에 그 아들, 독립유공자 김은석 목사

김은석 목사는 1905년 강원도 철원읍에서 김영옥 목사와 심정순 사모의 맏아들로 태어났다. 그는 오월번 선교사의 자녀들과 함께 어울리며 어린 시절을 보냈다. 아버지 김영옥 목사가 사역을 하던 안동교회 부설 계명학교에서 성경과 신학문을 배웠다. 그 당시 계명학교의 생도는 30명이며, 교사는 1명, 학과는 국문, 성경, 산술, 일어, 음악 등 서당 비슷한 소학교였다.

계명학교를 졸업한 그는 3·1 독립만세사건 때문에 한 해를 쉰 뒤인 1920년에야 선교사들이 설립한 대구 계성학교에 입학할 수 있었다. 그러나 그는 아버지의 강권으로 계성중학교 2학년이던 18세에 결혼을 했다.

신부는 경북 예천군 풍양면 효갈리에 있는 황영주 장로의 장녀 황의

숙(호적명 팔임)이었다.(황
의숙 사모의 부친이 갈전교
회의 설립자 황영규 장로로
잘못 알려져 있으나 『갈전교
회 100년사』 185쪽과 후손들
의 증언에 의하면 황의숙 사
모의 부친은 황영규 장로가
아니라 그의 동생 황영주 장
로가 맞는 것으로 밝혀졌다.)

공부에 욕심이 많던 그는 결혼으로 인해 학업을 중단하게 된 것에 불만이 많았다. 결국 결혼 이듬해인 1923년 8월에 맏아들 김형칠이 태어나고 얼마 지나지 않아 혼자서 일본 나가사키로 갔다. 그곳에서 잠시 머물던 그는 공부를 계속하기 위해 중국으로 가서 남경의 금릉대학에 입학하여 공부하였다. 부모 몰래 가져간 돈으로 근근이 지내던 그는 고향을 떠난 지 5개월 만에 집에서 걱정하실 아버지에게 편지를 썼다.

"남경에 와서 잘 있으니 걱정하지 마세요."

그러나 그것은 곧바로 자신의 위치를 알리는 격이 되었고 20일 후에는 아버지의 부탁을 받은 경찰에 붙잡혀 강제로 귀국길에 올라야 했다. 김은석 목사의 중국 유학은 이렇게 끝이 나버렸다.

김은석 목사는 아버지 김영옥 목사가 포항제일교회에서 사역을 할 때 아버지가 신간회 영일군지회를 창립하는 일을 도왔으며 1930년 1월 포항을 떠날 때까지 앞장서서 일했다. 김은석은 포항제일교회 부설 영흥학교 교사로, 신간회 선전부 부원으로 일했다. 조선일보 영일지국 기자로, 포항 기독청년회장으로 활약을 하였다.

김영옥 목사가 1930년 1월 포항제일교회를 사임하고 경북 영주제일교회에 부임하자 김은석은 아버지의 권유로 서울 피어슨고등성경학원에 입학하였다. 김영옥 목사는 목회자의 아들이 정치적인 활동을 너무 많이 하면 일본 경찰로부터 피해를 받을 것을 염려하는 마음에서 아들을 신학교에 보냈다. 신학교 진학은 일종의 임시 피난처였던 것이다.

그러나 김은석 목사의 서울생활은 아버지의 바람과는 달랐다. 그는 신학공부보다는 명사들의 강연과 설교에 열중하였다. 시간이 나는 대로 서점에 들러 세계대백과사전, 세계대사상전집, 세계문학전집 등 수백 권의 서적을 구입하여 탐독하였다.

피어슨고등성경학원에서 2년을 공부한 김은석 목사는 아버지의 권유로 평양신학교에 입학하였다. 1935년 6월 평양신학교를 졸업하고 30세가 되던 동년 8월 경안노회에서 목사안수를 받았다.

첫 번째 사역지는 경북 영주군 풍기면 풍기교회(현 성내교회)였다. 아버지 김영옥 목사가 사역하였던 교회다. 젊고 패기만만하던 김은석 목사는 경안노회에서 제일 큰 교회를 만들겠다는 꿈을 가지고 열심히 노력하였다.

그는 경상북도 북부지역에서는 최초로 유치원을 세웠으며, 독창회를 개최하고 찬양대를 만드는 등 교회 발전을 위해 동분서주하였다. 그 결

김은석 목사와 성내교회 취주악대

과 그는 33세에 경안노회장을 역임했다. 김은석 목사에게 있어서 성내교회는 그의 생애에서 가장 행복하고 보람있는 목회였다.

'나고야 민족주의 및 종교그룹 사건'으로 모진 고문과 옥살이를 하다

김은석 목사는 1940년 일본으로 건너가 나고야 서부교회를 섬겼다. 아버지 김영옥 목사가 안동교회에 두 번째로 담임목사로 부임하던 해였다. 그가 온전히 가족과 함께 지낸 기간은 이때가 처음이었다. 그 당시 나고야에는 한국인들이 많이 살고 있었다. 그들은 남부교회(추인봉 목사), 동부교회(쌍계교회 출신 박상동 목사), 그리고 서부교회(김은석 목사) 등 세 개의 한인교회에 출석하며 신앙생활을 하면서 지냈다.

그러나 나고야에서 기다리는 것은 일제의 혹독한 압박이었다. 일제가

1941년 12월 8일에 진주만을 공격함으로써 태평양전쟁을 일으켰다. 그 날 새벽에 한 무리의 일본 경찰이 김은석 목사 집에 들이닥쳤다. 그들은 다짜고짜 김은석 목사를 끌어내어 가족들이 보는 앞에서 수갑을 채웠다. 아내와 어린 자녀들이 모두 놀라 극심한 공포에 휩싸였다. 가족들은 아무런 저항도 못하고 끌려가는 김은석 목사를 지켜보았다. 일본 경찰은 군화를 신은 채로 온 집안을 수색했다. 그러고는 서재에 꽂아둔 5~600권의 서적과 문서를 리어카에 싣고 갔다.

이날 새벽 나고야에서 김은석 목사와 함께 일본 경찰에 잡혀간 사람은 3명의 한국인 목사와 박상봉 장로 등 모두 11명의 한국인 교회 지도자들이었다. 이것이 소위 '나고야 민족주의 및 종교그룹 사건'이었다.

이들이 검속당한 이유는 크게 세 가지였다.

첫째로 한인교회 지도자들이 민족 독립운동을 계획하였다는 것이다. 둘째는 일본의 패전을 예측하고, 조선이 독립하면 대통령은 박상동 목사가, 외무대신은 김은석 목사가, 대장대신에는 추인봉 목사가 취임하도록 모의하였다는 것이다. 셋째는 일본 기독교단과의 합동은 형식에 지나지 않고, 실제는 구조선기독교의 전통유지를 도모하고, 특히 신사참배거부를 권유하는 등의 일을 추진하기 위해 1940년부터 1941년에 걸쳐서 19번의 비밀모의를 거듭했다는 것이었다.

이것은 교회 지도자들을 구속하기 위한 새빨간 거짓이었다. 그들이 노린 것은 조선기독교의 지도자들을 모조리 체포해서 교회가 민족교회로서 활동을 못하게 하는 예비검속이었던 것이다. 12월 8일 새벽 미명에 일본 나고야 경찰이 교회 지도자들의 잠자리를 습격해서 체포한 사람 중 추인봉 목사는 笹島경찰서에, 박상동 목사는 笠寺경찰서에, 김은석 목사는 나고야 구치소에 수감했다. 그들은 우리나라가 해방될 때까지 석방되지 못하고 감옥에서 지내야 했다.

기독교 지도자들이 39일 동안의 경찰서 유치장과 1년간에 걸친 구치소 미결수감 생활 동안 심한 고통을 받았다. 그들은 혹독한 고문을 당했다. 신앙인이 아니고서는 도저히 견딜 수 없는 가혹한 고문이었다. 그들이 당한 고문은 차마 입으로 다 표현할 수 없는 무자비한 것이었다. 몽둥이의 무차별 구타, 물 고문, 고춧가루 고문, 손톱 고문, 생식기 고문, 그리고 공중에 매달고 마구 치는 비행기 고문 등 필설로 다 표현할 수 없는 공포의 순간들이 매일 밤 계속되었다. 일본 경찰의 잔인성과 특히 조선 기독교 목사들에 대한 차별의식이 그대로 드러나는 만행이었다.

독립운동 때문에 주거제한으로 연금당한 김영옥, 김은석 목사

김은석 목사는 이듬해인 1942년 1월 17일 치안유지법 위반으로 나고야 지방재판소 검사국에 구속 송치되었다. 이후 나고야 구치소에 수감되었다가 1943년 1월 동지들과 함께 기소유예로 가석방이 되었다.

그러나 김은석 목사는 곧 바로 용수와 포승에 묶인 채로 일경에 호송되어 서울 서대문형무소에 이감이 되었다. 그것은 당시 서대문형무소에 수감 중인 독립운동 관련 정치범 여운형 선생과의 관계 때문이었다. 두 사람은 일본에서 비밀리에 만난 적이 있었다. 그들은 일본의 패망을 예견하고 조선의 독립을 위해 건국동맹을 조직할 것을 상의하였다. 이 사실을 밀정이 고발한 것 때문이었다.

김은석 목사는 그해 5월에 사건이 종결되어 가석방으로 출감하였다. 그는 처가인 경상북도 풍양면 갈전리에서 주거제한을 받아 아무 일도 못하고 가족과 지내야 했다. 매월 한 번씩 이웃의 상주읍에 가서 신고하고 10일에 한 번은 풍양 주재소에 신고를 해야 하며, 이웃 점촌을 갔다 와도 신고를 해야 하는 창살 없는 감옥살이를 하였다. 이때 아버지 김영옥 목사도 함께 갈전리에 거주하면서 조국이 해방될 날만을 손꼽아 기다렸다.

정부는 김은석 목사의 항일 투쟁을 확인하고 그의 출생 100주년이 되던 해인 2005년에 독립유공자 포상을 추서했다.

김은석 목사는 목회 외에 정치에도 관심을 많이 가졌다. 1951년 1·4 후퇴 때 김은석 목사 부부는 대구로 피난 가서 고생하면서 국방부 전훈국 촉탁으로 자원봉사하였다.

1952년 4월 25일 김은석 목사는 문경군에서 경상북도 도의원에 야당으로 입후보하였다. 그러나 그는 당국의 미움을 받아 점촌경찰서 유치장에 갇혀 있던 중 당선소식을 들었다. 그는 경상북도 도의회 문교사회 분과 위원장으로 피선되어 4년 동안 점촌에서 생활하면서 의정활동을 하였다.

갈전교회와 김영옥 목사

갈전교회는 1909년 경북 상주군 중동면 회상리에 세워진 교회다. 교회 설립자는 황영규 장로다. 그는 상주군 중동면 반천동에서 복음을 영접하고 신앙생활을 하다가 장영기, 이태구, 금영규, 송종문, 김영진 등과 함께 자신의 집에서 예배를 드렸다.

갈전교회는 시골의 작은 교회에 불과하지만 신앙의 본질을 잘 지켜왔다. 갈전교회 황씨 후손들은 믿음의 가문 자녀와 결혼하여 신앙의 대를 이어가고 있다.

갈전교회 황영주 장로는 갈전교회 제3대 장로로 장립을 받아 교회를 섬겼다. 딸 황의숙 사모는 안동교회 초대 목사인 김영옥 목사의 장남 김은석 목사와 결혼하였다. 맏아들 황병오 장로는 쌍계교회 2대 목사인 김인옥 목사의 장녀 김봉숙 권사와 결혼하였다.

김영옥 목사는 3·1만세운동 때 안동교회 담임목사로 사역을 하면서 안동지역 만세운동을 주도했고, 김인옥 목사의 둘째 아들은 경상북도 의성군 안평에서 시위를 주도한 혐의로 옥고를 치루었다.

그의 아들 황병혁 목사는 대구 계성중학교와 서울의 피어슨성경학교에서 공부하고 평양신학교를 졸업하여 목사 안수를 받았다.

그는 생질인 김형태 목사가 자기 할아버지 김영옥 목사와 더불어 가장 존경하고 많은 영향을 받았다고 말할 정도로 조카들을 사랑하였으며 모범적인 목회를 하였다. 점촌시민교회와 포항제일교회에서 사역을 하기도 하였다.

황병혁 목사의 아들 황천영 목사는 장로회신학대학을 졸업하여 목사

갈전교회

안수를 받은 후 서울 영락교회 부목사와 평광교회 목사로 사역을 하다가 미국에서 한인교회를 섬기고 있다. 2007년에는 미주한인장로회 총회장을 역임하기도 하였다.

황영주 장로의 맏딸인 황의숙은 시아버지인 김영옥 목사의 눈에 들어 김은석 목사와 결혼하였다. 황의숙 사모는 1903년에 출생하여 소학교와 교회부설 성경학교에서 신학문을 공부한 인물이다. 김은석 목사가 포항 제일교회에서 목회를 할 때는 여전도회 부서기와 서기로 봉사하기도 했다.

후손으로는 김형칠 목사를 비롯하여 7남매를 두었다. 그러나 안타깝게도 황의숙 사모는 해방 이듬해인 1946년 3월에 43세의 젊은 나이에 소천하였다. 그 날은 김은석 목사가 문경읍장로교회를 재건하여 목사 취임식을 사흘 앞둔 날로 황의숙 사모의 소천은 가족들에게 커다란 슬픔이었다.

믿음의 후손들 이야기

살아서도 죽어서도 가난한 사람과 함께한 장남 김형칠 목사

김은석 목사의 아들과 딸은 하나님의 말씀에 순종하며 살았다. 김은석 목사의 후손 7남매는 모두 목회자 혹은 목사 사모로 대를 이어 신앙생활을 하고 있다.

장남 김형칠 목사는 서울신학교를 졸업하고 목사 안수를 받았다. 아버지와 외삼촌이 사역하였던 경북 의성군 다인면 삼분교회에서 사역을 시작한 그는 제100회 부산노회장을 역임하기도 하였다.

그는 자신도 넉넉지 못한 생활 속에서도 교회와 교인을 섬기는 일에는 언제나 최선을 다했다. 자녀들은 목사 가정이 너무 어려워 목사가 되는 것을 싫어했다. 그러나 사위들은 모두 가난했지만 신실했던 장인을 존경하고 있다.

김형칠 목사는 1991년부터 1993년 소천하기까지 태백시의 계산중앙교회(현 생명샘교회)에서 사역을 하였다. 그는 어렵고 가난한 사람들을 많이 도와주었다. 김형칠 목사는 교인들을 가족처럼 돌봐주었고, 교인들은 아버지처럼 모시고 따르며 신앙생활을 하였다.

김형칠 목사가 소천하자 탄광 노동자들이 앞장서서 운구하였다. 그것을 본 가족들은 교인들의 사랑에 감명을 받고 김 목사가 남긴 재산을 모두 교회에 바쳤다.

김형칠 목사의 부인 신숙랑 사모는 녹전초등학교 교장의 맏딸로 태어나 전형적인 유교교육을 받으며 자랐다. 그러나 어릴 때부터 집 근처의 교회에 출석하며 신앙생활을 한 신숙랑 사모는 가난한 목사에게 시집을 와서 자녀를 믿음으로 잘 키웠다. 어려운 일이 닥칠 때면 언제나 이불 하나를 들고 산기도를 자주 다닐 정도로 기도하는 사모의 삶을 살았다.

신숙랑 사모의 교인을 위하는 마음은 한결 같았다. 국가적으로 경제사정이 좋지 않았던 시절에는 교인이 굶는데 목사 가정에서 식사 때 고기를 먹는 것은 좋지 않다고 하면서 고기를 밥상에 올리지 않았다. 심지어 김치를 담글 때는 고춧가루가 없는 시퍼런 배추를 그냥 먹었다. 그래서 그런지 후손들은 지금도 김치를 싱겁게 먹는다.

김형칠 목사의 둘째 아들인 김형규 목사는 4대째 목사의 대를 이어가고 있다. 그는 대기업에 취직하여 성공적으로 직장생활을 하다가 중병에 걸렸다. 힘든 투병생활을 하던 중 성령의 은사를 체험하고 병 고침을 받았다. 그 후 신학교를 졸업하여 목사가 되었다.

그의 맏딸 김현미는 총회신학교를 졸업하고 지금은 목회자와 결혼하여 미국에서 교회를 섬기고 있다. 5대째 목회자 가문을 이루고 있다.

예장(통합) 총회장을 지낸 3남 김형태 목사

김은석 목사의 셋째 아들 김형태 목사는 대한예수교장로회(통합) 총회장을 역임하였고 연세대학교 교수를 지낸 인물이다. 그는 학자답게 자신의 증조부인 김영옥 목사에서 시작된 130년 가까운 가문의 신앙역사를 자신의 책 『목사의 일생』에 기록하였다.

1948년 9월에 서울신학교에 입학하여 맏형과 함께 신학을 공부하면서 우여곡절을 겪었다. 신학교 3학년이던 1950년에 6·25전쟁을 만났다. 전쟁 중 부산 온천동에서 개교한 서울신학교에서 3학년 과정을 마치고 가졸업을 했다. 1951년 9월 대구에서 개교한 대한예수교장로회 총회신학교에 3학년으로 편입학해서 1952년 4월 29일에 대구에서 제1회로 졸업을 했다. 같은 해 3월 24일에는 부산에서 서울신학교를 정식으로 졸업했다.

김형태 목사는 미국 샌프란시스코신학대학원(석사)과 피츠버그대학교 교육대학원(철학박사)에서 공부한 후 연세대학교 교목 겸 신과대학 조교수, 장로회신학대학교 겸임교수를 역임하였다.

그가 목회를 하였던 연동교회는 그의 할아버지 김영옥 목사가 조사시절 서울 시내를 돌며 복음을 전할 때 기독교인으로 개종한 교인들이 세운 교회다.

그는 대한예수교장로회(통합) 제72대 총회장과 기독공보사 이사장, 숭실대학교 재단이사, 한국기독교교회협의회 부회장, 세계교회협의회 중앙위원 등을 역임하였다.

김형태 목사는 6·25 피난 중에 경상북도 경산시 청천교회에서 전도사로 사역을 하다가 방순영 사모를 만나 결혼하였다. 방순영 사모는 전쟁 중에 납북된 조선일보사 방응모 사장의 손녀였다. 그의 어머니 이성춘 권사는 신실한 믿음의 권사였다. 온 가족이 전쟁을 피해 남쪽으로 왔다가 정착한 곳이 바로 김형태 조사가 사역을 하던 청천교회였다. 젊고 똑똑한 김형태 전도사를 눈여겨보던 이성춘 권사는 자기의 맏딸 방순영을 김형태 전도사에게 소개하여 두 사람이 결혼하게 되었다.

방순영 사모는 권세가의 후손이지만 언제나 겸손한 신앙인으로 김형태 목사의 사역을 도우며 자녀를 길렀다. 그는 목사의 아내가 아니라 한 사람의 평신도처럼 교회에 봉사했다.

김형태 목사가 자기 부인에 대해 『목사의 일생』에 기록한 내용이다.

"나의 연동교회 목회 중 나의 처 방순영의 사모노릇은 나의 목회에 좋은 도움이 되었다. 그녀는 교회행정에는 전혀 관계하지 않고, 그녀가 오직 좋아하는 주일 1부예배 성가대원으로만 충실히 봉사했다. 매 주일 새벽 일찍 준비해서 버스를 두 번 갈아타고 한 시간 정도 걸리는 거리에 있는 교회당에 와서 성가연습을 하고 예배에 참석했다. 내가 교회 시무를 사임한 후에도 그녀는 계속해서 30년 동안 1부 성가대를 봉사했다. 그녀는 남녀노소 빈부귀천을 가리지 않고 교인들에게 명랑하고 친절하게 대하곤 했다. 그녀는 '명문대가의 따님으로서 사모님이 목사님보다 더 좋다' 는 교인들의 평을 들어서 나도 고맙게 생각했다."

5대째 목회자를 이어가는 믿음의 후손들

김영옥 목사는 1888년 언더우드 선교사를 만나 기독교 복음을 영접하였다. 언더우드 선교사로부터 세례를 받은 그는 선교사의 조사로, 권서인으로 복음 전도자로 나섰다. 고향인 황해도 연백에서 서울, 경기도, 강원도, 경상북도로 이어지는 믿음의 여정 속에서 그는 하나님의 인도하심에 순종하며 살았다.

경상북도 안동교회 초대 목사였던 그는 일제의 강압에 시달리는 나라의 독립을 염원하며 안동지역 3·1운동을 주동하였다. 포항제일교회에서 사역할 때는 신간회에도 참여하였다. 중강진 압송사건으로 옥고를 치루기도 하였다.

그의 믿음과 나라 사랑은 외아들 김은석 목사에게 이어졌다. 정치활동에도 관심이 많았던 그는 '나고야 민족주의 및 종교그룹 사건'으로 2년 가까이 옥고를 치렀다.

아내 황의숙 사모와의 슬하에 7남매를 두었던 그는 자녀가 모두 목회자의 길을 걷는 믿음의 가문을 이루었다. 첫째 아들 김형칠 목사, 둘째 아들 김형일 목사, 셋째 아들 김형태 목사, 넷째 아들 김형달 목사, 다섯째 아들 김형숙 목사, 여섯째 아들 김형준 전도사, 그리고 고명 딸인 김순자 사모가 있다.

김영옥 목사가 기독교 복음을 영접한 이후 이 가문에서는 130여 년 동안 믿음을 잘 지키고 있다. 일제의 압박과 6·25 전쟁과 같은 민족의 수난기를 거치면서도 하나님에 대한 믿음을 지켜왔다.

그의 후손 중에는 2명의 증손자와 1명의 고손녀가 목회자의 가문을 이루어 5대째 목회자의 사명을 감당하고 있다. 믿음의 세대계승의 중요성을 새삼 일깨워 주는 가문이다.

7 네 시작은 미약하였으나 네 나중은 심히 창대하리라

― 몰락한 군수 집안에서, 4대째 장로 가문으로 거듭난 오덕근 장로 가문

초창기 북일교회

오덕근 장로 이야기

조선 말엽 충남 서산 출신의 오길영이 과거시험에 합격하여 전라북도 고창 군수로 부임하였다. 가문의 영광인 장원급제와 군수직의 기쁨도 잠시였다. 그는 군수로 부임한 지 얼마 지나지 않아 젊은 나이에 전염병에 걸려 세상을 떠났다. 그는 어머니와 아내 그리고 어린 남매만 남겨두었다.

하루아침에 마나님에서 과부로 신분이 전락한 그의 부인은 짐을 꾸려 남편의 고향으로 돌아가기로 결심하고 길을 나섰다. 시어머니와 어린 남매의 손을 잡고 북쪽을 향하던 어느 날, 사건이 발생했다. 뒤따르던 하인들이 이삿짐을 실은 말을 몰고 도망을 쳐 버린 것이다.

오덕근 장로의 어린 시절은 이렇게 비참하게 시작되었다. 그의 어머니 김해 김씨는 이를 악물고 살았다. 양반집 규수가 시골 아낙네가 되어 닥치는 대로 일을 했다. 남편이 세상을 떠나는 순간 체면을 모두 벗어던졌다.

몇 년이 지난 후 그들은 지금의 익산시 북일면 신리 근처에 거처를 마련하고 새로운 삶을 살았다. 옆집에는 김자윤이라는 젊은 청년이 살고 있었다. 그는 오덕근 가족의 어려운 처지를 알고 물심양면으로 많이 도와주었다. 그는 미국남장로회 군산선교부 소속의 전위렴(W. M. Junkin) 선교사가 익산 지역을 돌며 전해준 기독교 복음을 영접한 신앙인이었다. 그는 자신이 영접한 복음도 전해주었다. 그들은 이리읍(현 익산시)에 세워진 고현교회의 초대교인이 되어 함께 신앙생활을 하였다. 김자윤은 오덕근의 여동생 오덕순과 결혼하여 두 가정은 서로 도와가며 복음을 전하였다.

오덕근 장로

오덕근은 열심히 신앙생활을 하였고, 전위렴 선교사의 도움으로 교회 영수가 되었다. 그의 가족들은 모두 믿음으로 성실하게 살았다. 3·1만세운동이 일어났을 때 오덕근 장로와 그의 맏아들이 앞장섰다가 오덕근 장로는 옥고를 치렀고, 젊은 아들은 망명해 상해에서 이시영(후에 부통령)과 함께 독립운동을 하였다.

그의 아들 오성환 장로와 손자 오찬규 장로는 6·25 전쟁 중에 인민군이 몰살시키려는 대상인물로 지목되었으나 하나님의 은혜로 죽음을 모면하였다. 오성환 장로는 하나님께 감사한 마음으로 1951년에 북일교회를 세웠다.

오덕근 장로 가문은 지금까지 4대째 장로를 배출하였다. 1900년대 초에 기독교 복음을 영접한 후, 몰락한 군수집안에서 위대한 신앙의 가문으로 거듭났다.

네 시작은 미약하였으나
네 나중은 심히 창대하리라
— 몰락한 군수 집안에서, 4대째 장로 가문으로 거듭난
  오덕근 장로 가문

오덕근 장로를 찾아서

　익산 고현교회 출신 오덕근 장로 가문에 대해 관심을 가지게 된 것은 이 책에 기록된 이상해 전도사 가문에 대한 자료를 수집하던 중 전라북도 익산시의 고현교회 역사 자료를 접하면서부터다.
　『고현교회 95년사』에서 초대 교인으로 신앙생활을 하던 오덕근 장로가 고현교회에서 첫 번째로 장로 장립을 받은 기록을 발견했다. 관심을 가지고 자료를 수집하던 중 오덕근 장로 후손이 북일교회를 설립하는 데 앞장섰다는 사실을 확인하게 되었다.

오덕근 장로의 증손자인 오은석 장로와 통화한 후 그의 부친 오찬규 장로를 익산의 한 요양원에서 만났다. 90이 넘은 연세로 대화가 많이 불편하였지만 그는 처음 보는 방문객에게 가슴속에 묻어두었던 이야기를 들려주었다.

북일교회에서 장로를 은퇴한 뒤 혼자서 익산시 전역을 돌며 지역교회의 역사를 정리하는 등 그는 평생 교회와 가정을 중심으로 살았다. 교통이 불편한 시골길을 자전거를 타고 다니면서 힘들게 정리한 익산시 기독교 역사는 많은 기독교인들에게 귀한 자료가 되고 있다.

오찬규 장로의 막내딸 오석실 집사는 오덕근 장로 가문의 이웃사랑에 대한 얘기를 전해주었다.

오석실 집사가 어릴 때였다. 인천에 산다는 중년의 낯선 사람이 찾아와 6·25 전쟁 때 오덕근 장로의 사랑을 받고 무사히 고향으로 돌아갈 수 있었다며 옷을 한 벌 사주고 간 것을 기억하고 있다.

오석실 집사는 아버지 오찬규 장로처럼 하루에 두 번씩 가정예배를 드리며 살고 있다. 특히 자녀들이 함께 살 때는 아버지의 본을 따라 철저한 신앙교육을 시키는 것을 잊지 않았다.

이 글을 마무리하기 전에 오덕근 장로 가문에서 첫 번째로 목사가 된 오홍규 목사와 통화를 하였다. 그는 오덕근 장로의 손자이자 오성환 장로의 막내아들이다. 어려서부터 선교사가 복음을 전하는 모습을 동경하다가 신학교를 졸업하고 목사가 되었다. 오홍규 목사는 가는 곳마다 부홍의 불길을 당겼다. 할아버지와 아버지의 품성을 이어받은 그는 교회의 화합을 위해 기도하였고, 새벽기도회를 통해 하나님의 은혜를 경험하였다. 전라북도 군산의 지곡교회와 완주군 봉상교회에서 정신이상자를 기도로 고친 후에는 가정과 마을이 복음화되고 교회가 부흥케 되는 역사를 경험하였다. 그는 잠시 총회 교육부를 거쳐 서울 서대문에서 송죽교회를 담임하면서 교회를 신축하고 부흥의 기초를 다져놓고 은퇴를 하였다.

오홍규 목사와 통화를 하면서 그 분의 겸손함을 느꼈다. 결코 자랑함이나 교만함이 없었다. 자기 가문에 일어난 모든 일을 하나님의 은혜로 돌리는 은퇴 목사의 삶은 자신을 드러내는 것을 좋아하는 사람들이 본받아야 훌륭한 모델이라고 생각하였다.

오덕근 장로의 생애

하인들에게 전 재산을 도둑맞고 생활고에 내몰리다

오덕근 장로는 1861년 고창군수 오길영과 김해 김씨 사이의 4대 독자로 태어나 유복하게 살았다. 그의 아버지는 충남 서산 출신으로 과거시험에 합격하여 조선시대 동반관직인 통덕랑 직급으로 고창군수를 지낸 인물이다.

그러나 오덕근이 9살이 되던 1870년에 오길영은 젊은 나이에 전염병에 걸려 갑자기 세상을 떠났다. 하루아침에 과부가 된 오덕근의 어머니 김씨는 시어머니와 9살 된 오덕근과 3살 된 오덕순의 손을 잡고 고창을 떠나야 했다. 가장을 잃어버린 식구들은 짐을 꾸려 오덕근의 고향 서산을 향해 발길을 옮겼다.

그러나 세상은 군수 남편을 잃은 젊은 과부에게 고통을 더했다. 이삿짐을 날라주던 하인들이 이삿짐을 챙겨들고 도주해 버렸다. 건장한 그들에 맞서지도 못하고 전 재산이 눈앞에서 사라지는 것을 보고만 있어야 했다. 가장을 잃어버린 그들은 남아있던 재산조차도 몽땅 빼앗겨 버린 처량한 신세가 되었다.

귀한 마나님에서 하루아침에 거지가 된 김씨 부인은 남편을 잃은 슬픔에 잠길 여유마저 없었다. 냉혹한 현실 앞에 살아남기 위해 몸부림을 쳐야 했다. 아버지를 잃은 어린 자식과 살아남기 위해서 양반체면을 버렸다.

그는 남편의 고향으로 가는 대신 익산에 정착하여 닥치는 대로 일을 했다. 죽을힘을 다해 일을 했다. 태어나서 처음으로 힘든 농사일도 마다할 수 없었다. 남의 집 행랑채에 임시 거처를 마련하고 농사철이 되면 들에 나가 일을 했고, 남의 집 일을 도와주며 끼니를 이어가며 가족을 부양했다.

고현교회가 설립되고 오덕근 가족이 초대교인이 되다

익산 지역에 기독교 복음을 전한 사람은 미국남장로회의 군산선교부에 소속된 선교사들이었다. 1899년 12월에 전위렴과 유대인(A. D.

Drew) 선교사는 조사 장인택과 함께 군산에 궁말교회(현 구암교회)를 설립하였다.

처음 예배는 전위렴 선교사의 집에서 드렸다. 그 후 그들은 군산을 비롯하여 익산과 김제지역을 돌며 복음을 전하고 교회를 설립하는 데 힘을 쏟았다. 전위렴 선교사는 순회전도를 하면서 김제 송지동교회, 익산의 남차문교회(현 남전교회) 등을 세웠다.

전위렴 선교사가 익산에서 가까운 곳에 만자산교회(현 지경교회)를 설립한 것은 1900년이었다. 지경교회에는 익산 인근에 사는 교인들이 예배에 참석하였다. 전위렴 선교사의 전도를 받은 익산군 익산면 고현리에 살던 오원집도 지경교회에 출석하였다. 전위렴 선교사에게 세례를 받은 그는 자기 마을에 교회를 세우기 위해 늘 기도했다. 그는 틈이 날 때마다 주변사람들에게 복음을 전했다.

전위렴 선교사가 전주선교부로 이거하고 후임으로 하위렴(W. M. Harrison) 선교사가 지경교회를 담임하였다. 하위렴 선교사는 양응칠 조사와 함께 익산지역을 돌며 복음을 전하면서 고현리 사람 오원집의 도움을 많이 받았다. 익산지역에 몇 사람의 결신자를 얻게 되자 오원집은 하위렴 선교사의 도움을 얻어 교회를 설립하였다.

1906년에 고현리 곽도일의 사랑방에서 첫 번째 예배를 드렸다. 이것이 고현교회의 시작이다. 초대교인은 주로 오원집이 전도한 사람들이었으며 자신을 포함하여 김자윤, 고선경, 김장경과 오덕근 집안사람들이었다.

전주로 이거하여 활동하던 전위렴 선교사는 장티푸스에 걸려 안타깝게도 1908년 16년간의 선교활동을 마감하고 하나님의 부르심을 받았다. 하위렴 선교사도 1928년 건강이 악화되어 미국으로 돌아갔다. 그 뒤를 이어 부위렴(W. F. Bull) 선교사가 충남과 전북을 오가며 교회를 돌보았다.

고현교회를 설립할 때 선교사와 함께 하였던 양응칠 조사는 원래 전주의 부잣집 아들로 태어났다. 예수를 믿는다는 이유로 가문에서 쫓겨나서 선교사의 조사로 복음을 전했다. 그는 군산과 익산 지역의 여러 교회를 설립하는 데 기여했다. 후일에는 구암교회 장로가 되어 충성스런

고현교회

장로의 삶을 살았다. 그의 철저한 주일성수는 유명한 일화로 회자되고 있다.

고현교회 초대 장로가 된 오덕근 장로

홀어머니를 모시고 힘겹게 살아가던 오덕근에게 기독교 복음은 말 그대로 기쁜 소식이었다. 1887년에 익산시 북일면 신리에 정착한 오덕근은 매제인 김자윤의 전도로 고현교회에 출석하며 신앙생활을 시작했다.

오덕근이 그의 어머니와 함께 학습을 받은 것은 47세가 되던 1908년이었다. 2년 후인 1910년에는 세례를 받았다. 열심을 내어 교회를 섬기며 신앙생활을 하던 오덕근은 1915년 하위렴 선교사가 주재한 교인 투표에서 영수로 선택되었고 매제인 김자윤은 집사로 선택받아 교회를 위해 열심히 봉사했다. 2년 후인 1917년에는 오덕근 장로과 김자윤 장로는 나란히 고현교회 초대 장로로 임직을 받았다.

처남과 매부 사이인 두 장로는 힘을 합쳐 열심히 전도했고 교회 발전을 위해 노력했다. 그들은 정식으로 목사를 청빙하기까지 주일예배를 비롯하여 수요기도회 등 교회의 모든 예배와 모임에서 번갈아가며 설교를 담당하였다. 교회의 관리와 교인들을 심방하는 일도 그들의 몫이었다. 초기 고현교회 발전에 중추적인 역할을 하였다.

익산지역 3·1운동에 앞장선 오덕근 장로 부자(父子)

전라북도 지역에서 3·1만세운동이 처음 시작된 곳은 군산이다. 세브란스의전에 다니던 학생 김병수가 군산지역의 만세운동에 불씨를 지폈다. 서울에서 만세운동이 일어나 학교가 휴교를 당하자 군산에 내려온 그는 자신의 모교인 군산영명학교를 찾아갔다. 자신의 은사이자 구암교회 장로였던 박연세 선생(후일 목사, 순교자)을 만나 서울에서의 만세운동에 대해 알려주었다. 이에 박연세 선생은 학교에서 뜻을 같이하는 선생과 제자들을 동원하여 태극기를 만들고 만세를 부를 준비를 하였다.

그러나 거사 전날인 1919년 3월 5일 만세운동의 낌새를 눈치 챈 일본 형사들이 영명학교를 급습하여 박연세 선생과 이두열 선생을 체포하고 각종 자료를 압수했다. 이를 지켜보던 학생들이 학교 운동장으로 몰려나와 만세를 부르며 시내로 행진하였다. 군산시민과 구암교회 교인들이 합세하여 군산경찰서까지 행진하며 대한독립만세를 불렀다. 이날 경찰에 체포된 사람은 46명이고 그 중에서 주동자 박연세 선생 등 10여 명은 투옥을 당했다. 그들은 대구형무소로 이첩되어 1년 넘게 옥살이를 했다.

군산에서의 만세운동 소식을 접한 이리(현 익산) 지역 교회지도자들과 우익 인사들도 만세운동을 계획했다. 3월 10일 경에 소규모 만세운동이 있었지만 주동자가 사전 검속되는 바람에 본격적인 만세운동으로 발전하지 못했다. 이 일 이후 일제는 보병 4연대의 1개 중대를 익산역 일대에 배치하고 주민들을 감시하였다. 4월 1일부터는 보병 1개 중대를 증원하고 만세운동을 사전에 차단하였다.

익산 지역 만세운동은 군인들의 삼엄한 경계 속에서 일어났다. 1919

년 4월 4일 솜리(익산)장날이었다. 이 운동은 익산시 오산면 남전교회 교인들이 주동이 된 만세운동이었다.

그 배경에는 남전교회와 박연세 선생이 있었다. 남전교회 부설 도남학교의 문용기 선생(집사)은 자신과 가족이 다니는 남전교회의 최대진 목사를 만나 만세운동을 함께 추진하였다. 군산 만세운동을 주도했던 박연세 선생은 남전교회에서 1906년에 아버지 박자형과 함께 하위렴 선교사에게 세례를 받았고 그의 친인척들은 남전교회에 출석하며 신앙생활을 하였다.

1919년 4월 4일 남전교회 교인 150명은 솜리장(현 북부시장)날 "대한독립만세"를 불렀다. 도남학교 학생들은 장을 보러온 사람들에게 독립선언서와 태극기를 나눠주었다. 이전에 몇 번 있었던 만세운동을 무력으로 진압하고 군대를 증강 배치하였던 일본으로서는 매우 당황한 일이었다. 그들은 총칼로 만세군중을 위협하였다.

그러던 중 문용기 선생이 일본군과 대치하고 있는 만세군중 앞으로 나섰다. 그는 큰 소리로 독립선언문을 읽어 내려갔다. 일본 군인들의 위협이 계속되는 중에도 그는 결코 위축되지 않고 독립선언문을 끝까지 읽었다. 그는 두 주먹을 불끈 쥐고 대중들을 향해 "대한독립만세!"를 외쳤다. 문용기 선생의 선창에 이어 운집한 군중들도 한 목소리로 "대한독립만세! 대한독립만세! 대한독립만세!"를 목이 터져라 불렀다.

만세를 부르는 소리가 들리자 사람들은 구름같이 몰려들었다. 순식간에 1만여 명으로 늘어났다. 군중을 선도하는 사람들은 바로 문용기 선생, 도남학교 박영문 학생과 장경춘, 박도현, 서공유, 이충규 등이었다. 도심을 가로지르며 불러대는 만세소리에 천지가 진동하였다.

사태가 심각해지자 당황한 일본 경찰과 군인들이 만세군중을 향해 무차별 총격을 가했다. 그들은 만세를 부르는 군중에 앞장섰던 남전교회의 문용기 집사의 오른팔을 긴 일본도(日本刀)로 내리쳤다. 팔이 잘려나간 어깨에는 붉은 피가 뿜어져 나왔다. 문용기 집사는 땅에 떨어진 태극기를 왼손으로 집어들었다. 그러자 일본군은 그의 왼팔마저 잘라버렸다. 양팔을 잘린 문용기 집사는 큰 소리로 "대한독립만세!"를 외쳤다. 일본 헌병은 총검으로 가슴과 복부, 옆구리 등 닥치는 대로 찔러댔다.

문용기 집사는 조국독립을 외치다가 장렬하게 순교자가 되었다. 이날 문용기 집사와 함께 만세를 부르다가 순교한 남전교회 교인은 4명이었고 부상자는 20여 명, 체포된 사람은 39명이었다.

남전교회 교인들이 주동이 되어 시작된 4·4만세운동에 고현교회 교인들도 적극 참가하였다. 그 당시 익산 시내에 설립된 교회로는 고현교회가 유일하였는데 20여리 떨어진 곳에서 익산으로 달려온 남전교회 교인들과 힘을 합쳐 만세를 부른 사람 중에는 고현교회 교인들이 많았다.

4·4만세운동이 일어나기 전부터 남몰래 태극기를 제작해 두었던 고현교회 오덕근 장로도 만세운동에 나섰다. 고현교회에서 가까운 솜리장으로 간 오덕근 장로는 자신이 준비한 태극기를 배포하면서 만세군중과 합세하였다.

현장에서 일본 헌병에 체포된 그는 옥고를 치렀다. 그의 맏아들 오준환도 만세를 부르다가 일본 경찰에 쫓겨 상해로 망명하였다. 오준환은 상해에서 이시영(후일 부통령)과 함께 조국의 독립을 위해 애쓰다가 그곳에서 일생을 마감하였다

고현교회 부설 경신의숙을 설립하다

오덕근 장로와 김자윤 장로는 장로로 임직을 받은 이듬해인 1918년 고현교회 부설로 '경신의숙(경신학교)'을 설립하였다. 두 사람은 교회에서 어린이들을 신앙으로 교육시켜야 한다는 취지로 초등학교 과정인 4년제 '경신의숙'을 설립하였다. 그들은 일제가 익산시에 개교한 공립학교에 진학할 수 없는 여자아이들을 모아서 성경과 신학문을 가르쳤다.

경신의숙이 설립된 이듬해 일어난 4·4 만세운동에 참여하였다가 체포된 오덕근 장로는 옥살이를 하면서 많은 고난을 당했다. 그는 감옥에 있는 동안 날마다 눈물을 흘리면서 조국의 독립을 위해 하나님께 기도하였다.

기도 중에 그는 하나님의 뜻을 깨달았다. 일제의 강압에서 벗어나서 한국이 독립할 수 있는 길은 민족교육이 중요하다는 것이었다. 그는 출옥 후 사재를 털어 사립학교인 백동학교를 설립하였다.

고현교회 부설로 설립된 경신의숙은 1919년 4·4 만세운동 이후에 교

인들과 주변 사람들의 관심을 많이 받았순. 그 결과 1921년에는 71명의 여학생이 등록하여 공부를 하였다. 숙장에 김자윤, 교감에 정진하, 학감에 김한규 등이었다. 학교가 점점 발전하면서 나중에는 가난한 가정의 아이들뿐만 아니라 일제의 교육에 반발하여 공립학교에 보내기 싫어하는 가정의 자녀들이 입학하여 공부하였다.

이 학교를 졸업한 학생 중에는 이리공립보통학교 5학년으로 편입하거나 선교사들이 설립한 군산 영명학교에 진학하였다. 1932년 말에는 90명의 재학생 중 남학생은 35명, 여학생은 55명으로 여학생이 남학생보다 많았다. 그러나 경신학교는 일제의 한글 폐지와 일본어 강요 때문에 1935년 문을 닫았다.

1925년 군산지역에서 3·1만세 운동을 주도하였던 박연세 목사가 부임하면서 경신의숙은 새로운 발전을 위한 기틀을 마련하였다. 박연세 목사는 자신이 군산영명학교에서 교사로 학생들을 가르친 경험을 토대로 경신의숙을 운영하였다. 자신은 성경반을 맡아 가르쳤고 매일 아침마다 실시하는 채플 시간에 가끔 설교도 하였다. 오덕근 장로는 1926년에 경신학교 교장이 되었으며 1936년에는 김한규 장로가 교장으로 취임하여 학교 발전을 위해 노력하였다.

오덕근 장로의 여동생, 전도부인 오덕순

오덕근 장로가 익산 고현교회에서 충성스럽게 신앙생활을 하게 된 배경에는 그의 매제인 김자윤 장로의 도움이 컸다. 김자윤 장로는 1867년 익산군 북일면에서 태어나 동갑내기인 오덕근 장로의 동생 오덕순 전도사와 결혼한 사람이다.

두 사람은 교회 봉사와 복음 전파에 전력을 다하여 많은 교인들의 본이 되었다. 김자윤 장로는 오덕근 장로 가족과 함께 고현교회에서 신앙생활을 하면서 서로 협력하여 교회 발전을 위해 헌신하였다. 그는 일제 말엽에 극심한 탄압에도 굴하지 않고 믿음을 지키며 살았다.

오덕순 전도사는 기독교로 개종하고 자신을 하나님께서 사랑해 주심을 감사하게 여기며 신앙생활을 했다. 김자윤 장로와 오덕순 전도사 사이에는 자녀가 없어 주변 친척들로부터 많은 핍박과 괄시를 당했지만 복음 전파에는 언제나 최선을 다했다.

그런데 그에게 뜻하지 않는 불행한 일이 다가왔다. 그만 두 눈의 시력을 잃고 말았던 것이다. 그는 신체적인 장애에도 굴하지 아니하고 고현교회로부터 전도부인으로 임명을 받아 열심히 전도하였다.

앞을 보지 못한 사람이 전도한다는 것은 매우 힘든 일이다. 사람들은 눈 먼 전도자를 피해 다니기도 했다. 오덕순 전도사는 하나님을 원망하지 않고 안내인을 대동하고 수없이 이리역(현 익산역)을 드나드는 여행객을 향해서 전도하고 다녔다.

그의 전도를 받았던 많은 사람들이 고현교회로 몰려왔다. 앞 못 보는 오덕순 전도사의 손발이 되어서 익산시 전역을 함께 돌아다니며 복음을 전한 사람은 바로 오덕순 전도사의 전도를 받고 기독교인이 된 김마리아 전도사였다. 두 사람은 비가 오나 눈이 오나 개의치 않고 익산의 복음화를 위해 눈물로 기도하며 전도하였다.

오덕순 전도사는 기도의 사람이었다. 엄동설한에도 집 마당에서 철야기도를 하는 것이 그의 생활이었다. 특히 교회나 국가에 중대한 사건이 발생하면 반드시 1주일 이상 금식 기도하였다. 그녀의 두 팔꿈치에 돋은 혹이 오전도사가 얼마나 열심히 기도를 했는가를 말해주었다.

인민군을 국군으로 오인한 오덕근 장로

오덕근 장로의 둘째 아들 오성환 장로는 아버지의 뒤를 이어 1950년 3월에 고현교회에서 장로로 장립을 받았다. 1888년에 태어난 오성환 장로가 62세가 되던 해였다. 이것은 오덕근 장로 가문에서는 큰 기쁨이었다.

그러나 몇 달 뒤 발발한 6·25 전쟁은 오덕근 장로 가문에 커다란 상처를 남겼다. 오덕근 장로는 90세 고령이어서 피난가는 것이 여의치 않아 고현교회를 지키기로 마음을 정했다. 그는 매일 눈물을 흘리며 국가와 민족을 위해 기도했다. 그러나 그의 바람과는 반대로 물밀듯이 남침한 인민군은 그의 집 사랑채를 자기들의 지휘소로 만들어 버렸다.

90세 고령의 오덕근 장로는 자기 집 사랑채를 드나드는 군인들이 누구인지 모르고 있었다. 그는 평소 자기 집에 오는 손님을 후하게 대접하던 대로 그들을 대접했다. 인민군을 국군으로 잘못 알고 성의껏 보살펴

준 것이다.

하루는 마루에 앉아 부채질을 하면서 "국군 아저씨들, 수고가 많으십니다"라고 말하자 그 소리를 들은 인민군이 "우리는 국군이 아니고 인민군이요"라고 대답을 했다. 그 소리를 들은 오덕근 장로는 순간 가슴이 철렁했다. 인민군을 국군으로 잘못알고 있었던 그는 그 충격으로 몸져 누웠다가 3개월 만에 세상을 떠났다.

UN군이 인천상륙작전을 성공하자 인민군들은 급하게 퇴각하기에 앞서 교회 지도자들과 공무원 등 우익인사들을 몰살할 계획을 세웠다. 실제로 인근 제내교회 등에서는 인민군에 의해 총살을 당한 장로들이 있었다.

오덕근 장로의 후손들도 대상이 되었다. 일제시대에 3·1만세운동에 앞장섰다가 일제의 박해를 피해 상해로 망명하여 독립운동을 한 맏아들의 자녀들이 문제였다. 해방 후 오준환의 큰 아들 오남규는 농촌학교를 졸업하고 익산군 북일면장을 역임하였고 그의 동생 오찬규는 면서기로서 회계를 담당하였기 때문이다. 오준환의 자녀들이 공무원이어서 소위 부르조아계급에 속한 인물이었다. 인민군이 후퇴하면서 처형할 명단에 포함된 것은 당연하였다.

그러나 하나님께서는 오덕근 장로의 가문에 은혜를 베풀어 주셨다. 오덕근 장로 가문을 좋게 여긴 인민군 중 한 사람이 오덕근 장로 가족에게 귀띔을 해 주었다. 만약 공산군이 사람들을 모아놓고 이름을 부르면 절대로 대답을 하지 말고 가만히 있으라고 했다.

　오덕근 장로 가족들은 공산군이 시키는 대로 조용하게 지낸 덕에 화를 모면할 수 있었다. 이들은 이 모든 일들이 오로지 하늘에 계신 하나님의 은혜라고 감사를 드렸다.

북일교회를 개척한 둘째 아들, 오성환 장로

　인민군이 북쪽으로 쫓겨간 뒤 오덕근 장로의 후손들은 위기의 순간에 목숨을 구해 주신 하나님께 감사를 드렸다. 둘째 아들 오성환 장로를 중심으로 가족들은 교회를 설립하기로 결정했다. 전쟁 중에도 그들은 교회 설립에 나선 것이다.

　오성환 장로는 해방 후 목재 판매업으로 상당한 재산을 모았다. 그는 평소 자기 집을 짓기 위해 좋은 목재를 별도로 마련해 두었다. 그는 모아 두었던 귀한 목재로 하나님의 교회를 설립하였다.

　교회를 건축하는 동안 그는 건축 현장에 천막을 쳐놓고 공사를 진행하였다. 막내아들 오홍규(후에 목사)는 집에서 기르는 양젖을 짜서 매일 아침 아버지에게 갖다 드렸다. 이처럼 오성환 장로 가족은 정성을 다해 하나님의 전을 건축하였다.

　오성환 장로 가문이 설립한 북일교회 입구에는 교회설립 역사가 기록된 비석이 세워져 있다.

　"고현교회가 설립된 지 40여 년에 교회가 점차 광대하여 이리에 제일교회를 설립하고 만석, 송학, 장신, 신광 등 많은 교회를 분립하면서 고현교회는 더욱 부흥되던 중 1950년 6·25전쟁이란 쓰라린 동란으로 인하여 교인들이 신앙의 자유를 잃고 목자 없는 양과 같이 사방으로 해산을 당하였다. 이에 6·25 전쟁 중에 죽음의 문턱에서 구원받은 기념으로 북일면교회를 설립키로 하여 고현동 교회 시무 중인 김종식 전도사

북일교회

와 그 외 몇 동지가 1951년 2월 6일에 북일면 신리에 모여 회의하는 것으로 시작하여 동년 7월 15일에 전도사 김종식, 장로 오성환, 김용락, 안수집사 오찬규, 그 외 서리집사들을 비롯한 세례교인 70여 명 등 합계 90이

오성환 장로

분립 예배를 드렸다. 1951년 10월 22일에 노회 허락을 받았으며 초대 당회장으로는 한완석 목사가 시무하였다."

고현교회는 설립 이후 먼 거리에서 출석하는 교인들을 위해 북일교회 외에도 익산시 일대에 많은 교회를 분립하였다. 그 중에는 1921년에는 후리교회(현 이리제일교회)를, 1932년에는 만석교회를, 1934년에는 오산면 송학교회를 그리고 1946년에는 신광교회를 분립하여 지역 복음화를 주도해왔다. 오늘날 익산지역을 전국에서 가장 복음화율이 높게 만드는 기초를 쌓았다.

대를 이어 3대째 장로가 된 오찬규 장로

오성환 장로의 뒤를 이어 3대째 장로의 가문을 이은 사람은 그의 장남 오찬규 장로다. 그는 1920년 오성환 장로와 임평호 집사의 장남으로 태어나 고현교회에서 유아세례를 받았다. 1950년 3월 아버지가 장로 임직을 받던 날 아들 오찬규는 안수집사 임직을 받았다. 1960년에는 할아버지와 아버지의 뒤를 이어 장로로 임직을 받아 교회를 돌보며 신앙생활을 하였다.

그는 북일교회 시무장로로 섬기는 동안 군산노회 주일학교 연합회 회장, 전국 주일학교 연합회 부회장, 이리노회 부회장을 역임하는 등 활발하게 대외활동을 했다. 1991년 북일교회 원로 장로로 추대를 받을 때까지 31년 동안 장로로서 교회를 돌보며 신앙생활을 했다.

오찬규 장로는 생전에 만난 필자에게 북일교회 설립 배경에 대해 설명해 주었다. 북일교회의 설립 배경에는 6·25 전쟁 때 살아남은 교인들의 감사함이 있었고 지리적으로도 고현교회에 출석하는 것이 쉽지 않았던 요인들이 있었다. 한편으로는 익산을 중심으로 한창 포교 중이던 원불교의 교세 확장에 대한 고민도 있었다. 그는 젊은 시절 원불교 관계자들과의 만남에서 그들의 포교계획에 대해 많이 들었고, 이에 따른 기독교의 대응방법에 대해 많은 고민을 했다고 했다.

오찬규 장로는 은퇴 후에 익산지역 교회 역사를 기록했다. 자전거를 타거나 걸어서 익산시를 포함한 주변의 면지역에 설립된 교회들을 찾아다녔다. 그가 집필한 『익산시 교회사』는 1999년도에 발간되었는데 그 안에는 익산시 전역에 세워진 교회의 교회설립연도를 포함한 각종 자료들이 상세하게 기록되어 있다.

오찬규 장로의 자녀교육은 엄격하였다. 특히 자녀들의 신앙교육은 철저하였다. 매일 아침 새벽예배를 다녀온 오찬규 장로는 아침 식사 전에 가족 전체를 모아놓고 가정예배를 드렸다. 저녁에도 잠자리에 들기 전에 가족예배를 드렸다. 가정예배 시간에 늦으면 호되게 야단을 쳤다.

사랑의 여인 엄삼숙 집사

오찬규 장로의 부인 엄삼숙 집사는 익산시 대붕암리 상제마을의 제석교회 출신이다. 이 교회는 1909년에 엄삼숙 집사의 할아버지인 엄주환 장로와 강문회, 강진회 등이 설립하였다. 그들은 군산 개복교회 초대 장로인 홍종익 장로의 생일잔치에 참석했다가 홍종익 장로와 선교사가 전해준 복음을 받아 자기 마을에 교회를 설립하였다. 초대 교인 엄주환 장로와 강문회 장로의 후손들은 대를 이어 성실하게 신앙생활을 하고 있다.

엄삼숙 집사는 믿음의 가문 후손답게 신앙의 가문을 세우는 데 철저하였다. 뿐만 아니라 불우한 이웃을 돕는 데도 남달랐다. 엄한 아버지 옆에 사랑의 어머니가 있었던 것이다.

식사 시간에 거지들이 동냥을 오면 방으로 불러들여 가족들과 함께 식사를 하였다. 엄삼숙 집사의 아들 오은석 장로는 어머니가 노회 주최로 체육대회가 열린 어느 해에는 혼자서 식사 준비를 해서 리어카에 싣고 가는 것을 도와준 기억을 가지고 있다. 어린 아들의 눈에는 어머니의 이러한 희생과 봉사가 안쓰러웠다.

자신보다 남을 더 사랑하며 섬기던 엄삼숙 집사는 오은석 장로가 13살 되던 해에 세상을 떠났다.

엄삼숙 집사의 이웃 사랑에 얽힌 일화가 하나 있다. 1984년 경 낯선 남자가 오찬규 장로 집을 방문했다. 마침 오찬규 장로의 막내 딸 오석실 집사가 혼자 집을 지키고 있었다. 말끔하게 차려 있는 그 사람은 자신을 인천에서 교장 선생으로 지내고 있는 사람이라고 소개하였다. 6·25 전쟁 중에 오찬규 장로 댁에서 피난살이를 하면서 많은 도움을 받고 목숨을 건진 것을 늘 잊지 못하고 감사하며 살았다고 말했다.

오석실 집사가 어머니(엄삼숙 집사)는 오래 전에 병으로 세상을 떠났다고 하자 그는 살아가는데 바빠 은혜를 갚지 못하게 되었다고 못내 섭섭해 하였다. 그러고는 오석실 집사를 데리고 시내 백화점 가서 고급 겨울 양장 한 벌을 사주고는 이름도 남기지 않고 돌아갔다. 막내 딸 오석실 집사는 결혼 후에도 오랫동안 그 옷을 입으며 아홉 살 때 돌아가신 어머니의 사랑을 느끼며 살았다.

결혼해서 딸 둘을 낳은 오석실 집사는 아버지의 본을 받아 자신도 하루에 두 번 가정예배를 드린다고 했다. 그렇게 키운 딸 중에는 지금 해외 선교사 준비를 하고 있는 딸도 있다.

오성환 장로의 막내아들 오홍규 목사

오홍규 목사는 오성환 장로의 막내아들이다. 그는 어려서부터 교회에서 선교사들의 활동을 보면서 장래 희망을 선교사로 생각하면서 신앙생활을 하였다. 이리농림학교를 졸업한 그는 어릴 적 꿈이었던 선교사가 되기 위해 장로회신학대학에 입학하여 신학을 공부하였다. 1962년 장로회신학대학을 졸업하고 대전선교부에서 선교업무를 익히며 미국남장로회 소속 나빈선(Robert K. Robinson) 선교사와 함께 성민복지위원회에서 사역을 하였다.

전남 강진 논정교회에서 1년간 강도사로 사역을 하였다. 이때 그는 심득민(Robert Lee Smith) 선교사와 함께 세계기독교봉사회(한국지회 초대 관리책임자는 아펜젤러 선교사)의 일을 도왔다. 1960년대 초에 남해와 서해안 일대의 간척사업을 지원해서 농토확장사업을 진행하는 일이었다. 이 간척사업으로 얻은 토지에서 농사를 짓고 염전에서 소금을 생산하여 농민들의 삶을 윤택케 하기 위함이었다. 이때 간척한 땅은 650만 평이었다.

오홍규 목사(당시 강도사)는 32살에 고향에서 가까운 군산 지곡교회 (1907년 설립)에 청빙을 받았다. 목사 안수를 받아 담임목사가 된 그는 분열의 아픔을 겪고 있던 지곡교회를 안정시키고 부흥의 발판을 마련하였다.

오홍규 목사가 지곡교회를 부흥시킨 데는 새벽기도회가 결정적인 역할을 했다. 어느 날 교회 인근에 있던 공동묘지 근처의 사당에서 생활하던 처녀가 새벽기도회에 참석하였다. 기도회가 계속되는 중에 그는 "내 다리 내놔, 내 다리 내놔!"라고 절규하면서 큰 소리로 외쳤다. 새벽기도회 중이던 장로 2명과 여 집사들이 처녀를 붙잡고 아침 해가 돋을 때까지 기도하였다. 그 이튿날 새벽에 그 처녀는 부모와 함께 새벽기도회에 참석하였고, 교인들은 그를 위해 합심하여 기도했다.

한 달이 지나자 처녀는 온전하게 되었다. 이를 계기로 그 집 식구는 물론이고 그 마을 사람들 거의 대부분이 교회에 출석하기 시작했다. 지곡교회가 부흥하는 계기가 되었다.

오홍규 목사는 1972년부터 1977년까지 전라북도 완주군의 봉상교회(1904년 마로덕 선교사가 설립)에서 담임목사로 사역을 했다. 그는 이 교회에서 '화해의 천사'라 불릴 정도로 복음 전파에 심혈을 기울였다. 봉상교회에서도 교회부흥의 불씨를 지폈다.

교회 이웃에 160호에 가까운 낙평리의 복음화를 위해 기도하던 중이었다. 그 동네에 정신병자가 목사에게 기도받기를 원한다는 요청을 받고 1주일간 작정기도를 한 후 안수기도를 해 주었다. 하나님의 능력으로 그 사람이 병 나음을 얻게 되자 그 마을 사람들이 하나 둘씩 교회에 나오기 시작했다. 그 후 마을 사람들은 열심히 신앙생활을 하여 권사와 장로가 되는 역사가 일어났다.

서울총회본부 교육부의 부름을 받은 오홍규 목사는 교육담당 간사로 활동을 했다. 선교부의 도움으로 장학금을 받아 미국 유학을 준비하다가 1979년 총회장의 권고를 받아 서대문에 있는 송죽교회에 부임하여 목회를 했다. 그는 송죽교회에서 27년간 사역을 감당한 후 2006년에 은퇴하면서 원로 목사로 추대를 받았다.

오홍규 목사는 아버지가 새벽에 불을 켜지 않고 "지난밤에 보호하사…"라는 찬송을 부르며 드리는 가정예배를 늘 기억하며 살았다.

그는 김정자 사모와의 슬하에 1남 3녀를 두고 있다. 믿음으로 자란 자녀들 중 아들 오동석은 자신의 뒤를 이어 목사가 되었고, 맏딸은 목사 사모가 되어 온누리교회를 섬기고 있다.

오홍규 목사가 즐겨 부르는 복음성가는 "오늘 집을 나서기 전 기도했나요. 오늘 받을 은총 위해 기도했나요. 기도는 우리의 안식 빛으로 인도하리. 앞이 캄캄할 때 기도 잊지 마세요"라는 곡이다.

그는 "믿음을 잘 유지 시켜야 된다. 기도와 말씀이 중요하다"고 교인들과 자녀들에게 늘 입버릇처럼 말했다. 이 말은 자신의 목회 철학이기도 한 동시에 대한민국 기독교인들에게 전하고 싶은 메시지이기도 하다.

4대째 장로의 가문을 이어가는 오은석 장로

오덕근 장로 가문에서 4대째 장로의 대를 이어가고 있는 사람은 오찬규 장로의 맏아들 오은석 장로다. 그는 어릴 때 아버지의 엄격한 신앙교육에 불만을 품은 적도 있었다. 그렇지만 장로가 된 지금은 오히려 아버지의 철저한 가정예배와 신앙훈련에 감사하고 있다.

부인 유현숙 권사와 함께 익산 고성교회에서 신앙생활을 하는 오은석 장로는 2008년도에 장로로 임직을 받았다. 그는 아들이 5대째 장로로 신앙을 지켜갈지는 알 수 없지만 증조할아버지 오덕근 장로가 세운 믿음의 전통을 잘 이어가기를 원하고 있다.

오찬규 장로를 만나던 날, 옆에서 도와주던 오은석 장로는 겸손한 사람이었다. 그는 부족하지만 자신을 가문의 4대째 장로로 세워주신 하나님의 은혜에 감사하며 살아가고 있다. 100년이 넘는 세월 동안 이어오는 가문의 자랑스런 신앙의 역사를 후손들이 잘 이어가도록 늘 기도하고 있다.

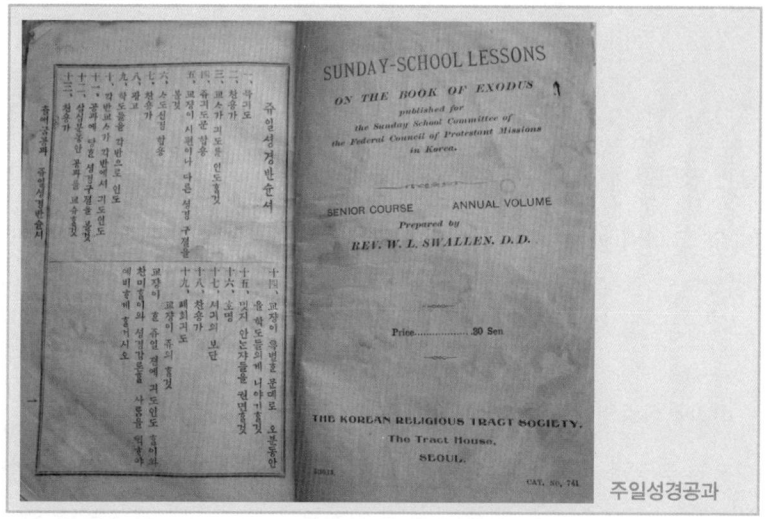
주일성경공과

요절한 군수의 후손, 4대째 장로 가문을 이어가다

조선시대에 고창군수로 재직하던 오길영이 젊어서 세상을 떠나자 이 가문은 몰락의 길을 걸었다. 가진 재산은 하인들에게 빼앗겨 버린 이들은 재산 대신 기독교 복음을 얻었다. 세상의 부귀영화는 잃어버렸지만 천국의 영화를 누리는 가문이 되었다.

오덕근 장로의 후손들은 할아버지가 사용하던 성경책과 출애굽기 주일공과책을 소중하게 간직하고 있다. 그 책은 소안론(Swallen) 목사가 저술한 고등반 '출애굽 쥬일성경공과'인데 조선예수교총회가 1913년 10월에 발간한 것이다. 검은 가죽 표지의 성경책은 '구주강생 일천구백삼십년'에 발간된 것으로 '경신학교 교장 오덕근'이라는 도장이 선명하

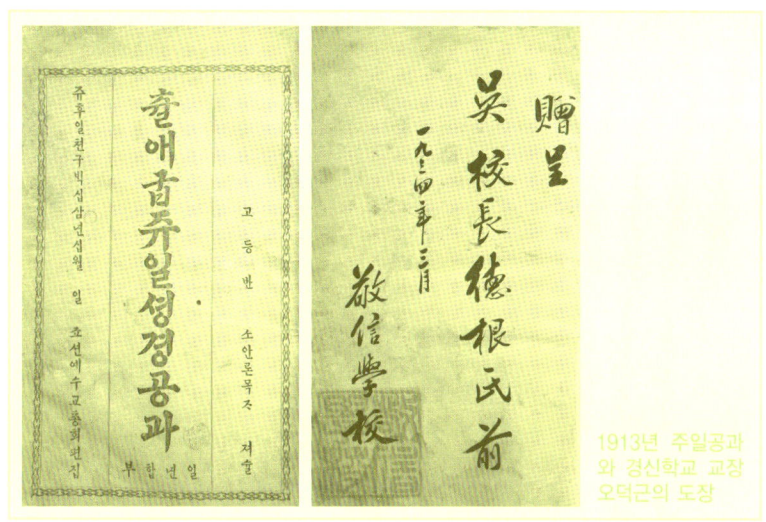

1913년 주일공과와 경신학교 교장 오덕근의 도장

게 찍혀 있다.

앞으로 100년 후에는 이 가문이 어떤 소중한 것을 보여줄 수 있을지 기대하고 기대한다.

84대에 걸쳐 한 교회 시무장로로 섬기는 믿음의 가문

— 안동교회 3·1만세 운동 주역 이중희 장로 가문

경상북도독립운동기념관

이중희 장로 이야기

"저희 가문에서 안동교회에서만 4대째 시무장로가 된 것은 오직 하나님의 은혜요 교인들의 사랑 덕분입니다."

증조부 이중희 장로, 조부 이재삼 장로, 부친 이인홍 장로에 이어 안동교회에서 시무장로로 교회를 섬긴 이정일 원로장로의 말이다.

경상북도 안동지역은 조선시대부터 양반의 고장으로 널리 알려진 곳으로 유교와 불교가 지역사람들의 중심사상으로 자리 잡고 있는 곳이다. 그런 지역에 100여 년 전인 1909년에 기독교 복음을 전하기 위해 세운 교회가 안동교회다.

이 교회에는 여러 가지 자랑거리가 있다. 그 중 하나가 한 가문에서 4대째 시무장로를 배출한 것이다. 예나 지금이나 장로가 된다는 것은 교회를 오래 다닌다고 주어지는 직분이 아니기 때문이다. 장로가 되려면 모범적인 신앙생활을 하는 것은 기본이고 모든 면에서 하나님 보시기에 적합하여야 한다.

이중희 장로 가문의 신앙역사는 115년이 넘는다. 이 가문에서 믿음의 조상이 된 이중희 장로는 부해리 선교사가 1901년에 설립한 김천 송천교회 출신이다. 그는 아우 이사윤 장로와 함께 김천 송천교회 초대 교인으로 신앙생활을 시작하였다. 문경지역에서 부해리 선교사의 조사로 복음을 전하던 그는 안동교회에서 설립한 계명학교 교사로 초빙을 받아 안동교회에서 신앙생활을 계속했다.

이중희 장로는 김영옥 목사와 함께 안동지역 3·1만세운동을 주동하다가 옥살이를 하였다. 애석하게도 그는 일본 경찰의 모진 고문의 후유증으로 환갑을 눈앞에 두고 출옥 10일 만에 하나님의 부르심을 받았다. 그의 손자 이인홍 장로도 어린 시절 학생신분으로 만세운동을 주도하다가 6개월간 옥고를 치르며 고문을 당했다.

믿음의 가문은 우연히 얻어지는 것이 아님을 이중희 장로 가문을 보면 알 수 있다. 그들은 나라가 어렵고 교회가 힘들 때 자신의 몸을 던졌다. 개인의 안위나 부귀영화보다 하나님의 말씀에 순종하는 삶이 이 가문의 중심사상이었다.

이중희 장로 후손들은 겸손하게 장로와 권사로 혹은 집사로 성실한 그리스도인으로 살아가고 있다. 이중희 장로 가문에는 목사 6명과 전도사 2명, 장로 9명, 권사 12명, 대학교수 4명 등을 배출하였다.

이중희 장로의 동생 이사윤 장로는 송천교회를 떠나 칠곡교회에서 신앙생활을 했다. 그의 후손 중에도 4명의 목사와 여러 명의 장로와 권사가 있다.

두 가문 모두 110여 년 간 하나님 앞에서 언제나 겸손함을 잃지 않기 위해 늘 기도하는 삶을 살아가고 있다.

4대에 걸쳐 한 교회 시무장로로
섬기는 믿음의 가문
— 안동교회 3·1만세 운동 주역 이중희 장로 가문

이중희 장로 가문을 찾아서

경상북도 안동시에 있는 안동교회에 4대째 시무장로 가문이 있다는 소식을 처음 들었을 때는 신기했다. 어떻게 하면 한 가문에서 100년 동안 4대에 걸쳐 한 교회에서 시무장로로 교회를 섬길 수 있을까. 그 비결이 무엇일까를 알아보기로 했다.

2011년 4월 안동교회 이정일 원로 장로의 집을 찾아갔다. 부인 김선애 권사가 끓여준 커피를 마시며 찾아간 목적을 설명하고 가문의 신앙 역사를 들었다. 대부분의 믿음의 가문 후손들이 그렇듯이 이정일 장로도 자기 가문이 남들보다 특별하게 뛰어난 믿음의 가문이 아니라고 손사래를 쳤다.

그러나 이정일 장로가 필자에게 보여주는 각종 자료들은 이 가문이 그냥 보통가문이 아니라는 증거들로 보였다. 힘들고 어려웠던 시절에도 교회를 섬기며 교인을 돌보았던 믿음의 선조들의 아름다운 신앙내력은 올바른 신앙생활을 포기하고 싶은 현대인들에게 진정한 그리스도의 삶의 자세를 말해주는 듯 했다.

이정일 장로의 증조부 이중희 장로는 부해리 선교사가 1901년에 설립한 김천 송천교회 출신이다. 안동교회 부설 '계명학교(啓明學校)' 교사

송천교회 전경

로 초빙을 받아 학생들을 가르치며 안동교회에서 신앙생활을 시작한 이후 안동교회의 시무 장로로 교회를 섬겼고, 그의 아들과 손자 그리고 증손자에 이르기까지 안동교회를 떠나지 않고 6대 100년 동안이나 한 교회를 섬기고 있다. "못난 자식이 효도한다"는 말이 있지만 이중희 장로 가문은 "믿음이 좋은 가문이 고향교회를 지킨다"라는 말이 옳은 것처럼 느끼게 만든다.

이 글을 마무리하기 전에 다시 찾아간 필자에게 이정일 장로는 이중희 장로의 동생인 이사윤 장로 후손에 대한 이야기를 들려주었다. 이사윤 장로의 증손자 중 한 사람인 이주일 집사가 안동교회에 출석하며 신앙생활을 하고 있다는 것이었다.

며칠 후 이주일 집사에게 전화를 걸었다. 그를 통해 이사윤 장로의 후손들이 대구 칠곡교회에서 대를 이어 신앙생활을 하고 있다는 사실을 알게 되었다. 특히 이주일 집사의 형님 이덕일 장로가 칠곡교회 시무장로로 교회를 섬기고 있으며 최근에 가문의 신앙역사를 정리하는 중이라고 했다.

2013년 6월 22일 대구 칠곡교회 커피숍에서 이덕일 장로를 만났다. 이덕일 장로는 이사윤 장로를 비롯한 후손들이 대를 이어 칠곡교회에서 신앙생활을 하고 있다는 말과 함께 각종 자료를 건네주었다. 그 중에는 경상북도의 교회 설립 역사를 한 눈에 알 수 있는 한글로 번역한 『경북교회사』도 있었다. 귀한 자료였다.

이 글은 『경북교회사』를 비롯하여 『안동교회 90년사』, 『칠곡교회 100년사』, 『송천교회 100년사』와 후손들의 증언을 토대로 작성되었다.

안동교회의 다섯 가지 자랑거리

우리나라의 대표적인 유림지역인 안동에는 안동교회가 세워지기 전인 1900년대 초에 선교사의 도움 없이 자생적으로 세워진 교회가 여럿 있었다. 1902년에 국곡교회와 풍산교회가 세워졌고, 1905년에 방잠교회가 세워졌다.

1906년에는 방잠교회에서 개최된 기독교인대회에 참석한 인원이 700여 명에 이를 정도로 안동 인근에 교인이 많았다. 특히 방잠교회에서 개최된 집회에 참석했던 교인들이 자기 마을에 교회를 설립하는 등 안동 인근지역에 교회가 많이 세워지고 교인이 늘어났던 것이다.

안동교회

이에 미국북장로회 대구선교부에서는 안의와(James Edward Adams, 1867~1929, 安義窩) 선교사를 중심으로 안동읍(현 안동시)에 교회를 세웠다. 풍산교회 교인이던 김병우 권서인을 파송하여 1909년 8월에 세운 교회가 바로 안동교회다.

첫 번째 자랑, 분쟁이 없는 교회

안동교회의 첫 번째 자랑은 바로 교회 설립 이후 지금까지 한 번도 분쟁이 일어난 적이 없다는 것이다. 106년의 오랜 역사 속에서 현재의 김승학 담임목사가 제9대 담임목사라는 사실이 이를 잘 증명해 주고 있다.

김승학 담임목사와 시무장로들은 일치단결하여 교회의 발전에 노력하고 있으며 지역 교계의 모범이 되고 있다. 과거 교단이 분열되는 혼란스러운 가운데서도 안동교회만큼은 분열의 회오리에 휘말리지 않고 106년의 세월을 지내왔다.

이처럼 세상이 어지러울 때 교회의 첫 번째 임무는 그들에게 사랑의 복음을 전해 주는 것인데 교회 자체가 여러 가지 불미스러운 일과 내부 문제로 세상에 지탄을 받는다면 오히려 복음의 전파를 가로막는 불행한 일이 될 뿐이다. 100여 년의 세월이 흐르는 동안에 안동교회가 안정적이고 모범적인 교회로 지역 복음화에 앞장서고 있다는 것은 안동교회뿐만 아니라 우리나라 기독교계의 자랑거리에 속한다.

특히 안동교회 제7대 김광현 목사에 이어 제8대 김기수 목사는 대한예수교장로회(통합) 총회장을 지냈으며 김광현 목사는 37년간, 김기수 목사는 24년간 안동교회에서 사역을 한 후 원로목사가 되었다. 한 교회에서 두 명의 원로 목사를 배출한 것은 드문 일일 뿐만 아니라 김승학 목사는 부임 초기에 몇 년 동안 두 분의 원로목사를 모시기도 했다.

안동교회처럼 안정적인 교회 역사는 목사와 장로, 그리고 교인들이 서로를 이해하고 주 안에서 서로 사랑하지 않고서는 이처럼 아름다운 기록을 갖지 못하는 것이다.

두 번째 자랑, 모범적인 교회 분립과 개척

두 번째 자랑은 모범적인 교회 설립과 개척이다. 안동교회는 안동을 비롯한 경상북도 북부 지역에서도 조금 늦은 1909년에 설립되었지만 안동시내에 세워진 이유로 안동지역의 중심교회가 되었다. 안동교회는 설

경상북도독립운동기념관에 세워진 독립운동가 1000인 비

립 이후 지금까지 20여 개의 교회를 개척하거나 분립하였다. 그 중에서도 송현교회 등 3개 교회는 안동시 변두리 지역에 설립하였다.

1926년에는 교인들이 늘어나자 안기교회(현 서부교회)를 설립하고 안기천 서편 지역에 사는 교인들을 그 교회에 출석하도록 했다. 1932년에는 30평 예배당을 신축했다.

서부교회를 분립하고 난 뒤인 1932년에는 서부교회와 동일한 방법으로 신세교회(현 동부교회)를 분립하였다. 안동교회 교인 중 예안과 대구 방향을 잇는 도로 동편에 거주하던 교인들을 신세동에 설립한 동부교회 출석하도록 한 것이다. 남자교인 20명, 여자 40명, 아동 50명 등 총 110명이 동부교회의 첫 번째 교인들이었다.

지금의 서부교회와 동부교회는 일제 강점기에 안동교회에 통·폐합되었다가 해방 직후인 1946년에 원래대로 분립되어 오늘에 이르고 있다. 이처럼 안동교회는 안동시내에 교회를 분립개척하면서 교인들이 거주하는 지역을 중심으로 구분하여 안동지역의 복음화에 기여하였다.

해방 후인 1951년에는 도원교회를 분립하였고, 일제 강점기에 안동교회에 통합되었던 용상교회를 분립하였다. 1951년에는 안동감리교회 설립을 후원하였고, 1953년에는 안동성결교회 설립을 후원하는 등 교파를 가리지 않고 교회 설립에 협력한 역사를 가지고 있다.

안동교회는 농촌 교회 개척에도 심혈을 기울였다. 1953년 길안지방에 길안교회를 비롯하여 5개 교회를 개척하였고 임하지방에 3개, 와룡

지방에 2개, 북후지방에 2개, 남선지방에 1개 교회를 설립하였다.

안동교회가 100년이 넘도록 분열이나 갈등이 없이 하나님의 은혜 가운데 성장하면서 안동지역의 중심교회 역할을 잘 수행하고 있는 배경에는 이처럼 분가식 교회 분립과 안동 시내를 비롯하여 주변지역과 농촌지역에 수십 개의 교회를 개척함으로써 가능했다. 현재에는 해외선교에 눈을 돌려 필리핀에 교회를 설립하여 복음을 전하고 있다.

세 번째 자랑, 모범적인 청소년 교육

세 번째 자랑은 안동교회의 어린이 교육이다. 2009년에 세워진 어린이 전용도서관은 이 도서관은 안동교회 100주년 기념예배당 1층에 마련된 것으로 2만 5천 권의 도서를 구비하고 있다. 어린이의 손을 잡고 찾

안동교회 도서관

아오는 어른들의 발걸음이 끊이지 않는다. 대도시의 대형교회에도 이러한 사례를 찾는 것은 쉽지 않다. 말로만 다음 세대의 교육을 염려하기 때문이다.

안동교회는 이 도서관을 지역민들과의 접촉점으로 활용하고 있다. 안동에 거주하는 사람이라면 누구든지 출입이 가능하며 책을 빌릴 수 있다.

안동교회의 교육에 대한 역사는 깊다. 1911년에 설립한 계명학교를 시작으로 1924년에 경안중학원을 설립하여 운영한 바 있고, 1948년에 부설유치원을 설립하였으며 1982년에는 기독노인회를 개설하여 유치원에서부터 노인에 이르기까지 명실상부한 평생교육 시스템을 갖춘 교회다.

뿐만 아니라 다양한 장학금 지급을 통해 공부하는 학생들에게 용기를 북돋아주고 있다. 1957년에 신학생들에게 학비보조를 시작하였으며 1972년부터 초·중·고등학생들에게 장학금을 지급하고 있다. 1981년부터는 장학규정을 마련하여 교회학교 학생을 포함한 시내 일반학교 학생들에게도 장학금을 지급하고 있다. 2010년에는 안동시장학회에 3천만 원의 장학금을 기탁하였다. 2013년에는 장학기금이 4억 3천 5백만 원에 달했고 학생들에게 지급한 장학금은 3천 9백만 원이었다. 이로써 안동교회가 명실상부하게 안동지역의 차세대 교육을 선도하는 교회로 자리매김하고 있다.

인간이 태어나서 하늘나라에 갈 때까지 중단 없는 교회교육을 통해 건전하고 신실한 신앙생활을 할 수 있는 시스템을 구축하여 운영하는 것은 안동교회의 세 번째 자랑거리다.

네 번째 자랑, 우리나라 최초의 청년면려회 시작

우리나라 최초의 청년면려회는 안동교회에서 시작되었다(이 책 6장 김영옥 목사 가문편 참조) 이것이 바로 안동교회의 네 번째 자랑거리다.

청년면려회가 1916년 서울의 새문안교회와 승동교회에서 시작되었다가 흐지부지된 것을 안동교회에서 정식으로 조직한 것이다. 서울이나 평양이 아닌 경상북도 안동에서 처음 시작되었다는 것은 그만큼 안동교회의 신앙 기초가 튼튼하다는 것을 입증하는 것이다.

다섯 번째 자랑, 4대째 시무장로를 배출한 이중희 장로 가문

비록 설립연도는 이웃에 있는 다른 교회에 비해 조금 늦었지만 안동 시내에 세워진 안동교회는 설립 후 100여 년 동안 경상북도 북부지역 복음화에 앞장서고 있다. 이 안동교회에는 한 가문에서 4대에 걸쳐 시무장로로 섬기는 장로 가문이 있다. 김천 송천교회 출신의 이중희 장로 가문이 그 주인공이다.

이중희 장로를 포함하여 4대에 걸쳐 안동교회에 시무장로를 배출하였다는 것은 가문의 영광인 동시에 교회의 큰 자랑이다. 한 가문에서 4대에 걸쳐 장로를 배출하는 것도 쉬운 일이 아닌데 하물며 한 교회에서 4대째 시무장로로 섬긴다는 것은 130여 년의 한국기독교 역사 속에서 그리 많지 않은 사례에 속한다. 그것은 먼저 그들의 신앙이 남의 모범이 되고 겸손하며 성실하였음을 증명하는 동시에 교회의 모든 질서와 상황이 갖추어졌기 때문에 가능한 일이다.

"왕대밭에서 왕대가 난다"는 속담은 교회에도 통한다. 좋은 뿌리에서 좋은 싹이 나온다는 것은 언제나 진리로 남아있다. 안동교회의 여러 가지 자랑거리는 서로 독립적이면서 연관성을 가지고 있다. 철저한 신앙교육을 통해 믿음으로 바로 선 교회에는 분열이나 혼란이 있을 수 없었다.

안동교회는 일제시대에는 독립을 위한 안동지역 3·1만세운동을 주도하였다. 우리나라 장로교 최초로 청년면려회를 조직하고 활발한 활동을 펼쳤다. 이런 아름다운 역사를 가진 교회는 대를 이어 믿음의 가문을 배출할 수 있는 토양을 만들었다.

특히 자라나는 청소년들을 위한 도서관 마련과 장학금 지급 등과 같은 과감한 투자는 교회교육의 새로운 패러다임으로 자리 잡고 있다. 교육뿐만 아니라 복음전파를 통한 교회의 건설적인 분립과 개척은 21세기 한국기독교가 지향해야 할 방향을 제시해 주고 있다. 이처럼 건강한 교회에서 건강한 믿음의 명문가문들이 뿌리를 내릴 수 있음을 알 수 있다.

장로 선출과 관련하여 가장 모범적인 사례는 『믿음, 그 위대한 유산을 찾아서·1』에 소개한 김제 금산교회의 장로 선출이다.

그러나 오늘날 많은 교회에서 장로가 되는 기준이 신앙이 아니라 사회적인 지명도나 경제력이 되는 경우가 적지 않다. 입으로는 믿음과 사랑을 외치지만 실제적으로는 교회 안에서 불평등이 존재하고 있다.

이처럼 교회의 일꾼인 장로 선출과 관련하여 크고 작은 잡음이 존재하는 것이 사실이다. 다른 교회에서 신앙생활을 하다가 교회를 옮겨온 사람이 장로가 된다는 것은 쉽지 않은 일이다. 장로가 되기도 쉽지 않지만 장로직을 수행하는 것도 몹시 어려운 시대다.

이런 사례들을 보더라도 안동교회에서 4대째 시무장로가 나왔다는 것이 우리 교회사에 얼마나 귀한 일인지 잘 알 수 있다.

이중희 장로와 후손들의 생애

제1대 이중희 장로와 김천 송천교회

미국북장로회 대구선교부에서는 세 사람의 선교사가 경상북도를 분담해서 복음을 전하였다. 안동과 영주 등 경상북도 북부지방은 방위렴(W. M. Barrett, 1872-1956) 선교사가 맡았고 경산, 영천 등 동부지방은 안의와 선교사가 맡았다. 그리고 김천, 선산 등 서북부 지역은 부해리 선교사가 맡아서 복음을 전했다.

1899년에 입국한 부해리 선교사는 대구선교부에 소속되어 경상북도 서북부지역을 담당하였다. 그는 주로 자전거를 타고 다니며 복음을 전하였다.

부해리 선교사의 주도로 김천지방에서 제일 먼저 설립된 송천교회는 1901년 3월 15일 이중희 장로의 동생인 이사윤의 사랑방에서 첫 예배를 드렸다. 같은 해 선산군 옥성면에 죽원교회도 설립하였다. 이듬해에는 선산군 괴평교회와 군위군 봉황교회를 설립하였고, 1903년에는 추풍령 제일교회(이 책 3장 정철성 영수편 참조)를 설립하는 등 경상북도 복음화에 크게 기여하였다. 그는 일본이 미국 하와이 진주만에 폭격을 시작하고 전쟁에 돌입하면서 선교사들을 추방할 때인 1941년 9월 19일까지 43년간 한국에 머무르면서 50개가 넘는 교회를 개척하여 설립자로 이름을 올렸다.

안동교회에서 4대째 대를 이어 시무장로로 섬기는 이중희 장로의 믿음의 뿌리는 경상북도 김천시 아포면의 송천교회다. 이중희 장로는 1858년 3월에 이병례와 김상송의 맏아들로 경북 김천에서 태어났다. 그는 어릴 때 혼자서 한문을 익혔으며 주변에서 인정받는 한학자가 되었다. 송천학당을 설립하고 지역민들을 계몽하는 일에 앞장서기도 했다.

이중희 장로가 교회에 출석하게 된 배경에는 그의 아들 이재삼이 있었다. 김천 장에 갔던 아들 이재삼은 부해리 선교사가 전해준 전도지를 받아 읽었다. 그는 신사상이 담긴 이 쪽지를 아버지에게 전해 주었다. 유교를 신봉하던 이중희에게 기독교 복음 전도지는 그의 마음을 움직였다. 그는 기독교에 관심을 가지게 되었고 인근에 세워진 송천교회에 가족과 함께 출석하면서 신앙생활을 했다.

동생 이사윤과 함께 송천교회에 출석하던 이중희는 1903년 김천 황금동교회, 추풍령교회, 대원교회 및 덕계교회(현 봉산교회)가 분립될 때 덕계교회로 이거하였고 부설 학교를 설립하기도 하였다. 1911년에는 상주군 화서면으로 이거하였다가 문경지방에서 조사로 교회를 돌보며 복음을 전하였다.

안동교회 부설 계명학교와 이중희 장로

송천교회 출신인 이중희 장로가 안동교회로 가게 된 것은 안동교회 부설 '계명학교' 때문이었다. 안동교회는 설립 2년이 지난 1911년에 대구선교부의 권고를 받아 교회 부설로 '계명학교'를 설립하여 운영하였다. 이것은 안동지역 최초의 기독교 학교였다.

이 학교에서는 남녀공학으로 학생들을 가르쳤다. 그러나 엄격한 유교의 영향권에 속했던 안동교회에서는 여학생들에게 한문을 가르칠 별도의 선생이 필요했다. 마침 인근지역인 문경에서 복음을 전하던 부해리 선교사가 안동교회에서 한문 선생을 구한다는 소식을 듣고 자신의 조사 이중희를 안동교회에 소개시켜 주었다.

이중희 조사는 한문에 조예가 깊으면서도 나이가 50세가 넘어 안동교회가 구하는 선생으로 적당하였다. 뿐만 아니라 이중희 조사는 이미 김천에 있는 봉산교회에서 학교를 설립하고 학생들을 가르친 경험이 있었기에 안동교회로서는 최적의 인물을 소개받은 것이다. 그는 가족을 김천에 남겨두고 즉시 안동으로 이사를 하였다.

당시 안동지역은 양반과 상민의 차별이 심했다. 남자와 여자의 차별도 있었다. 안동지역에 기독교 복음이 널리 전파되기 위해서는 신분의 귀천으로 인한 교회 출석에 대한 제한을 없애야 했다. 이를 위해 그는 계명학교에 입학하는 학생의 신분에 차별을 두지 않았다. 배움의 열의가 있으면 누구든지 입학시켜 공부할 수 있는 기회를 주었다.

그가 가르친 학생 40~50명 중에는 천민계급에 속했던 백정의 자제 3명도 포함되어 있었다. 학생들은 신분의 차별이 없이 성경을 포함해서 역사와 국어 등을 배우며 새로운 시대를 준비했다. 계명학교는 설립초기에는 3학년제로 시작하여 운영하다가 1927년에는 5학년제로 학제를 바꾸어 운영하였다.

그러나 여성들을 교육하는 것은 신분철폐만큼이나 어려운 일이었다. 여자들을 교육 시킨다는 것은 당시로서는 대단한 사건에 속했다. 특히 유교사상에 깊게 젖어있던 안동지역에서는 더욱 그랬다.

선교사들이 남녀공학인 안동교회 부설 '계명학교'를 설립하고 나서 여선교사인 한선 선교사는 여자교인들에게 성경을 가르치기 위해 여자학교를 설립하였다. 이 학교에서는 여자들에게 성경을 집중적으로 가르쳤다. 여자들에게 신학문에 이어 성경을 가르친 결과 이 학교 졸업생들은 후일 안동지역의 양반 가문 여인들에게 복음을 전하는 첨병역할을 톡톡히 해냈다.

비록 이름 없는 학교였지만 이 학교를 졸업한 이들은 안동교회 여선교회의 중심인물로 교회를 섬겼고 교인들을 돌보았다. 학생으로는 김기한 장로 조모, 김순교, 김향난, 장경영, 장복순, 김순애, 이봉기 등이었다.

이중희 장로 가족이 안동으로 이사를 온 것은 그가 안동교회 부설 계명학교에서 학생들을 2년 동안 가르친 후였다. 이중희 장로의 부인을 포함하여 일곱 명의 가족들이 정들었던 고향을 떠나 안동으로 향하던 날은 북풍이 몰아치는 12월이었다. 게다가 집을 나서기가 무섭게 함박눈이 내려 그들의 발걸음을 무겁게 했다. 소달구지나 말을 타고 갈 돈이 없어서 남자들은 무거운 짐을 지고 여인들은 머리에 보따리를 이고 등에는 어린 아이를 업고 눈길을 걸어야 했다. 날씨가 좋아도 힘든 산길을 눈을 헤치고 걸어야 했기에 하루에 겨우 40~50리(20km정도)를 걸을 수 있었다.

다행스럽게도 그들이 안동까지 가는 길에 쉬어 갈 수 있는 곳은 교회들이었다. 길을 가는 중간에 교회가 없었다면 모진 겨울바람에 생명을 유지하기도 어려웠을 것이다.

첫째 날은 김천에서 조금 떨어진 상주교회(1900년 설립)에서 저녁을 지내며 휴식을 취했다. 둘째 날은 예천 상락교회(1906년 설립)에서 묵었고, 셋째 날은 안동 인근의 풍산교회(1902년)에서 묵었다. 안동교회를 향해 가던 그들이 들러 휴식을 취했던 교회의 교인들은 먹을 것을 가져다주었다.

이렇게 해서 이중희 장로의 가족 7명은 김천을 출발한 지 나흘 만에 안동교회에 도착했다. 어둠이 짙게 깔린 안동교회에 도착한 이들은 교인들의 따뜻한 환영을 받았다.

제1대 이중희 장로, 3·1만세운동으로 고문을 당하다

안동교회 부설 계명학교 교사로 일하던 이중희 장로는 1915년 5월 7일 안동교회의 장로로 장립을 받았다. 암울했던 일제치하에서 3·1만세운동이 서울에서 일어나자 그는 61세의 나이에 안동지역에서 만세운동을 위한 비밀모의에 참여하였다가 예비검속을 당해 안동경찰서에서 10일간 구류를 당한 후 석방되었다.

이때 이중희 장로는 만세운동을 함께 모의했던 안동교회 김영옥 목사에 대해 끝내 함구함으로써 담임목사를 보호하였으나 자신은 심한 고문을 당하였다. 그가 가르치던 계명학교 학생들도 3·1만세운동에 적극적으로 참가하였다가 많은 고초를 당하기도 했다. 그의 동생 이사윤 장로의 둘째 아들 이봉세는 송천교회에 출석하면서 김천지방 3·1만세운동에 참가하였다가 만주로 피신을 갔다.

이중희 장로는 구속 중 당한 고문과 감옥에서 얻은 질병으로 1919년 4월 18일에 세상을 떠났다. 소천할 당시 이중희 장로는 환갑을 앞두고 있어서 가족들은 그의 별세를 더욱 가슴 아파했다.

제2대 이재삼 장로, 가문에 복음의 씨앗을 뿌리다

이중희 장로 가문에 복음의 씨앗을 뿌린 당사자는 맏아들 이재삼 장로였다. 그는 어릴 때부터 호기심이 많고 새로운 학문에 대한 열정이 남달랐다. 1900년대 초반 20대 청년이었던 그는 김천 장에 갔다가 파란 눈의 선교사가 전해준 전도지를 읽어보고 그 내용이 신기해서 아버지에게 건네준 인물이다. 이를 계기로 아버지를 비롯한 온 가족들이 복음을 받아들여 기독교인이 되었다. 겨자씨만한 믿음이 크게 자라 많은 열매를 맺은 것이다.

아버지를 따라 안동교회로 와서 신앙생활을 한 그는 농기구수리기술자로 살았다. 직업에는 귀천이 없으며 남자와 여자는 평등하다는 아버지의 말씀은 자녀들의 직업선택에도 크게 영향을 미쳤다. 이재삼 장로를 포함한 이중희 장로의 여섯 자녀들은 안동교회 교인으로서 성실한 신앙생활을 하였고, 자신의 능력에 맞는 직업을 선택하여 부지런하게 살았다.

아버지 이중희 장로의 뒤를 이어 1948년 3월 15일 안동교회 장로로 장립을 받은 이재삼 장로는 해방 후 교회 부흥전도부원으로 열심히 활약하였다. 그는 법상동 예배당(안동교회 석조 예배당)을 건축할 때는 회계를 맡아 충성을 다하였다.

해방 후에는 일제탄압으로 허물어진 지역 교회들을 세우는 데 앞장서기도 했다. 교회에서는 주일학교 부장을 맡아 교회 교육을 위하여 최선을 다하여 섬기다가 1953년 12월 불의의 교통사고로 소천하였다.

그의 부인 권순애 권사는 안동교회 부설 성경학교출신으로 사랑 많고 겸손한 기도의 여인이었다.

제3대 이인홍 장로, 할아버지와 함께 3·1만세운동에 앞장서다

이재삼 장로의 맏아들인 이인홍 장로는 매사에 적극적이었다. 그는 3·1독립만세운동 당시 협동학교에 다니던 19세의 학생이었다. 안동지역에 3·1독립만세운동이 비밀리에 추진되자 자신은 동료학생 수십 명을 안동 시내 모 여관에 모이게 하였다. 그러나 그것이 사전에 경찰에 발각되어 강제 해산을 당하고 6개월간 옥살이를 하였다.

1923년 대구에 잠시 들렀던 이인홍 장로는 달성공원에서 4명의 친구들과 모여 동경대지진 이야기를 나누었다. 대화 중 대지진에 일본 천황이 죽었어야 하는데 그렇지 못해서 분하다고 하는 말을 옆에서 듣고 있던 사람이 일본 경찰에 제보하는 바람에 경찰서에 붙잡혀 가서 20일간 구류를 살기도 했다. 그들은 자신들이 신처럼 받드는 천황의 생사에 대해 함부로 불경스러운 말을 하여 왕을 모독하였다는 불경죄를 덮어씌워 고문을 자행하였다.

동경대지진은 1923년 9월 1일 오전 11시 58분 일본의 관동지방(關東地方)에서 발생한 규모 7.9의 대지진으로 '관동대지진' 이라 불린다. 이 지진으로 사망자 9만 9천 여 명, 행방불명 4만 3천 여 명, 가옥 전파 12만 8천 여동 등 어마어마한 규모의 피해를 입게 되었다. 피해액은 그 당시 화폐로 65억 엔에 이르렀다. 게다가 이 지진이 경제적으로 어려움을 겪고 있던 시기에 일본의 중심지인 도쿄와 요코하마 일대에서 일어났기 때문에 일본 국민들이 느끼는 피해는 매우 컸다.

지진 다음날 일본 정부는 민심을 수습하기 위해 계엄령을 선포하기에 앞서 일본에 거주하는 재일한국인을 희생양으로 삼았다. 이때 일본 정부는 지진을 틈타서 일본에 거주하는 한국인들이 폭동을 일으켜서 방화와 강간, 살인을 하였다고 소문을 퍼뜨렸다. 지진의 공포에 불안해하던 일본인들은 각 지방별로 자경단을 조직하고 일본에 거주하던 한국인을 무차별적으로 살해하였다. 이로 인해 6천여 명에 달하는 한국인들이 일본인의 손에 죽음을 당했다.

직업에 귀천이 없음을 실천한 이인홍 장로

이인홍 장로는 할아버지와 아버지로부터 직업에는 귀천이 없다는 가르침을 받으며 자랐다. 그가 선택한 직업은 구두를 만드는 제화기술이

이인홍 장로와 표창장

었다. 그러나 작은 도시에서 제화기술자로는 먹고 살기가 어려워서 직장을 찾아 일본 동경으로 갔다.

동경의 한 사진강습소에서 사진기술을 배워 귀국한 그는 안동역 앞에서 금강사진관을 개업했다. 안동에서 한국인이 운영하는 첫 번째 사진관이었다. 그러나 처음에는 사진관 운영도 어렵기는 제화점에 못지않았다. 아직 사진에 대한 인식이 부족한 탓도 있었다. 당시 사람들은 사진을 찍으면 혼이 빠져나간다거나 세 사람이 사진을 함께 찍으면 가운데 사람이 먼저 죽는다는 등 여러 가지 오해를 하는 사람이 많았다.

이인홍 장로의 사진 기술은 지역에서 인정을 받았다. 일제시대 말엽에는 자기 사진관에서 일을 배우던 사람을 만주로 데려가서 사진관을 차려 주기도 하였다. 해방 후에는 그의 사진기술이 인정을 받아 주변 지역까지 오토바이를 타고 다니며 사진을 찍어주기도 했다. 그러나 아쉽게도 6·25 전쟁 중에 사진관이 전소되는 바람에 보관 중이던 필름이 모두 불에 타 버렸다. 그로 인해 이인홍 장로 집안의 귀중한 가족사진들이 모두 사라졌다.

6·25 전쟁이 끝나고 나서는 사진관을 넷째 동생에게 넘겨주고 자신은 성광칼라라는 현상소를 운영하여 재산을 모았다. 그는 수입이 생기면 시내 금곡동 서당골 일대의 땅을 매입하여 과수원을 조성하였다. 과수원에서 과일을 따서 집으로 오다가 동네 아이들을 만나면 과일을 모두 나눠주고 빈 광주리로 돌아오는 경우도 많았다.

이인홍 장로의 신앙은 할아버지와 아버지의 뒤를 이어 안동교회에서 인정을 받았다. 이인홍 장로가 시무장로로 장립을 받은 것은 1964년 12월 13일이었다. 한 집안에서 3대를 이어서 한 교회의 시무장로가 된 그는 모든 일에 적극적인 동시에 겸손하게 임했다. 그는 자신이 구입한 금곡동 일대의 땅에 가난한 사람들이 집을 짓고 거주하도록 했다. 나중에는 20여 가구의 주민들에게 헐값에 그 땅을 불하해주었다.

교단 총회에서 장로의 정년을 70세로 하기로 결의되자 일부 장로들은 그 결정에 불만을 품고 다른 교단으로 옮겼다는 소문도 들려왔다. 그러나 이인홍 장로는 오히려 장로 퇴임 이후 더 자유롭게 할 일을 찾아 나섰다.

먼저 생각한 것이 바로 장학금을 모금해서 자라나는 학생들에게 장학금을 지급하는 일이었다. 자신이 먼저 나섰다. 그는 17년 간 푼푼이 모은 돈 100,200원(현재의 화폐 가치로 1,000만 원 정도)을 교회에 장학기금으로 헌금했다. 이인홍 장로의 뜻에 동참하는 교인들이 하나 둘씩 늘어나면서 안동교회 장학금은 눈덩이처럼 불어났다.

1981년에 장학위원회를 설립하였다. 1998년 말 축적된 장학기금은 2억 2천만 원이 되었다. 2010년에는 장학금으로 3천 8백만 원 정도를 지급함으로써 안동교회가 자라나는 청소년 교육에 앞장서고 있음을 대내외에 증명하고 있다.

그는 안동교회의 중앙신용협동조합 초대이사와 교육관 건축위원 등

『안동판 독립사』

을 역임하였다. 1980년 4월에는 안동군 독립지사 기념비 건립을 위한 기금 모집과 『안동판 독립사』 출판에 앞장서서 일했다. 이 책이 발간된 이후 많은 분들이 독립유공자로 지정을 받았다.

이인홍 장로의 아내 장경영 권사는 안동교회가 설립한 계명학교 출신이다. 처녀시절에 시할아버지인 이중희 장로로부터 한문을 배웠다. 장경영 권사는 안동교회의 청년면려회 창립회원으로도 활동하였다. 계명학교 졸업 후에는 모교의 선생으로 학생들을 가르쳤다. 그는 14세에 안동교회 주일학교 반사가 되어 79세가 될 때까지 64년간 반사 선생으로 봉사한 기록을 가지고 있다.

이인홍 장로는 할아버지 이중희 장로와 아버지 이재삼 장로에 이어

가문에서 3대째 장로로 할아버지와 아버지가 섬기던 안동교회 시무장로로 섬기면서도 마음 한 구석에는 언제나 한 가지 아쉬움이 있었다. 그것은 바로 집안에서 목사를 배출하지 못한 것이었다.

이인홍 장로는 넷째 동생에게 학자금을 지원하여 목회자로 만들었다. 그가 바로 삼천포제일교회의 이무일 담임 목사다. 이무일 목사의 아들도 목사가 되어 목회자의 대를 이어가고 있다.

제4대 이정일 장로, 고향에 남아 신앙의 유산을 지키다

이정일 장로는 이인홍 장로의 3남 4녀 중 둘째 아들이다. 7남매 중 유일하게 고향에 남아 안동교회에서 신앙생활을 하고 있다. 다른 형제들은 직장을 따라 타지로 갔고 자신은 안동에서 직장생활을 한 것이 이유다.

1983년 5월에 안동교회 장로로 장립을 받은 그는 제직회 서기, 성가대 대장 등을 역임하고, 안동 중앙신용협동조합 이사장, 교회제직회 재정부장, 4부 남선교회 회장, 경안노회 평준화위원장 등을 역임하는 조상들의 뒤를 이어 교회를 위해 열심히 봉사하였다.

4대째 같은 교회에서 장로로 섬긴다는 것은 쉬운 일이 아니다. 얼핏 보기에는 대단한 권세를 가진 것처럼 보이는 장로는 실제로는 교회를 섬기는 일꾼일 뿐이다. 교회의 좋은 일이나 힘든 일을 가리지 않고 담당해야 하며 목회자를 도와 교회 발전에 힘써야 하는 자리가 바로 장로의 할 일이다.

이정일 장로는 집안의 둘째 아들이지만 고향에서 부모님을 모시고 살아가면서 증조부와 조부 그리고 아버지로 이어지는 신앙의 유산을 이어받아 안동교회 장로로 섬기고 있다. 그는 4대째 장로임을 자랑하기 전에 혹시나 자신의 행동이 선조들의 명예에 누를 끼치지는 않을까 하는 마음으로 늘 행동이나 말에 조심을 하게 된다고 한다.

이정일 장로는 김선애 권사와 결혼하여 슬하에 4녀 1남을 두고 있다. 김선애 권사는 풍기 성내교회를 설립한 집안의 후손이다. 할아버지와 아버지가 성내교회에서 장로로 섬겼고, 안동교회 김학준 장로는 큰 아버지다.

이 장로의 가족들은 해마다 가족 전체가 모여 가족 등반을 한다. 이렇게 함으로써 가족의 유대감을 높이고 자연스럽게 세대 간의 장벽을 허물게 된다. 어린 손자 손녀는 할아버지와 할머니의 손을 잡고 산을 오르면서 조상들의 믿음의 얘기를 듣게 되고, 아이들의 학교생활을 비롯한 각종 이야기를 나누면서 믿음의 세대계승을 이루어가고 있다.

이중희 장로의 동생 이사윤 장로

이사윤 장로는 이중희 장로의 동생으로 1862년 경북 김천시 송천면에서 태어났다. 원래 이름은 이만희(李萬熙)이고 자가 사윤(士允)이다. 송천교회가 이사윤의 사랑방에서 1901년에 첫 예배를 드렸다는 사실은 그가 일찍 예수를 믿었다는 것을 증명하고 있다. 그의 형 이중희 장로가 안동교회에서 믿음의 가문을 이루고 있다면 이사윤 장로는 칠곡교회에서 믿음의 세대계승을 하고 있다.

이사윤 장로

그는 송천교회에서 1902년에 부설로 양성학교를 설립하자 이듬해인 1903년부터 교사로 학생들을 가르쳤다. 1909년부터는 교감으로, 1916년부터는 교장으로 학교 발전에 기여했다. 양성학교는 선교사들이 대구에 설립한 대남학교에 이어 두 번째로 설립한 것으로 김천과 인근지역 청소년들에게 성경과 신학문을 가르치는 귀한 역할을 담당하였다. 양성학교는 설립 첫해에는 30명의 학생이 입학하였고 많을 때는 70명에 이르기도 했다. 이사윤 장로의 아들 이봉도 장로는 1914년 제4회 졸업생이 되었다. 양성학교와 같은 해에 설립된 학교로는 부해리 선교사의 부인 부마태 여사가 대구제일교회에 설립한 신명여자소학교(현 종로초등학교)가 있다. 그 후 부마태 여사는 1907년 현재의 신명여자중학교를 설립하고 여성교육에 헌신하였다.

이사윤은 양성학교 교장을 역임하면서 송천교회 영수로 임명받아 교회를 섬겼다. 뿐만 아니라 인근의 교회에서 조사로 수년간 섬긴 기록이 있다. 『경북노회사』에 따르면 이사윤 장로는 송천교회 영수(1905, 1906,

1915, 1916)로 임명을 받아 섬겼다. 1908년부터 1913년까지 5년 동안 송천교회를 떠나 다른 지역에서 선교사를 도와 복음을 전하는 조사로 활동하였다. 영천군의 보현교회, 자천교회를 비롯하여 의성군의 청로교회, 군위군의 장군교회, 봉황교회 등 17개 교회를 돌보았다. 송천교회에서 부해리 선교사를 도와 교회를 섬긴 것이 좋은 밑거름이 되었던 것이다.

1917년 송천교회 제2대 장로로 장립을 받은 이사윤 장로는 송천교회 당회원으로서 헌신하였다. 그의 셋째아들 이봉도는 1919년에 집사로 임명을 받아 아버지와 함께 열심히 교회를 돌보았다. 이사윤 장로는 이봉도 집사 가족과 함께 1925년에 송천교회를 떠나기까지 양성학교 교장을 역임하며 학교 발전에 기여하였다. 이사윤 장로가 칠곡교회로 이명(移名)할 때 등장하는 가족으로는 이사윤 장로 본인과 성금분, 이순임, 이봉도, 송월혜로 5명이다.

이사윤 장로가 칠곡으로 이사를 온 이유는 정확히 알려지지 않았지만 둘째 아들 이봉세의 영향이 큰 것으로 보인다. 이봉세 집사는 1890년 6월 13일에 출생하여 부모를 따라 신앙생활을 하였다. 한학자로서 마을에서 아이들에게 한문을 가르치는 훈장으로 살다가 29세의 나이로 김천지역 3·1만세운동에 참가하였다. 이 일이 탄로나자 그는 일제의 압력을 피해 만주로 도피하였다. 이봉세 집사는 그곳에서 우국지사들과 함께 독립운동을 펼쳤다. 이것이 이봉세 집사가 이사윤 장로와 함께 칠곡교회로 가지 못한 이유다. 그는 나중에 귀국하여 가족과 함께 칠곡교회에서 신앙생활을 했다.

1925년 칠곡교회에서 장로로 취임을 한 이사윤 장로는 열심으로 교회를 섬겼다. 『칠곡교회 100년사』에는 그의 가족들도 교회학교에서 책임자로, 교사로 성실하게 학생들을 가르친 기록이 있다. 셋째 아들 이봉도 장로(1938년 장립)는 5년간 장년부 교장으로 봉사했다. 고근례 권사(둘째 아들 이봉세 집사의 부인)는 16년간 장년부 교사로 섬겼다. 이봉세 집사의 넷째 아들 이창식은 초등부 교무를 그리고 고근례 권사의 동생 고말순은 유년부에서 교사로 헌신했다. 이사윤 장로는 1943년 이봉도 장로를 따라 대구 서문교회에 출석하다가 1958년에 별세하였다.

믿음의 대를 이어가는 이사윤 장로의 후손들

이봉세 집사는 군위군 소보면의 봉황교회 출신인 고근례 권사와 결혼하여 슬하에 5남 3녀를 두었다. 어린 시절 한글과 한문을 깨우친 박식한 여인이었던 고근례 권사는 1958년 칠곡교회 제1호 권사가 되어 교회를 섬겼다. 은퇴 후 외손자 구상열 목사(첫째 딸 이효순 권사의 아들)가 부강침례교회(현 섬김의 교회)를 개척할 때 부지 매입과 예배당 건축에 힘을 보탰다. 셋째아들 이용식 집사가 침례교회의 안수집사가 된 배경이다.

이봉세 집사의 후손들은 모두 선조들의 신앙을 이어받아 성실하게 신앙생활을 하고 있다. 맏아들 이효진 집사는 성경학교(현 성서신학원)에서 신학을 공부하였다. 조야교회 집사로, 조야기도원 원장으로 하나님의 말씀 증거에 힘썼다. 넷째 아들 이창식 목사는 칠곡중앙교회에서 장로 임직을 받아 신앙생활을 하다가 목회자가 되었다. 총회신학교(현 백석신학교)를 졸업한 그는 새옥산교회를 개척하여 복음을 전하고 있다. 현재는 대구 백석신학교 학장 겸 대구 기독교총연합회 공동회장을 담당하고 있다. 다섯째 아들 이강식 장로는 칠곡중앙교회 장로로, 북대구신용협동조합 이사장으로 모범적인 신앙인으로 살아가고 있다. 칠곡교회로 다시 돌아온 셋째 아들 이용식 안수집사는 심삼분 권사와의 슬하에 3남1녀를 두었다. 현재 칠곡교회 시무장로로 교회를 섬기고 있는 이덕일 장로가 맏아들이다. 이덕일 장로는 부인 이정희 권사와 2009년 10월에 장로와 권사로 임직을 받아 교회를 섬기고 있다.

송천교회 설립에 참여하였던 초대교인 이중희 장로와 이사윤 장로는 믿음의 조상이 되었다. 그들의 후손들은 6대에 걸쳐 신앙생활을 하고 있다. 110년이 넘는 세월이다. 이중희 장로 후손들은 안동교회에서, 이사윤 장로 후손들은 칠곡교회에서 하나님의 신실한 자녀로 살아가기 위해 기도하며 살아가는 모습이 아름답다.

하와이 이민선을 탄 막내 동생 이인희

이중희 장로의 6형제 중 5형제가 신앙생활을 하였다. 이중희 장로의 막내 동생 이인희는 1868년에 태어났다. 고향에서 결혼하여 1남 3녀와 함께 살다가 30대 중반에 아내(유남열)와 4자녀를 조국에 남겨두고 돈을 벌기 위해 하와이 사탕수수밭에서 일하는 노무자로 하와이 이민선에 올랐다.

지금까지 알려진 바로는 하와이 이민은 주로 감리교 교인들이 많았다. 그것은 인천의 내리교회 담임목사였던 조원시(George Herber Jones) 선교사가 교인들의 어려움을 목격하고 하와이 사탕수수밭에서 일할 노무자를 소개하면서 이루어졌기 때문이다.

1902년 12월 22일에 인천항을 출발한 이민선은 일본 시모노세키를 거쳐 1903년 1월 12일 하와이 호놀룰루에 도착하였다. 첫 번째 하와이 이민자는 86명이었다. 그 중 58명이 기독교인이었다. 1903년과 1905년 사이에 하와이로 이주한 사람은 모두 7천 명에 이르렀다. 그들 대부분은 농촌보다는 도시 출신이었다.

하와이 호놀룰루에 도착한 이들은 1903년 8월에 신민회를 조직하였고, 이민선에 동승하였던 홍승하 전도사의 집례로 그해 11월 10일 하와이에서 첫 예배를 드렸다. 그 후 하와이에는 한국으로부터 독립운동을 하던 사람들이 많이 정착하게 되었고 상해임시정부와 더불어 해외에서 한국의 독립을 위해 크고 작은 일을 진행하였다.

이중희 장로의 막내 동생 이인희가 언제 어떤 연유로 돈을 벌기 위해 하와이로 갔는지는 확실치 않다. 그러나 『괴평교회 110년사』에 기록된 내용을 보면 이인희가 하와이로 간 시기와 동기를 유추해 볼 수 있다.

이중희 장로 가족은 1901년에 설립한 송천교회에 출석하였다. 이때 송천교회 설립을 주도한 사람은 경상북도 서북부 지역에서 복음을 전하던 부해리 선교사였고 그의 조사는 김중근이었다. 김중근 조사는 김천시 아포읍 송천동 출신으로 한때 동학혁명에 가담했다가 하와이로 피신하여 그곳에서 기독교 복음을 영접한 후 귀국한 인물로서 고향으로 돌아와 부해리 선교사를 만나게 되었다.

하와이에서 생활하였던 김중근 조사는 영어로 대화가 가능하여 한국말이 서툰 부해리 선교사가 복음을 전하는 데 많은 도움을 주었다. 그는 자신의 고향에 부해리 선교사가 1901년 송천교회를 설립하는 데 협력하였다. 1902년에는 부해리 선교사를 도와 송천교회 부설 양성학교 설립에도 앞장섰으며 직접 학생들을 가르치기도 했다. 그는 김천 일대에서 부해리 선교사를 도와 1901년부터 1913년까지 4개 군에서 35개 교회를 설립하는 데 기여했던 인물이다.

따라서 이중희 장로 가족들이 송천교회에 출석하면서 자연스럽게 부해리 선교사의 조력자였던 김중근 조사와의 교류가 이루어지게 되었다. 그로부터 하와이에 대한 이야기를 들은 30대의 막내 동생 이인희가 돈을 벌기 위해 하와이 이민선을 탔을 것으로 추측할 수 있다.

당시 극심했던 흉년을 벗어나기 위해 고국을 떠나 낯설고 물선 하와이로 갔지만 고된 농장생활을 견디지 못하고 이인희는 젊은 나이에 이국땅에서 세상을 떠났다. 일제의 압박과 경제적인 고난을 피해 떠났던 하와이 이민은 이렇게 실패로 돌아갔고, 한국에 남아있던 아내와 자녀들은 가장의 뜻하지 않은 가장의 죽음 앞에 심한 충격을 받았다. 가족의 손에는 350원이라는 적지 않은 보상금이 쥐어졌다. 1900년대 초반의 350원이면 오늘날의 화폐가치로 따지면 상당히 컸던 것 같다. 당시 인력거를 모는 사람이 하루 버는 돈 50전으로 계산해 보면 거의 2년간의 수입에 해당하는 금액이었다. 월급이 100원이었던 의사 수입으로 계산해 보면 약 4개월간의 수입에 해당하는 큰 액수였다.

이중희 장로의 후손들이 전하는 바에 따르면 가족들은 이인희의 사망으로 받은 보상금 중 절반은 교회에 헌금을 하고 나머지 절반은 남은 가족의 생계비로 사용했다. 이로 미루어 보면 하와이로 돈을 벌러갔던 이인희와 송천에 남아있던 부인과 자녀들도 예수를 믿었을 것으로 판단할 수 있다.

'아이들은 어른의 거울'이라는 마음으로 조상의 신앙을 이어가다

이중희 장로 가문이 4대째 장로를 배출한 사실은 실로 자랑스러운 일임에도 불구하고 가문의 자랑스러운 믿음의 이야기를 들려달라고 하자 후손들은 한사코 손사래를 젓는다. "우리 집안에 특별히 자랑할 만한 신앙유산을 가지고 있지 않습니다."라고 겸손해 한다.

그러나 가만히 들여다보면 믿음의 명문가에는 그들만의 독특한 신앙훈련방법이 있다. 안동교회 4대째 시부 장로인 이정일 장로는 "우리 집에서는 손주들이 돌아가며 식사기도를 합니다."라고 했다. 어릴 때부터 기도의 훈련을 한다는 말이다.

사실 이 가문에서는 아이들에게 믿음을 강요하기에 앞서 어른들이 먼저 모범을 보이고 있다. 어른들은 교회나 가정에서 아이들 앞에서 말과 행동에 각별히 조심을 한다. "아이들은 어른의 거울이다"라는 말을 언제나 명심하며 신앙생활을 하고 있다는 것이다.

이중희 장로의 후손들은 해마다 추석 직전의 토요일에 가족 모임을 갖는다. 이정일 장로의 제안으로 이루어진 이 모임은 증조부 이중희 장로 후손들이 모두 한 자리에 모여 묘소를 돌아보며 조상들의 믿음 이야기를 나누는 기회로 삼고 있다. 증조부 이래로 가문의 어른들을 한 자리에 납골묘에 모심으로써 일 년에 한 차례씩 가족 모임을 만든 것이다.

이 모임에는 평균 25~30명 정도가 참석한다. 실제적으로 이 모임의

이중희 장로 가문의 정기 가족예배

주된 목적은 조상들의 신앙을 후손들이 잘 이어가도록 신앙교육을 하는 기회로 삼고자 함이다. 가문의 신앙 유산을 지키며 후손들끼리 믿음의 유대감을 높여감으로써 앞으로 다가올 세대들의 믿음의 전통을 이어가는 모습은 아름답다.

4대에 걸쳐 장로를 배출하기도 쉽지 않은데 같은 교회에서 4대에 이르도록 시무장로로 교회를 섬긴다는 것은 개인적인 차원을 넘어 안동교회와 우리나라 기독교계의 자랑거리다. 이것은 이들이 성실하게 교회를 섬기고 낮은 자세로 교인들과 더불어 신앙생활을 한 결과이다. 동시에 이들을 인정하며 함께 신앙생활을 한 교인들의 성숙한 신앙자세가 합쳐진 것이다. 대한예수교장로회(통합) 총회에서는 1984년 한국교회 100주년 기념대회에서 이 가정에 기념패를 증정했다.

이제 이 가문에서는 5대째 시무장로의 출현을 위해 기도하고 있다. 한국 기독교 역사의 큰 획을 그을 역사적인 장로의 탄생을 기다려 본다.

9 세상이 보기엔 불행이나 하나님 보시기엔 영광이라

— 3명의 순교자와 3명의 산 순교자를 낸 이동하 면장과 이상해 전도사

이상해 전도사와 그 가문 이야기

한 가문에서 3명의 순교자와 살아있는 3명의 '산 순교자'를 낸 집안이 있다. 이동하 면장 가족의 이야기다. 그는 3·1운동 당시 경상북도 김천군 어모면 면장이었다. 만세운동이 일어나자 그는 공직자임에도 불구하고 독립운동가들을 은밀하게 지원하였다. 이것이 탄로나서 일본 경찰이 체포에 나서자 그는 가족들을 데리고 피신을 했다. 아내와 4남 2녀를 대동하고 정착한 곳은 오늘날 전라북도 익산시 송학리 부근이었다.

이곳에서 하나님은 그의 가족들에게 구원의 손길을 내미셨다. 익산에서 이동하의 셋째 아들 이상해를 시작으로 온 집안이 기독교를 받아들인 것이다. 이 가문에서 제일 먼저 기독교를 영접한 이상해 전도사는 6·25 전쟁 중에 교회를 지키다가 인민군의 총을 맞고 순교자가 되었다. 이상해 전도사의 아들 이은희도 함께 순교자가 되었다.

이상해 전도사 부자와 함께 무형교회의 송광식 집사와 황등교회 이재규 목사, 변영수 장로 등이 믿음의 절개를 지키다가, 예수 믿고 교회를 다닌다는 이유로 순교를 당했다.

무형교회 주일학교 부장으로, 또한 이상해 전도사의 아들 이은희와 함께 대한청년단원으로 농촌계몽활동에 열심이었던 송광식 안수집사는 인민군의 불심검문에 걸려 총살을 당했다. "하늘 가는 밝은 길이 내 앞에 있으니 슬픈 일을 많이 보고 늘 고생하여 하늘 영광 밝음이 어둔 그늘 헤치니 예수 공로 의지하여 항상 빛을 보도다"라며 힘차게 찬송을 부르며 순교의 피를 흘렸다.

이상해 전도사

이상해 전도사의 동생 이상태 집사는 신사참배를 거부하였다. 군산에서 노회가 열리자 그는 총회의 신사참배 결정이 잘못되었다고 항의하였다. 나중에는 서울에 가서 신사참배를 거부해야 한다고 목소리를 높였다. 일본 경찰에 체포된 그는 옥살이 중 모진 고문을 당했다. 중병에 걸려 석방된 그는 후유증으로 출옥 후 바로 세상을 떠나 가문의 첫 순교자가 되었다. 이동하 면장의 두 아들과 손자 등 세 명의 순교자가 배출되었다.

면장으로서 3·1만세운동을 지원했던 이동하의 피를 물려받은 그의 자녀들은 일제의 핍박 속에서도 성실한 기독교인으로 살았다. 이 가문에서는 3명의 순교자 외에도 훗날 '산 순교자'로 불리게 되는 3명의 여자 전도사가 배출되었다. 100여 년의 세월이 흐르는 동안 순교자의 후손들은 선조들의 신앙을 본받아 지금도 믿음의 대를 이어가고 있다.

세상이 보기엔 불행이나
하나님 보시기엔 영광이라
─ 3명의 순교자와 3명의 산 순교자를 낸
이동하 면장과 이상해 전도사

이상해 전도사와 순교자들의 가문을 찾아서

순교자 이상해 전도사 가문의 이야기를 접하게 된 것은 전라북도 익산시 망성면에 설립된 무형교회를 방문하여 예배당 앞에 세워진 순교비를 발견하면서부터이다.

예배당 출입구 왼쪽에 세워진 순교비는 전면에서 보면 무명의 순교비로 보인다. 그러나 관심을 가지고 비석의 뒤를 보면 거기에는 순교자의 이름과 업적이 간략하게 기록되어 있다.

무형교회를 드나드는 사람들은 6·25 전쟁 당시 교회를 지키다 순교를 당한 이상해 전도사와 그의 아들 이은희 학생, 그리고 송광식 안수집사의 이름을 영원히 기억하게 될 것이다.

무형교회 김점수 담임목사는 자신이 자료를 찾아 정리한 책 『순교자 순교 60주년 기념사업회』 한 권을 건네면서 필자를 격려해주었다. 2011년 9월이었다.

그 소책자에는 무형교회의 연혁을 비롯하여 이 교회를 섬기던 이상해 전도사와 그의 아들, 그리고 송광식 안수집사의 순교사가 비교적 자세하게 기록되어 있다. 언제나 그렇듯이 순교자의 이야기는 가슴을 아프게 한다. 자신도 모르게 머리를 숙이게 만들기도 한다.

몇 달이 지난 후 이번에는 이상해 전도사가 순교를 당하기 직전에 사

무형교회 순교기념비

3명의 순교자와 3명의 산 순교자를 낸 이동하 면장, 이상해 전도사 295

역을 했던 논산시 성동면의 우곤감리교회를 찾아갔다. 별다른 자료를 얻지 못했다.

다음으로 찾아간 곳은 이상해 전도사가 처음으로 신앙생활을 한 익산의 고현교회였다. 고현교회는 현재 익산 시내에서는 제일 먼저 설립된 교회로서 이 책에 기록된 오덕근 장로 가문도 초대교인으로 신앙생활을 시작한 교회이다. 이 교회 역사자료에서는 지역의 중심교회답게 풍부한 자료가 기록되어 있었다.

이상해 전도사에 대한 기본적인 자료를 확보한 후 그의 후손을 찾아 나섰으나 후손들이 신앙생활을 잘 하고 있다는 사실만 확인할 수 있었다. 손녀 중 한 분이 대전에서 권사 부부로 교회에 출석하고 있었다.

이눌서(W. D. Reynolds)와 유대모(Dr. A. D. Drew) 선교사가 군산에 처음으로 발을 디딘 것은 1894년 봄이었다. 일제에 의해 군산항이 개항되기 5년 전이었다. 이후 전위렴(W. M. Junkin)과 유대모 선교사가 군산에 정식으로 정착한 것은 2년 뒤인 1896년이었다. 그 당시 군산은 80여 호의 주민이 살던 작은 어촌에 불과하였다.

미국남장로회 소속으로 군산에서 활동하던 전위렴과 유대모 선교사는 1899년 12월에 전위렴 선교사의 집에서 첫 예배를 드렸고, 1900년에 궁말교회(현 구암교회)로 정식 설립하였다. 이후 선교사들은 기독교학교인 영명학교를 설립하였고, 병원을 세워 환자들을 치료해 주었다. 영명학교는 1919년 서울에서 3·1만세운동이 교사와 학생들이 함께 일어나 전라북도 지역의 만세운동에 불을 지폈다.

    2012년 군산 구암교회에서 거행되는 3·1절 기념식에 참석하였다. 구암교회를 방문하여 이성수 원로장로가 순교자 이상태 집사의 아들이요 이상해 전도사의 조카라는 사실을 알게 되었다. 그러나 아쉽게도 순교자 이상해 전도사의 외동아들인 이성수 장로는 거동이 불편하여 집에서 투병 중이며 외출을 삼가고 있다고 했다. 이성수 장로 가문의 신앙역사와 가족들에 얽힌 고난사를 직접 듣고 싶었으나 이성수 장로와의 전화통화로 대신했다.

    세 살 때 아버지가 돌아가신 이후 순교자의 후손으로 살아가면서 좋은 일보다는 힘들고 어려운 일을 더 많이 겪었던 이성수 장로는 아버지에 대한 이야기를 하는 도중 여러 차례 목이 메어 울먹였다.

    그는 전화기를 통해 떨리는 음성으로 신사참배를 거부할 뿐만 아니라 공개적으로 비판하다 옥고를 치렀고 결국에는 순교자가 된 아버지를 비롯하여, 6·25 한국전쟁 때 순교한 큰 아버지 이상해 전도사와 사촌 형 이은희, 그리고 '산 순교자'의 길을 걸은 세 명의 여인들의 이야기를 들려주었다.

    그의 가족사는 우리나라 기독교 130년 역사 가운데 가장 핍박이 심했던 시절을 대변해 주는 것 같았다. 안타깝게도 이성수 장로는 2013년에 소천하였다.

3명의 순교자와, 3명의 '산 순교자'를 낸 이상해 전도사 가문의 이야기는 하마터면 묻힐 뻔 했다. 하지만 하나님의 도우심으로 지난하고 어려운 과정을 거쳐 겨우 세상에 빛을 보게 되었다. 감사한 일이다.

이상해 전도사와 순교자들의 생애

3·1만세운동을 돕다 피난간 익산에서 복음을 영접하다

경상북도 북부지역인 김천지방에서도 만세운동이 일어났다. 김천 황금교회에서 사역하던 김충환 목사(당시 조사)를 중심으로 전개되었다. 그는 경상북도 북부지역에서 최초로 설립된 비봉교회 출신으로 황금동교회 교인들과 힘을 합쳐 만세를 불렀다.

당시 김천군 어모면장으로 근무하던 이동하 면장은 공무원 신분이어서 드러내놓고 만세를 부르지 못하였지만 은밀하게 그들을 지원해 주었다. 얼마 후에 그의 행적이 탄로가 나자 입장이 곤란해졌다. 일본 경찰이 이동하 면방을 체포하기 위해 움직이는 것을 알게 된 그는 가족을 이끌고 추풍령을 넘었다. 사람들이 자기를 알아보지 못하는 곳으로 도피하였다. 그들이 정착한 곳은 넓은 평야지대인 현재의 익산지 오산면 송학리였다.

타향에서 힘들게 살아가던 이동하 가족에게 고현교회(이 책 8장 오덕근 장로 가문 편 참조)에 다니던 교인들이 전해준 복음은 그들에게 새로운 희망을 주었다.

조상 대대로 철저하게 불교를 숭상하던 집안에서 가장 먼저 복음을 받아들인 사람은 3남 이상해였다. 기독교인이 된 이상해는 아버지에게 복음을 전했다. 그는 아버지에 이어 어머니와 형제들에게도 복음을 전하였고, 이동하 가족들은 고현교회에 출석하며 열심히 신앙생활을 하였다.

이동하 면장 가족이 고현교회에 출석할 때는 오덕근 장로 가문이 초대 교인으로서 신앙생활을 하고 있었다. 두 가정은 몇 가지 점에서 공통점을 가지고 있었다. 외지에서 익산에 정착하였다는 것과 3·1 만세운동에 직간접적으로 참여하였다가 고난을 당한 가문이라는 공통점을 가지고 있다. 이동하는 면장 출신이었고 오덕근 장로 가정은 군수의 후손이었다. 그들을 서로 도우며 성실하게 신앙생활을 하여 교인들의 사랑을 받았다.

신사참배를 거부하기 위해 혼자서 상경하다

이상태 집사는 1916년 4월 이동하의 4남 2녀중 넷째 아들로 태어났다. 머리가 영특하였던 그는 형 이상해와 함께 가구제작을 생업으로 삼았다. 자개공예

품의 기술자로 이름을 날린 그는 초상화도 잘 그렸다.

이상태 집사는 미국남장로회 선교사가 세운 군산 영명학교를 졸업하였다. 이 학교는 1919년 3·1만세운동이 일어났을 때 전라북도에서 가장 적극적으로 참여한 학교다. 그는 영명학교의 전통을 이어받아 투철한 반일사상을 가지고 신앙생활을 하였다.

그는 평소 송학리 기도처에서 오랫동안 예배를 인도하였다. 교회 헌금 수금과 제직회 서기로 활동하기도 했다. 1938년 장로교 총회에서 신사참배를 하기로 결의했다는 소식이 이상태 집사에게 들리자 그는 일제의 신사참배 강요에 분노했다. 그는 평화교회 개척자인 고판암 목사와 함께 익산 인근에 있는 배산에 올라 며칠 동안 기도를 하기도 했다.

신사참배 결의가 잘못되었다는 자신의 생각을 알릴 기회를 찾던 이상태 집사는 1939년 10월 막 출범한 군산노회가 열리는 구암교회를 찾아갔다. 그는 노회원들이 모인 가운데에서 신사참배를 결의한 총회의 결정이 부당하니 취소해야 한다고 외쳤다. 피끓는 젊은 이상태 집사는 이 일로 인해 일본 경찰의 주요 감시대상자가 되었고 여러 차례 불려가서 고난을 당하기도 하였다.

군산노회는 1943년 5월에 이리중앙교회에서 열린 노회를 끝으로 5년 만에 전북노회와 통폐합되어 사라졌다.

경찰의 감시가 심해지자 지방에서 자기의 주장을 제대로 펼칠 수 없음을 알게 된 이상태 집사는 서울로 올라가 신사참배의 부당성을 외쳤다. 그는 사람들이 많이 모이는 곳을 찾아다니며 신사참배의 부당성을 소리 높여 알렸다. 자신의 행동이 계란으로 바위를 치는 것보다 더 무모한 행동으로 비쳐질 수 있다는 점을 잘 알고 있었다. 그러나 달리 자신의 소신을 드러낼 기회를 갖지 못한 그는 혼자서 외롭게 투쟁을 이어가며 일본의 사악한 기독교 말살 정책을 세상에 알리고 싶었다.

그의 상경투쟁은 모세의 십계명 중 첫 번째 계명이자 가장 중요한 것을 범하는 것을 교단 지도자들에 대한 공개적인 성토이기도 했다. 교회 지도자들이 몸을 사리는 동안 젊은 집사는 목숨을 걸고 일제의 만행에 맞섰던 것이다.

"네 앞에 다른 신을 섬기지 말라."

이것은 이상태 집사의 개인 신앙이 아니라 하나님이 그리스도인들에게 명령하신 지엄한 계명이다. 무슨 핑계를 대며 변명할 여지도 없는 중요한 원칙이다. 그럼에도 불구하고 교계 지도자들은 일제의 협박에 굴복하였다. 오히려 앞장서서 신사참배에 나선 사람도 있었다.

신사참배를 공개적으로 반대한 일로 그는 서대문 형무소에 수감되었다. 그림 솜씨가 뛰어났던 이 집사는 시간이 날 때마다 민족지도자들의 초상화를 그렸다. 이를 발견한 간수들은 이 집사를 더욱 괴롭혔다. 그렇지만 신앙의 자유를 억압하고 부당하게 신사참배를 요구하는 일제의 만행에 대한 그의 저항의식에는 변함이 없었다.

이상태 집사는 일제의 기독교 탄압에 대해서는 목숨을 걸고 저항하였지만 동족들에게는 그리스도의 사랑을 베풀었다. 이상태 집사가 서대문형무소에서 수감생활을 하면서 보여준 민족사랑과 일본경찰로부터 당했던 고난은 그와 함께 옥고를 치른 사람들이 그가 순교한 후 가족들에게 알려 주었다.

"그는 참 훌륭한 분이었습니다. 새롭게 감옥에 들어오는 사람에게는 자신의 밥을 덜어서 주린 배를 채우게 했습니다."

그는 감옥에서 수형생활을 할 때 폐결핵 환자들이 머무는 곳을 자원해서 청소를 해 주었다. 나중에는 일본 경찰이 그를 결핵환자들이 수감된 방으로 옮겨 함께 생활하도록 하는 바람에 그 자신도 결핵에 걸려 1년의 옥고를 치르고 집으로 돌아왔다.

감옥에서 생활하는 동안 그를 좋게 생각한 간수장이 "한 번만 동방요배를 하면 빨리 내보내 주겠다."고 설득했으나 "하나님께서는 한 번도 나를 거절하거나 부정하지 않으셨으며 예수님은 나를 위해 십자가에서 죽으셨는데 내가 절대로 배반할 수 없다."며 거절하였다.

출옥 후 집에서 결핵을 치료하면서도 그는 가족이나 교인들에게 신사참배나 동방요배는 우상숭배이기 때문에 절대로 해서는 안 된다고 강조했다. 감옥에서 얻은 결핵이 점점 심해져서 가족들의 극진한 간호에도 회복하지 못하고 해방을 2년 앞둔 1943년 8월 10일에 29세의 젊은 나이로 세상을 떠났다.

구암교회

　아내와 3명의 자녀를 남겨 두고 하나님의 부르심을 받은 이상태 집사는 이동하 면장의 후손 중 첫 번째 순교자가 되었다. 어린 3남매는 한 살, 세 살, 다섯 살이었다.

　그는 마지막 숨을 거두기 전 둘러앉은 가족들에게 "사람이나 물질을 의지하지 말고, 오직 예수만 의지하며 살아라."고 유언을 하였다.

　이상태 집사가 소천하고 나서 손위 형인 이상해 전도사는 시간이 날 때마다 동생 집에 흰 두루마기를 입고 와서 조카들을 위로하고 기도해 주었다. 비록 경제적인 도움을 주지는 못했지만 어린 조카들에게는 큰 위로가 되었고, 신앙으로 살아가는 데 힘이 되었다. 이상태 집사의 아내 손순희 전도사는 어린 3남매를 키우면서 21년간 군산노회산하 여러 교회에서 전도사로 사역을 하였다.

이상태 집사의 후손으로는 군산 구암교회의 이성수 공로장로와 이숙희 권사와 이경숙 집사가 있다. 아버지가 돌아가실 때 이성수 장로는 세 살이었다. 독자로 태어난 그는 아버지 이상태 집사의 유언을 따라 신실한 그리스도인이 되기 위해 노력하며 살았다. 그는 군산에서 최초로 설립된(1899년) 구암교회 장로로 시무하였으며 총회의 전국남선교회 부회장 등을 역임하였다.

부인 김정신 권사와의 사이에 딸 3명과 아들 1명을 둔 그는 "후손들에게 자랑스러운 조상들의 신앙을 본받아 하나님께 영광을 돌리는 삶을 살아가라고 전해주고 있다"고 했다. 그는 자녀들에게 시간이 날 때마다 하나님 중심, 성경중심의 신앙생활을 할 것을 강조했다.

신사참배에 대한 공개적이고 구체적인 회개가 필요하다

일제시대 교회 지도자들이 총회에서 결의한 신사참배는 한반도 구석구석까지 강제로 시행되었고, 많은 교인들을 일본의 신사에 절하게 만들었다. 해방 후 그들은 총회에서 그들이 결정했던 신사참배에 대한 회개의 기도를 했다. 일제의 강압에 못 이겨 어쩔 수 없이 결정한 것이기는 하지만 그들의 결정은 하나님의 첫 번째 계명을 어긴 것이었다. 그들은 골방이나 기도원에서 수많은 후회의 눈물을 흘렸을 것이다. 일제의 총칼 앞에 어떤 기독교인이 자발적으로 신사에 절하면서 진심으로 존경하거나 숭배하였겠는가? 절대로 아니었을 것이다.

그러나 해방 후 우리나라 기독교계 지도자들이 보인 신사참배에 대한 회개는 이스라엘 백성들이 미스바에 모여 회개했던 모습과는 많이 달랐다. 이스라엘 민족은 지도자를 비롯해서 전 국민이 함께 모여 자기들의 잘못을 공개적으로 회개하였다.

"사무엘이 이르되 온 이스라엘은 미스바로 모이라 내가 너희를 위하여 여호와께 기도하리라 하매 그들이 미스바에 모여 물을 길어 여호와 앞에 붓고 그 날 종일 금식하고 거기에서 이르되 우리가 여호와께 범죄하였나이다 하니라 사무엘이 미스바에서 이스라엘 자손을 다스리니라." (사무엘상 7:5, 6)

1907년의 평양대부흥운동을 일으켰던 것은 공개적인 회개와 참회의 눈물이었다. 하나님께서 명령하신 첫 번째 계명을 범한 우리 민족에게 해방은 또 다른 고난의 시작이었다. 교회의 분열과 6·25라는 아픔이 찾아왔다. 하나님의 은혜를 잊어버린 우리의 모습은 애굽을 떠나 젖과 꿀이 흐르는 가나안 복지로 가는 이스라엘 민족의 삶을 떠올리게 만든다. 세계에서 유일하게 분단국가로 남아 있는 대한민국에서 기독교인들이 해야 할 일이 무엇인지 바로 깨달을 필요가 있다.

기독교 복음이 이 땅에 전해진 지 130년째가 되는 올해를 믿음의 역사를 새롭게 쓰는 해로 삼는 것도 좋겠다. 지금이라도 특정한 기간을 정하여 조상들의 잘못을 공개적으로 참회하는 믿음을 보이는 것이 필요하다. 믿음의 세대계승은 말에만 있는 것이 아니라 행동으로 보여야 하는 것이기 때문이다.

지금 우리나라 기독교인이 해야 할 일은 조상들의 잘못을 파헤치는 것이 아니라 하나님 앞에 진정한 회개를 하는 것이다. 우리 후손들에게 조상들의 무거운 짐을 물려주지 않기 위해서는 지금 세대가 나서야 한다. 위기를 맞고 있는 우리나라 교회가 새로운 형태의 '신사'를 만들어 놓고 섬기고 있지는 않은지도 따져 보아야 한다. 일제가 강요하던 신사 대신에 우리 스스로 만든 신사가 무엇인지를 발견하고 그것을 없애야 한다.

자신의 부하인 우리아의 아내를 겁탈한 죄를 범했던 다윗 왕이 하나님의 마음에 합한 자라는 칭찬을 받은 것은 바로 다윗의 회개 때문이다. 그는 은밀하게 골방에서 지은 죄를 책망하는 선지자 나단에게 공개적으로 죄를 인정하고 하나님께 회개의 기도를 드렸다. 그것이 바로 우리가 본 받아야 할 다윗 왕의 위대함이다.

'삭개오 집사' 목수 이상해, 전도자의 길로 나서 고난을 당하다
이상해 집사는 신약성경 마태복음에 나오는 삭개오처럼 키가 작았다.

교인들은 성실하고 부지런한 믿음의 사람 이상해 집사를 '삭개오 집사'라고 불렀다. 그는 익산에 정착한 1919년 5월 완주군 고산면 읍내리 출신의 이종덕과 결혼하였다.

이상해 집사는 어려서 익힌 목수 일을 하면서 가정을 꾸려나갔다. 그는 솜씨가 뛰어나서 일감이 끊이지 않아 경제적인 어려움 없이 살았다. 그러다가 25세가 되던 1928년 그는 부인에게 조용히 자기의 꿈을 이야기 했다. 그것은 바로 생업인 목수 일을 그만두고 복음전도자가 되고 싶다는 것이었다.

처음에는 남편의 생각에 놀라기도 했지만 부인은 흔쾌히 동의했다. 이상해 집사는 선교사들이 전주에 설립한 달성경학교에 입학하여 성경을 공부하였다. 농한기를 이용하여 성경을 집중적으로 교육하는 달성경학교는 교회 지도자를 양성하는 목적을 가지고 있었다. 초기 교회 지도자들 중에는 달성경학교에서 공부한 사람들이 많았다.

그는 익산에서 전주까지 걸어 다니며 열심히 성경을 공부했다. 그는 한복을 즐겨 입고 다녔으며 당돌하고 용맹했다. 학교 수업이 없는 기간에는 인근지역을 돌아다니며 열심히 복음을 전했다.

달성경학교를 졸업하고 전도사로 임명을 받아 첫 번째로 사역한 교회는 충남 금산군 금산읍교회였다. 이상해 전도사는 1936년부터 1941년 1월까지는 금산읍교회(현 금산제일교회)에서 사역을 하였다. 순회전도사로 임명을 받은 그는 금산지방의 지방동교회, 율곡교회, 수영교회 등을 순회하며 사역을 하였다. 비록 정규 신학교를 졸업하지는 못했지만 이상해 전도사의 설교는 힘이 있었고 교인들은 물론이고 믿지 않는 사람들까지도 그를 존경했다.

마침 그곳에는 일본인 거주자가 많았고 그들이 섬기는 신사가 세워져 있었다. 일본 사람들은 그곳에 모여 정기적으로 참배를 하였는데 그 지역에 사는 한국 사람에게도 신사에 참배할 것을 강요하였다. 이상해 전도사는 일제의 요구를 단호하게 거절하였다. 이때부터 일본 사람들은 이상해 전도사의 목회활동을 비롯하여 그의 일거수일투족을 상세하게 경찰에게 보고하였다.

그에게 시련이 닥친 것은 금산읍교회에 부임한 지 1달 정도 지나서였다. 주일예배를 드리는 도중에 들이닥친 일본 경찰이 이상해 전도사와 함께 예배를 드리던 교인들을 밖으로 끌고 가서 신사에 절하라고 윽박질렀다.
그러나 이상해 전도사는 일본도를 들고 위협하는 일본 경찰을 향해 신사참배를 할 수 없다고 자신의 뜻을 정확하게 밝혔다. 하나님을 믿는 기독교인들은 절대로 미신이나 우상 앞에 절하지 않는다고 말했다. 이상해 전도사의 말이 끝나기가 무섭게 일본 경찰은 군화발로 걷어차고 두들겨 팼다. 그는 온몸에 피를 흘리면서도 자신은 결코 하나님이 싫어하시는 일을 할 수 없노라고 주장했다.

일본이 중일전쟁을 일으키고 나서 신사참배에 대한 강압이 거세졌다. 뿐만 아니라 '보국대'라는 강제노동부대를 창설하여 자기들의 마음에 들지 않는 사람들을 강제로 끌고 가서 노역시켰다. 이상해 전도사도 끌려가서 고생을 했다. 일제 시대에 살았던 남자들은 아직도 보국대라는 이름에 치를 떨고, 여자들은 정신대를 잊지 못한다. 신사참배를 거부하던 이상해 전도사는 걸핏하면 일본 경찰에 끌려가서 고문을 당하였다.

교회 지도자가 고난을 당하자 교회는 혼란에 휩싸이게 되었다. 이때 어려서부터 영특하고 성실하게 신앙생활을 하던 이상해 전도사의 맏아들 이은희가 전주에 설립된 달성경학교에 다니면서 교회를 돌보았다.

그러던 어느 날 주일예배 도중에 마을 사람들이 교회로 몰려와서 이은희를 잡아서 끌고 나갔다. 그들은 이은희를 일본 경찰의 앞잡이로 생각하고 있었던 것이다.

이때 교인 중 나이 많은 한 사람이 나섰다. 그는 조용하게 말했다. "이은희 학생은 보국대에 끌려간 아버지 이상해 전도사 대신에 교회를 돌보기 위해 전주에 있는 달성경학교에 다니며 성경을 공부하고 있다"고 설명해 주었다.

사람들이 조용해지자 이은희 학생은 자신이 달성경학교에 다니는 이유를 설명해 주었다. 교인들에게 전쟁에 미쳐있는 일본인들의 실상을 낱낱이 설명하면서 이럴 때일수록 한국인들은 마음을 모으고 서로 신뢰해야 한다고 역설했다. 그리고 이스라엘 민족을 애굽에서 해방시켜 주셨던 하나님께서 우리 민족에게도 해방을 주실 것이라고 설명하면서 애국지사들을 위해 함께 기도하였다.

세 명의 순교자를 배출한 무형교회

이상해 전도사는 해방을 몇 달 앞둔 1945년 3월에 사랑하는 아내 이종덕을 먼저 하늘나라로 보냈다. 어려운 시절을 함께 하며 복음전도자의 아내로 성실하게 조력하던 부인의 별세는 이상해 전도사와 그 가족에게 큰 아픔이었다.

금산군에서 사역을 하던 이상해 전도사는 1947년 2월에 충남 논산시 성동면의 우곤리교회의 청빙을 받았다. 장로교단의 전도사가 감리교단의 전도사로 부임을 한 것이다.

우곤리교회는 1918년 10월에 설립된 감리교회다. 이 교회는 강경제일감리교회(1907년에 설립, 당시 황산교회) 부설 만동학교 분교 형태인 야간학교에 다니던 백경원, 김경근, 박기네, 이종철 등 4명이 힘을 합쳐 설립하였다.

첫 예배처소는 백경원 권사의 초가였다. 1919년 3월 10일 강경에서 만세운동이 일어나자 우곤리교회 교인들도 태극기를 그려 만세운동에 동참하기도 하였다.

그러나 이상해 전도사는 우곤리에서 술과 노름으로 허송세월하는 사람들이 적지 않음을 보고 놀랐다. 그는 아들 이은희와 힘을 합쳐 교인들과 마을 청년들에게 한글을 가르쳐 주었다. 시간이 날 때마다 마을 사람

우곤감리교회

들을 모아놓고 의식개혁을 위해 강의도 했다. 부녀자들에게는 생활개선을 전파했다. 그들은 기독교 복음만이 사람과 마을을 변화시킬 수 있음을 가르쳤고 날마다 마을을 돌며 복음을 전했다. 시간이 나는 대로 마을 사람들에게 술과 노름은 사람을 나태하고 가난하게 만드는 것이라고 금지하도록 했다. 해방 후 이념적인 대립이 극심하던 마을에 공산주의의 실상을 전해주며 반공교육도 실시했다.

1년 반 후인 1948년 10월에 이상해 전도사는 전라북도 익산시 망성면에 있는 무형교회의 청빙을 받았다. 무형교회의 설립연도는 명확하지 않지만 1905년 이전으로 파악되고 있다.

이 지역에는 1897년부터 1900년까지 최의덕(L. B. Tate) 선교사가 복음을 전파한 이후 1901년부터 1904년까지는 하위렴(W. M. Harrison) 선교사가 순회 선교사로 복음을 전했다. 무형교회(당시는 신리교회)가 정식으로 설립인가를 받은 것은 1905년 3월의 전라대리회였다. 초대교인은 최재순이었고 당시 순회 선교사는 전라북도 북부지역에 여러 개의 교회를 설립한 마로덕(L. O. McCutchen) 선교사였다.

신리교회는 일제 강점기에 여산지역 4개 교회가 통폐합되던 시기에 교회를 폐쇄당했다. 이 교회는 해방과 더불어 교회 이름을 신리교회에서 무형교회로 변경하고 새롭게 출발하였다.

해방 직후 교회와 사회가 극심한 혼란 속에 빠져있을 때 무형교회를 섬긴 사역자 중에는 지변화 전도사가 있다.(이 책 1장 이재언 목사 편 참조). 그는 김제 연정교회가 폐교될 위기에서 처하자 온 몸을 던져 교회를 구해낸 인물이다. 1942년 군산 구암교회에서 사역을 하다가 무형교회에 청빙을 받아 사역을 한 이후 1946년에 다시 무형교회에 부임하여

3명의 순교자와 3명의 산 순교자를 낸 이동하 면장, 이상해 전도사 313

복음을 전했다.

1948년 10월 이상해 전도사는 지변화 전도사의 후임으로 무형교회를 담임하였다. 무형교회 형편도 이웃의 우곤리교회와 별반 다르지 않았다. 이상해 전도사 부자는 무형리에서도 나태하고 무지한 농민들을 깨우치는 데 앞장섰다.

이상해 전도사에게는 아들 외에도 든든한 후원자 송광식 안수집사가 있었다. 그의 아버지는 완주군 제내교회에서 신앙생활을 하다가 가문의 박해를 피해 1915년 무형리로 이사와서 신앙생활을 하던 송순복 장로다.

송광식 안수집사는 이상해 전도사 부자와 뜻을 같이하고 기독교 복음 전파와 지역민들의 계몽에 앞장섰다. 그들은 애국청년운동을 전개하면서 굶주림에 허덕이던 사람들에게 희망을 불어 넣어주었다.

이상해 전도사는 농사일에도 솔선수범하였다. 그는 마을 뒤편에 묵혀둔 땅을 개간하여 자신이 직접 참외를 키우는 등 온 몸을 던져 지역복음화와 잘사는 마을 만들기에 아들과 함께 심혈을 기울였다.

인민군에 의해 이상해 전도사와 아들 이은희가 순교당하다

그러나 무형교회에서 사역을 하던 이상해 전도사에게 불행의 구름이 몰려왔다. 무형교회에 부임한 지 2년이 지난 1950년에 발발한 6·25 전쟁은 이상해 전도사의 꿈을 송두리째 빼앗아갔다. 무형교회를 중심으로 펼치던 복음전파와 잘사는 마을 만들기는 인민군이 남침함으로써 한순간에 정지되었고, 오히려 교회와 이상해 전도사는 박해를 받게 되었다.

38선을 넘어 불시에 남침을 시작한 인민군들이 논산시 성동면 사무소를 접수하였다. 그들은 면사무소를 그들의 본거지로 삼고 교인들이 예배드리는 것을 금했다. 자기들의 말을 잘 듣지 않는 우익 인사들을 잡아가서 인민재판을 하였다. 심지어는 그들 중 일부를 고문하고 사살했다.

인민군이 지역을 장악하자 평소 이상해 전도사와 그의 아들 이은희가 우곤리교회에서 벌인 계몽활동 등에 대해 못마땅하게 생각하던 지역의 좌익 청년들이 인민군에게 이 사실을 고자질했다. 이상해 전도사 부자가 교회의 전도사와 교사로서 기독교 사상에 철저했다는 것은 말할 것도 없고, 청년들을 모아놓고 공산주의를 비판하면서 우익사상을 가르쳤다는 것이 주된 이유였다. 게다가 면사무소의 일까지 도운 것은 그들에게는 이상해 전도사 부자를 반동분자로 몰아세우기에 충분한 핑계거리가 되었다. 송광식 안수집사와 학생이었던 이은희는 대한 청년단원으로 활동하고 있었기 때문에 좌익들의 체포 제1순위가 되었던 것이다.

6·25 전쟁이 한창이던 1950년 8월 중순 경에 우익인사들을 잡아가는데 혈안이 된 인민군은 금강을 건너 익산시 망성면으로 이상해 전도사 부자를 잡으러 왔다. 이 소문을 들은 교인들이 이상해 전도사에게 피신하라고 했다.

"예수 믿는 것 때문에 잡혀간단 말입니까? 그것이 죄라면 잡혀가야지요. 그리고 예수 믿는 것이 죽을 죄라면 영광스럽게 죽어야지요. 그것이 나에게 주신 십자가를 지는 것 아니겠습니까?"

마을사람들과 교인들이 나서서 이상해 전도사가 어떻게 가난한 마을 사람들이 잘살도록 지도했는지 이야기했으나 인민군들은 자신들의 사상에 반대하는 기독교 지도자를 무자비하게 끌고 갔다.

곧 이어 아들 이은희도 잡혀갔다. 이상해 전도사와 재혼해서 묵묵하게 사역을 곁에서 돕던 김금동 사모는 남편과 아들을 면회하러 갔다가 초죽음 상태로 처참한 몰골을 한 이상해 전도사 부자를 보고 하염없이 눈물만 흘렸다.

인민군에 잡혀간 이상해 전도사 부자는 그들의 회유와 협박에도 굴하지 않고 믿음을 지키다가 1950년 8월 13일에 14년의 전도사 사역을 마감하고 순교자의 반열에 올랐다. 이상해 전도사 부자와 함께 순교한 교인들 중에는 황등교회 이재규 목사, 변영수 장로 등이 있다. 이들은 믿음의 절개를 지키다가 거룩한 순교를 당하였다.

무형교회에서는 1987년 11월 이상해 전도사와 그의 아들 이은희, 그리고 송광식 안수집사의 순고한 신앙을 기리며 순교의 정신을 이어받기 위해 세 사람의 순교를 기념하는 기념비를 예배당 앞에 세웠다. 비록 작은 순교기념비에 불과하지만 한국전쟁 중에 일어난 공산주의자들의 무자비함을 깨닫게 해 주는 순교기념비다. 이 비석은 오늘도 무형교회를 찾아오는 모든 사람들에게 그날의 숭고했던 순교자의 신앙을 다시 한

번 기억하게 해 주고 있다.

순교비 뒷편에는 다음과 같이 기록되어 있다.

> 이상해(전도사) : 국가와 민족의 수난 속에서 교회를 지키다가 순교하시다.
> 송광식(안수집사) : 대한청년운동을 위하여 교회를 위하여 투쟁하시다 순교하시다.
> 이은희(교사) : 신앙을 지키며 공산주의에 항쟁하시다 순교하시다.
> 주후 1981년 11월 5일 무형교회 일동

처형 직전에도 찬송을 불렀던 순교자 송광식 집사

순교자 송광식 안수집사는 무형교회 제2대 장로인 송순복 장로의 둘째 아들이다. 송순복 장로는 제내교회에서 지도자로 신앙생활을 하다가 1915년 가문의 박해를 피해 무형리로 이사를 했다. 그들은 1905년에 설립된 무형교회에 출석하며 신앙생활을 하였다.

송순복 장로의 아내 유순정 권사도 처녀 시절부터 신앙생활을 한 믿음의 부부였다. 그들은 자녀들을 신앙으로 키웠다. 그의 후손들 중에는 목사가 4명, 장로가 10명, 권사가 17명이나 된다.

송순복 장로의 후손들은 무형교회에서 열심히 신앙생활을 하였다. 맏아들 송두식 장로는 아버지의 뒤를 이어 1952년 12월에 무형교회 제6대 장로로 장립을 받아 교회를 안정시키고 부흥을 주도하였다. 그의 후손

중에는 장로가 3명, 권사가 6명이다.

둘째 아들 송광식 안수집사는 순교자다. 그는 신실한 신앙인으로 살았다. 믿음을 지키기 위해 고향을 떠났던 부모의 신앙을 물려받은 그는 많은 사람들의 모범이 되어 교회를 섬겼다. 1946년 34세에 무형교회 안수집사가 된 그는 이상해 전도사가 무형교회에 부임하자 열심히 도왔다. 그는 성경지식이 해박하였고 찬양에 은사가 있었다. 주일학교 부장직을 맡아 어린 학생들의 신앙교육을 담당하였다. 특히 이상해 전도사의 아들 이은희와 함께 대한청년단원으로 활동하며 지역민들의 계몽운동에 활발하게 참여하였다.

이상해 전도사 부자가 논산시 성동면의 성동내무서로 잡혀가서 총살당한 후 교회는 어수선해졌다. 특히 좌익들이 우익 인사와 교회의 지도자들을 집중적으로 검거하였다. 이때 무형교회의 지도자였던 동현수 장로와 송두식 장로는 교인들의 권유를 받아들여 몸을 피했지만 송광식 안수집사는 교회를 지키며 국민회의 회장, 대한청년단 부단장의 역할을 묵묵히 수행하고 있었다. 그는 함께 교회를 섬기던 이상해 전도사의 뒤를 이어 교인들을 위로하였다.

좌익들의 횡포가 극심해지자 송광식 안수집사는 교인들의 의견을 따라 익산시 왕궁면의 친척집으로 피신했다. 왕궁면에서의 피신도 어렵게 되자 그는 짐을 꾸려 익산시 오산면의 누나 집으로 가다가 인민군의 불시검문을 당했다.

인민군은 송광식 안수집사가 무형교회에서 이상해 전도사 부자와 함께 기독교 복음을 전하였다는 사실을 알게 되었다. 게다가 대한청년단 부단장으로 활동한 것까지 드러났다. 인민군들의 눈에는 가시처럼 보였다.

인민군의 총알이 날아오기 전에 그는 힘차게 마지막 찬송을 불렀다.

"하늘 가는 밝은 길이 내 앞에 있으니 슬픈 일을 많이 보고 늘 고생하여도

하늘 영광 밝음이 어둔 그늘 헤치니 예수 공로 의지하여 항상 빛을 보도다…"

그는 죽음의 공포 앞에서도 예수 그리스도를 믿는 신앙인의 자세를 굽히지 않고 거룩한 순교자의 반열에 올랐다.

송광식 안수집사의 아내 최옥섭 권사는 무형교회 인근의 두여리교회 출신이다. 친정아버지가 교회 설립자였던 믿음의 가정에서 자란 최옥섭 권사는 남편이 순교한 뒤에도 무형교회에 출석하며 자녀들을 믿음으로 키웠다.

맏아들 송병희 장로는 서울 봉천제일교회 장로로 시무하다가 은퇴하였으며, 둘째 아들 송병천 장로는 이리제일교회의 장로로 시무하고 있다. 장녀 송영주 권사는 봉천교회 권사로, 송광식 안수집사가 순교하던 해에 태어난 차녀 송영자 권사는 서울 방배동 샘솟는교회 권사로 교회를 섬기고 있다.

무형교회 송광식 안수집사가 순교하던 날 논산시 일대의 여러 교회 교인들도 순교를 당하였다. 대표적으로는 논산시 성동면의 병촌성결교회 교인 66명도 학살을 당했다. 인민군들은 예수를 믿고 교회에 다닌다는 이유 하나만으로 젖먹이를 안고 있던 만삭의 정수일 집사를 비롯해서 여자 39명과 남자 27명을 죽창 등으로 찔러 죽였던 것이다.

우곤리교회와 병촌성결교회는 1.5km 정도 떨어져 있으며 두 교회와 무형교회 사이에는 금강이 흐르고 있다. 금강을 사이에 두고 벌어진 참극을 통해 강경과 논산 일대의 교회와 교인들이 한국전쟁의 소용돌이 속에서 많은 희생을 당했음을 알 수 있다.

특히 강경은 우리나라 최초로 신사참배를 거부했던 강경성결교회를 비롯하여 순교자 이종덕 목사가 사역하던 강경침례교회가 세워진 곳이기도 하다. 일제 강점기에는 일본인들이 신사를 만들어 놓고 신사참배를 강요한 가슴 아픈 역사의 현장이다.

이동하 면장 가문에서 '산 순교자'가 된 3명의 여 전도사가 배출되다

이동하 면장 가문에는 3명의 여자 전도사가 사역을 했다. 한 사람은 맏아들 이상우 집사의 딸이다. 이상우 집사는 해방 후 북한 해주에서 살다가 6·25 이후에 행방불명이 되어 생사를 알지 못하고 있다. 세월이 흐른 후 그의 딸이 단신으로 월남하여 가족들을 만났고, 전도사가 되어 복음 전파에 일생을 바쳤다.

또 다른 사람은 셋째 아들인 순교자 이상태 집사의 부인 손순희 전도사다. 29살의 꽃다운 나이에 세 아이(1살, 3살, 5살)를 데리고 신앙생활을 하다가 전도사가 되어 남편이 못 다 이룬 복음사역을 감당하였다.

세 번째 사람은 바로 이동하 면장의 막내딸인 이상님 전도사다. 4남 2녀 중 막내로 태어나 귀여움을 독차지하며 신앙생활을 하던 그는 오빠 이상태 집사가 순교를 당하고 나서 전도사가 되었다. 조카 이성수 장로가 출석하였던 군산 구암교회를 비롯하여 서울 영락교회, 진주 완산교회, 개정병원 등에서 사역을 하였으며, 전국여전도회 총무로서 일하기도 하였다.

세상의 눈에는 불행하나 하나님의 눈에는 가장 행복한 사람들

이상해 전도사의 아내 김금동 사모는 남편이 총살을 당해 순교할 때 겪었던 충격과 고통을 세상을 떠날 때까지 입 밖에 내지 않고 가슴에 묻고 90세에 세상을 떠났다. 그의 자녀들도 교회의 집사로 권사로 할아버지의 숭고한 순교정신을 가슴에 안고 조금도 부끄럼 없이 살아가려고 노력하고 있다.

이상해 전도사와 큰 아들 이은희가 인민군에 의해 총살을 당할 때 둘째 아들 이영희는 12살 어린 나이였다. 너무나 큰 충격에 어린 시절 방황하기도 했다. 세월이 흐른 뒤 그는 아버지와 형의 죽음이 헛된 것이 아니라 그리스도인으로서 영광스러운 순교라는 사실을 알게 되었다.

홀로된 새어머니를 모시고 신앙생활을 하던 그는 1987년 세상을 떠나기에 전에 가슴에 품어 두었던 지난날의 아픔을 이야기해 주었다. 어린 나이에 감당해야 했던 고난을 전해주었다. 자녀들도 아버지의 고통을 이해하고 찬송을 불렀다.

그가 남긴 유언은 한 마디 "하늘나라에서 만나자" 였다.

이상해 전도사의 둘째 형 이상휘 장로는 익산지역의 모교회인 고현교회 장로로 시무할 때 교회 부설 경신학교 교장을 역임하였다. 분립된 신광교회에서는 장로로 섬겼다. 그의 후손으로는 이대희 목사와 이광희 장로가 있다.

이상해 전도사와 이상태 집사 가정은 세상 사람들의 기준에서 보면 지극히 불행한 가문일 수 있다. 그러나 하나님의 복음을 지키고 민족의 독립을 위해 흘린 피와 땀은 오히려 칭찬받을 만한 훌륭한 신앙적 업적으로 기록되어야 할 것이다. 그분들이 순교의 피를 흘린 지 수십 년이 지난 지금 우리나라는 독립을 쟁취했으며 신앙의 자유를 누리고 있다.

신앙의 절개를 지키기 위해 순교의 길을 택했던 그들의 믿음은 후손들이 잘 이어가고 있다. 순교자의 후손들은 세상이 알 수 없고 줄 수도 없는 행복을 누리며 성실하게 살아가고 있다.

이동하 면장은 3·1만세운동을 은밀하게 지원하다가 고향 김천을 떠나 익산에 정착했다. 기독교 복음을 영접한 이 가문에서는 일제의 신사참배를 거부하다가 순교한 이상태 집사를 비롯하여 6·25 한국전쟁 중에 인민군의 총을 맞고 순교한 이상해 전도사와 그의 아들 이은희 등 3명의 순교자가 있다. 뿐만 아니라 이동하 면장 가문에는 3명의 산 순교자(여 전도사)를 배출하였다.

　이동하 면장 가문은 하나님의 말씀에 순종하다가 모진 고난을 당하였다. 세상적으로는 불행한 것처럼 보일 수 있는 이 가문은 대를 이어 믿음을 계승하고 있다. 스스로 만든 우상을 섬기는 현대의 기독교인들에게 많은 교훈을 주는 가문이다. 이 가문이 레갑의 후손들처럼 앞으로도 계속 믿음으로 살아가기를 기도한다.

10 순교의 밀알 하나가 수많은 믿음의 후손들을 낳다

— 성경 중심의 삶을 살았던 순교자 이덕봉 장로

이덕봉 장로 이야기

1950년 9월 15일 유엔군의 인천상륙작전이 성공하자 인민군들은 퇴각에 앞서 우익인사들을 모두 죽이기로 작정했다. 충남 금산군 수영교회의 이덕봉 장로도 그 중 한 사람이었다.

6·25 한국전쟁이 시작되었어도 피난가기보다는 교회를 지키는 일을 택한 이덕봉 장로는 이미 순교를 각오한 터였다. 교회 앞마당에서 기도를 마친 후 인민군에 끌려갔다가 추석날 아침 총살을 당한 이덕봉 장로는 철저하게 성경 중심의 삶을 산 사람이었다.

이덕봉 장로가 순교 당하는 모습을 생생히 지켜본 사람은 두 사람이다. 그 중에 한 사람은 이덕봉 장로의 맏며느리 이복애 권사였다. 그는 인민군에게 잡혀간 시아버지의 갈아입을 옷을 갖다 주기 위해 면회를 갔다. 그러나 시아버지를 만나지 못하고 인근 민가에서 밤을 새던 며느리 이복애 권사는 새벽에 인민군들이 우익 인사들과 교인들을 두 명씩 묶은 채 끌고 가 총살하고 구덩이에 묻는 처참한 광경을 직접 목격했다.

또 한 사람은 이덕봉 장로 둘째 사위의 형인 정은석 장로(당시는 집사)였다. 그는 이덕봉 장로와 함께 잡혀갔다가 살아서 돌아온 사람이다. 인민군들의 감시가 소홀한 틈을 타 대들보 위로 몸을 숨긴 그는 다른 사람들이 끌려가 처형당하는 장면을 숨죽여 지켜보았다. 이들을 통해 이덕봉 장로의 순교는 세상에 알려졌다.

이덕봉 장로에게 복음을 전한 사람은 그의 삼촌인 이춘원 목사였다. 이춘원 목사는 조카가 순교하고 5개월 뒤인 1951년 2월에 조카의 무덤을 찾아왔다. 충남 한산에서 15일을 걸어서 수영교회에 도착한 것이다. 그리고 2월 18일, 조카가 섬기던 수영교회에서 주일예배를 인도하던 이춘원 목사는 예배 도중 쓰러졌다. 예배의 부름을 알리는 기도를 마치고 난 뒤 이춘원 목사는 더 이상 움직이지 못했다. 결국 3일 뒤 이춘원 목사는 조카의 뒤를 따라 하나님의 품으로 돌아갔다.

경상북도 성주에 살던 증조부가 단명하는 자식들로 인해 충남 금산으로 이사를 온 것도, 양반집 귀한 아들로 태어났으나 일찍 아버지를 여의고 홀어머니 밑에서 자라던 이덕봉 장로가 삼촌인 이춘원 목사를 통해 복음을 영접한 것도, 신학을 공부하라는 선교사의 제안에도 목회자가 되기보다는 목회자를 지원하고 교회를 섬기는 섬김의 삶을 택한 것도, 그리고 6·25 한국전쟁의 와중에 순교의 피를 흘린 것도 모두가 하나님의 예비하심이었다.

그리하여 마침내 이덕봉 장로가 살았던 성경 중심의 삶, 그가 흘린 순교의 피 위에 100여 명의 후손 중 여러 명의 목사, 사모, 장로, 권사가 배출되는 뿌리 깊은 믿음의 가문이 세워졌다.

순교의 밀알 하나가
수많은 믿음의 후손들을 낳다
— 성경 중심의 삶을 살았던 순교자 이덕봉 장로

이덕봉 장로를 찾아서

2011년 5월에 '믿음의 가문'을 만나기 위해 내가 살고 있는 대전에서 그리 멀지 않은 충남 금산 지역으로 교회 탐방에 나섰다.

첫 번째로 방문한 교회는 금산군에서 제일 먼저 설립된 금산제일교회였다. 그러나 큰 기대를 걸고 찾아간 나에게 돌아온 것은 『금산제일교회 100년사』도 아니고 교회 연혁도 아니라 철지난 주보 한 장이었다. 그나마 다행스러웠던 것은 마침 교회 앞마당에서 대화를 나누던 집사로부터 가까운 곳에 있는 경당교회가 설립 100주년이 넘었다는 정보를 얻은 것이었다.

경당교회는 금산제일교회에서 약 20리 정도 떨어진 시골에 있었다. 신동성 담임목사는 『경당교회 100년사』와 아울러 자신이 소장하고 있던 『금산제일교회 100년사』를 건네주면서 귀한 일에 잘 활용하여 좋은 글을 쓰라고 격려해 주었다.

『금산제일교회 100년사』에는 이 교회를 거쳐간 훌륭한 인물에 대한 기록이 많았다. 그 중에는 이자익 목사, 이상해 전도사 외에도 수영교회의 이덕봉 장로와 이춘원 목사의 흔적도 만날 수 있었다. 이처럼 어느 지역에서 제일 먼저 설립된 교회는 그 지역의 신앙 역사를 알 수 있는 귀한 자료를 제공해 주는 역할을 담당하고 있다.

2011년 10월에 수영교회를 찾아갔다. 예배당 앞 작은 화단에는 교회 설립기념비와 함께 이덕봉 장로 순교비가 나란히 서 있었다. 박정훈 담

임목사를 통해 수영교회 역사와 이덕봉 장로 가문에 대한 설명을 들었다.

수영교회에는 이덕봉 장로의 후손 두 사람이 출석하고 있다. 이경애 권사와 이근웅 장로다. 박 목사의 연락을 받고 교회로 달려온 이근웅 장로는 아버지의 믿음과 순교 이야기를 들려주었다. 몇 주 후에는 이덕봉 장로의 막내딸인 이경애 권사를 예배당 앞마당의 등나무 아래에서 만났다.

이 글을 마무리하기 전에 이덕봉 장로의 둘째 아들인 이근섭 목사의 후손과 연락이 닿았다. 한동대학교 교육대학원 교수로 재직하고 있는 맏딸 이은실 권사다. 그는 포항 기쁨의교회의 권사로서 신실한 믿음의 가정을 이루고 있다. 이은실 권사를 통해 얻은 이근섭 목사의 사역에 대한 자료는 이 글을 쓰는 데 크게 도움이 되었다.

한편으로 이덕봉 장로를 비롯한 충남 금산교회 출신들의 신앙 발자취는 금산지역 기독교 역사에 대해 해박한 지식을 가진 류홍수 장로의 도움을 많이 받았다. 그는 금산교회 원로 장로이자 『금산제일교회 100년사』를 집필한 인물이다. 그의 할아버지는 1906년에 금산군 진산면에 지방교회를 설립한 류기택 장로다. 류기택 장로는 선교사를 도우며 성경책과 기독 서적을 판매하는 권서인이었다. 금산 일대에 복음의 씨앗을 뿌린 인물이다. 류홍수 장로의 동생 류형수 장로는 할아버지가 설립한 지방교회에서 시무장로로 섬기고 있다. 3대째 장로의 가문을 이어 신앙생활을 하는 류홍수 장로는 80세를 바라보는 나이에도 현역으로 열심히 일하면서 짬을 내서 지역교회 역사를 정리하고 있다.

금산문화역사연구소에서 기독교분야를 담당하고 있는 그는 『전주 류씨 승지 백원공파 종중사』를 정리하고 있다. 최근에는 초대 기독교 역사를 집대성한 900쪽이 넘는 분량의 『진산군 서면에 자생된 천주교 수용에 관한 연표』를 마무리하는 등 교회역사 연구에 활발한 활동을 하고 있다.

이덕봉 장로의 생애

"아버지 빈자리 원망도 했지만 순교는 금보다 귀한 가문의 영광이지요"

우리나라 130여 년의 기독교 역사 속에서 우리 조상들은 기독교인으로 살아가기 위해서 많은 고난을 당했다. 기독교 신앙을 받아들일 때 가문의 핍박을 받아 쫓겨 난 사람도 많다. 일제 강점기에는 3·1만세운동과 신사참배거부 그리고 여러 가지 사건으로 혹독한 고문을 받았거나 옥고를 치른 가문이 많이 있다. 이덕봉 장로 가문처럼 6·25 동란 중에 순교를 당하거나 가족들이 남북으로 헤어져 생사를 알지 못하는 사람들도 많이 있다.

순교자의 가족들은 말로 형언할 수 없는 고통을 이겨내야 했다. 먹고

사는 일도 순탄치 않았다. 사랑하는 가족의 상실은 영원히 잊혀지지 않는 악몽이 되었다. 단지 예수를 믿는다는 사실만으로 일제와 인민군의 총칼에 목숨을 잃어야 했던 순교자의 후손들이 받은 충격은 상상을 초월할 정도였다. 그들의 삶 자체를 흔들어 놓기도 했다. 가족이 순교당했다는 사실을 처음에는 받아들일 수 없었다. 하나님과 교회를 원망하면서 교회를 떠나는 후손들도 발생했다.

그러나 대부분의 가문에서는 아픔을 극복하고 할아버지와 아버지의 옥고와 순교가 부끄러운 것이 아니라 자랑스러운 가문의 영광으로 생각하고 있다. 오히려 순교자의 후손으로서 올바른 신앙생활을 하기 위해 애를 쓸 뿐만 아니라 믿음의 대를 잘 이어가도록 자녀들의 신앙교육에 심혈을 기울이고 있다.

이덕봉 장로의 후손들은 순교자의 피를 물려받은 것을 자랑스럽게 여기고 있다. 수영교회에서 만난 이근웅 장로의 신앙고백이다.

"8세 때 아버지가 순교하시고 나서 많이 혼란스러웠습니다. 하나님이 계시다면 왜 우리 아버지를 공산당의 손에 죽게 하셨는지 이해가 되지 않았습니다. 어린 시절에는 경제적으로 어려웠고 아버지의 빈자리가 너무 커서 많이 원망도 했습니다. 그러나 지금 와서 생각해보면 금보다 귀한 믿음을 물려주신 아버지의 순교의 피가 우리 가문에서 자랑스러운 일로 이어지고 있습니다."

이덕봉 장로의 후손들은 순교자의 피를 물려받은 것을 자랑스럽게 여기고 있다. 이덕봉 장로 가문에서 기독교 복음을 영접한 이후 110여 년의 세월 동안 10명의 목사와 6명의 목사 사모, 8명의 장로, 9명의 권사를 배출하여 믿음으로 살아가고 있다. 하나님의 말씀에 순종하며 살았던 이덕봉 장로의 순교의 피가 헛되지 않았음을 증명하고 있다.

모든 것은 하나님의 예비하심이었다

이덕봉 장로의 증조부는 경상북도 성주에서 살다가 전북 금산(현 충남 금산)으로 이주해 왔다. 증조부는 아들 7명을 낳았으나 그 중 6명이 어려서 죽게 되자 도인의 말을 듣고 타향인 금산으로 이사를 온 것이다.

이덕봉 장로는 1899년 12월 8일 충남 금산군 남이면 역평리에서 아버지 성주 이씨 이구권과 어머니 손성녀의 장남으로 태어났다. 그러나 양반집 귀한 자제로 태어나 귀여움을 독차지하며 살던 이덕봉이 8살 정도 되었을 때 그의 아버지 이구권이 세상을 떠나고 홀어머니와 함께 살게 되었다.

이 무렵 이덕봉 장로의 가문에 복음이 전해졌다. 제일 먼저 복음을 영접한 사람은 그의 삼촌 이춘원 목사였다. 그는 전라북도 김제에 살다가 형님이 거주하는 금산에 와서 살던 중이었다.

마로덕 선교사에게 복음을 들은 이춘원 목사는 기독교 복음을 영접하고 1905년에 설립된 금산읍교회에 출석하면서 신앙생활을 하였다. 그는 아버지를 잃고 슬픔에 잠긴 어린 조카에게 복음을 전했다. 이덕봉 장로와 그의 어머니는 이춘원 목사와 함께 금산제일교회에 출석하였다. 슬픔과 고통 가운데 복음의 밝은 빛을 찾은 그들은 열심히 신앙생활을 하였다.

　1892년에 입국하여 선교활동을 하던 미국남장로회 전주선교부 소속 선교사들은 동학농민운동을 피해 잠시 전주를 떠났다. 그 후 정세가 안정되자 전주로 돌아와 1895년부터 다시 전도하기 시작하면서 전라북도 전역에 복음이 전해지고 교회가 세워졌다. 현재의 충남 금산군은 1963년도까지 행정 구역상으로 전라북도에 속해 있었기 때문에 이 지역에는 미국남장로회 전주선교부 소속 선교사들이 복음을 전하였다. 1903년에 해리슨(Harrison) 선교사가 두 번의 선교여행을 하면서 복음의 씨앗을 뿌렸다. 이후에는 마로덕(L. D. McCutchen) 선교사가 금산지역을 돌며 선교사역을 담당하였다.

〈전라노회 소속 교회 설립현황〉

연도	1905	1906	1907	1908	1909
교회 수	4	17	21	37	55
세례교인 수	14	50	201	273	451

이경필 목사를 배출한 금산읍교회, 임영신 장관을 배출한 심광학교

　기독교 복음을 영접한 교인수가 늘어나자 1905년에는 마로덕 선교사의 도움을 받아 이경필이 금산읍교회(금산제일교회)를 설립하였다. 금산읍교회 최초의 세례교인이 된 이경필은 영수를 거쳐 1908년에는 금산읍교회 초대 장로로 임직을 받았으며 1914년에 평양신학교를 제7회로

졸업하고 목사 안수를 받았다. 김제 연정교회에서 16년간 무보수로 사역을 한 이재언 목사가 평양신학교 졸업 동기생이다.(이 책 1장 이재언 목사 편 참조)

이덕봉 장로는 어린 시절 심광학교를 다녔다. 이 학교는 마로덕 선교사의 주도로 1908년 금산제일교회 부설로 설립된 학교다. 심광학교는 초등학교 과정으로서 지역민들에게 한글과 성경을 가르치고 민족의식을 고취하였다. 마로덕 선교사가 교장을 맡았고, 박천표 영수를 비롯하여 임구환, 김영식, 최득의, 김창국 선생 등이 학생들을 가르쳤다.

이 중 김창국 선생은 전주지방에서 최초로 세례를 받은 사람으로 아내와 함께 심광학교 교사로 활약하였으며 평양신학교를 졸업하고 제주, 광주 등지에서 목회를 하였다.

심광초등학교에서 이덕봉과 함께 공부한 인물 중에는 동갑나기인 임영신 박사가 있다. 임영신 박사는 금산제일교회 제2대 장로이자 심광학교 교사였던 임구환 장로의 딸이다. 전주 기전여학교 재학 중에 3·1만세운동을 주도하다 6개월간 옥살이를 하였으며 우리나라 최초의 여성 장관을 지냈고 중앙대학교를 설립한 여걸이다.

마로덕 선교사가 신학을 권했으나 교회와 교인을 섬기는 삶을 택하다

심광학교를 졸업한 이덕봉 장로는 선교사들이 전주에 설립한 신흥학교 중등과정을 졸업하였다. 그 후 그는 마로덕 선교사가 원장으로 있던 전주성경학교(달성경학교)에 입학하여 열심히 성경을 공부하였다. 달성경학교는 목회자를 양성하기 위한 단기성경학교로서 농한기에 1개월 정도 집중적으로 성경을 가르치는 학교였다. 평양대부흥운동 이후 교인과 교회가 크게 증가하는 상황에서 목회자를 대신하여 교회를 돌보며 예배를 인도할 수 있는 교회 지도자가 필요하였기 때문이다.

그는 금산에서 200리(80km)나 떨어진 전주를 오가며 부지런히 성경을 배웠다. 방학이 되면 동료들과 함께 봉사팀을 조직하여 자신이 살고 있던 금산군과 이웃의 무주군 일대의 교회를 찾아다니며 예배를 인도하거나 봉사활동을 펼쳤다.

이덕봉 장로가 심광학교와 신흥학교 그리고 전주성경학교를 다니며 성경말씀을 배우고 익히며 복음을 전하는 모습을 가까이에서 지켜본 사람은 바로 마로덕 선교사였다. 그는 이덕봉 장로가 다닌 학교의 설립자 겸 교장으로 재직하면서 이덕봉 장로의 성실성과 영민함을 잘 알고 있었다.

마로덕 선교사는 이덕봉 장로에게 평양신학교에 진학할 것을 권하였다. 마로덕 선교사의 눈에는 이덕봉 장로야 말로 하나님이 기뻐하실 목회자로 보였던 것이다. 그러나 이덕봉 장로는 선교사의 배려에 감사하면서도 그럴 수 없는 자신의 처지를 설명했다.

그것은 바로 자기에게 복음을 전해주었고, 아버지처럼 자신을 길러준 삼촌인 이춘원 목사의 평양신학교 학비를 지원해 주느라 경제적인 여유가 없었기 때문이었다. 나중에는 그의 사촌 이재봉 목사(이춘원 목사의 아들)가 신학교를 다닐 때도 학비를 지원해 주었다.

　이처럼 이덕봉 장로는 자신보다 삼촌과 사촌이 신학교를 다닐 수 있도록 재정적인 지원을 해 준 인물이다.

복음을 전하는 복음 전도자가 된 이덕봉 장로

　이덕봉 장로는 자신이 직접 목회자로 나서기보다 평신도 지도자로 교회와 교인들을 섬기는 삶을 살았다. 그는 마로덕 선교사의 조사가 되어 금산군 일대의 여러 교회를 섬겼다. 1920년대 초반 이덕봉 장로가 돌본 교회 중에는 금산지역의 금성교회와 군북교회 등 10여 개가 된다.

　금산제일교회 전도사로 부임했던 1931년 이덕봉 전도사는 자신의 고향인 금산군 남이면 역평리에 자비로 역평교회를 설립하였다. 교회 건축을 위해 기르던 소와 인삼밭 일부를 팔아서 건축비에 보태는 등 교회 건축에 주도적인 역할을 했다. 설계부터 공사까지 열심을 내서 교회를 설립한 그는 마로덕 선교사로부터 장로로 장립을 받아 교회를 섬겼다.

　이 교회에서 이덕봉 장로의 둘째 아들인 이근섭 목사가 잠시 사역을 했다. 그러나 역평교회는 아쉽게도 6·25 전쟁 중에 파손되어 폐교되었다.

　자신의 모교회인 금산제일교회 초대 담임전도사로 사역을 하던 이덕봉 전도사는 1933년 사랑하는 아내 김덕화 집사가 소천하는 슬픔을 당하였다. 아내가 남기고 간 어린 5남매를 돌보아야 했던 그는 사역을 중단하고 자녀양육에 전념하였다.

1934년에 서천군 출신 지수례 권사와 재혼한 이덕봉 장로는 안정적인 가정생활을 하게 되었다. 마로덕 선교사의 권유로 1937년 금산군 복수면 수영리에 있는 수영교회에 전도사로 부임하여 교회를 섬기며 복음 전도에 헌신하였다.

이듬해 이상해 전도사가 부임해 오자 이덕봉 전도사는 수영교회에서 초대 장로로 장립을 받아 교회를 섬겼다. 이상해 전도사는 6·25 전쟁 중에 익산의 무형교회에서 사역을 하다가 공산군에 체포되어 총살당하여 거룩한 순교의 피를 흘렸다.(이 책 9장 이상해 전도사 편 참조)

성경대로 베푸는 삶을 살았던 이덕봉 장로

이덕봉 장로는 부모로부터 넉넉한 재산을 물려받기도 했지만 자신의 노력으로 많은 부를 축적하였다. 부지런하고 성실한 그는 수영리에서는 처음으로 마늘농사를 지었고, 개성과 풍기로 가서 새로운 인삼 종자를 구입해서 재배하여 고소득을 올렸다. 그는 새로운 작물 씨앗을 구하거나 농사법을 익히면 이웃 사람들에게 농사기술을 전수해 주어 마을 사람들이 함께 잘살 수 있게 해 주었다.

그는 집안이 부유하다고 해서 교만하거나 가난한 사람을 무시하지 않았다. 오히려 가난한 사람들에게 자기가 가진 물질을 나누어 주었다. 외지에 나가서 학질약을 비롯하여 상비약을 구입해 두고 마을 사람들이 병에 걸리면 찾아가서 약을 건네주기도 했다. 그는 교회 지도자요 마을의 유지로 이웃을 섬기며 베푸는 넉넉한 삶을 살았다.

이런 그의 삶은 마을 사람들의 마음을 움직였다. 그가 수영교회 장로로 재직하는 동안에 교회에 출석하는 교인들이 주일마다 증가하였다. 그는 특히 어린 아이들의 교육에 많은 관심을 가졌다. 주일학교에 출석하는 학생들에게 선물을 주었다. 성경암송을 잘하는 아이들에게는 부상으로 연필을 주었고 칭찬을 아끼지 않았다.

어릴 때부터 기독교학교에 다니며 공부한 이덕봉 장로는 헌신적으로 신앙생활을 하였다. 재정이 어려운 교회를 맡아 전도사로 사역을 할 때는 사례비를 받지 않고 섬긴 적도 여러 번 있었다.

일제의 핍박이 계속되는 동안 이덕봉 장로는 때로는 교회 전도사로, 때로는 장로로 교회지도자가 되어 금산군 일대의 여러 교회를 돌보았다. 뿐만 아니라 일제가 신사참배를 강요했을 때 이덕봉 장로는 단호하게 거부하다가 고난을 당하기도 했다.

어느 날에는 평소 즐겨 읽던 성경책을 가지고 주재소로 끌려간 그는 일본 경찰이 출애굽기와 다니엘서를 붉은 색으로 칠하는 것을 보고만 있어야 했다. 일제는 재림사상과 이스라엘 민족의 해방과 관련된 설교를 금지하였다. 특히 출애굽기와 다니엘서를 예배 시간에 설교하는 것을 금지하였을 뿐만 아니라 교인들이 읽는 것마저도 금지하였다.

6 · 25 한국전쟁 중에도 피난보다는 교회를 지키다 순교하다

일제 36년의 강압적인 교회 핍박이 끝나고 해방이 되자 이덕봉 장로는 지역 주민들을 대표하는 부면장으로 잠시 일을 했다. 뿐만 아니라 금산면 일대의 여러 교회를 돌본 경험은 그를 대한청년회 일에 관여하게 했다. 6·25 전쟁이 일어나자 사람들은 고향을 버리고 남쪽으로 피난을 갔다. 그러나 수영교회 장로로 교회를 섬기던 그는 교회를 지키기 위해 피난을 가지 않았다.

수영교회를 점령한 인민군들은 예배를 금지하고 교인들의 교회 출입도 허락하지 않았다. 그러나 이덕봉 장로는 인민군들에게 잘 협조하지 않을 뿐만 아니라 흰 두루마기를 걸치고 날마다 교회 앞마당에서 기도하는 등 자신의 신앙을 지켜나갔다. 교회 지도자요 지역의 유지였던 이덕봉 장로의 이러한 행동은 그들에게 큰 골칫거리였다.

그는 인민군들이 금지하는 교회를 출입하고 예배를 알리는 종을 울린 죄로 금산읍에 있던 주재소에 여러 번 불려가서 고초를 당했다. 그들은 이덕봉 장로가 마로덕 선교사와 친하게 지냈던 것을 빌미로 선교사의 앞잡이로 몰아세우기도 했다. 복수면 부면장을 지낸 것과 대한청년회와 관련된 일을 한 것 때문에 소위 반동으로 몰려서 연행되었을 때는 현장에 안면이 있던 사람이 이덕봉 장로에 대해 좋게 이야기해 주어서 풀려났다.

그러던 중 1950년 9월 15일 유엔군의 인천상륙작전이 성공하여 9월 20일에 서울 중앙청에 태극기가 게양되는 등 인민군의 전세가 불리하게 되자 인민군들은 퇴각을 준비하게 되었다. 이때 그들은 전국적으로 우익인사와 교회 지도자들을 모두 죽이기로 작정하였다. 금산군도 예외는 아니었다. 이덕봉 장로도 제거 대상이었다. 마침 교회 앞마당에 와서 기도하는 이덕봉 장로를 본 좌익분자가 인민군에게 밀고를 하였다. 기도를 마치고 집에서 쉬고 있던 이덕봉 장로를 찾아온 인민군들은 밧줄로 묶어 끌고 가서 금산 내무서에 가두어 두었다가 추석날인 9월 26일 아침에 산골로 끌고 가서 총살을 시켰다.

이덕봉 장로가 총살을 당하는 장면을 본 사람은 며느리인 이복애 권사와 정은석 장로였다. 이 권사는 인민군에 의해 주재소에 끌려간 이덕봉 장로에게 갈아입을 옷을 가져다주기 위해 바로 그 전날 면회를 갔으나 면회를 하지 못하고 인근 민가에서 밤을 지새던 중 우연하게 순교 현장을 목격하였다. 1950년 추석날 새벽 미명에 함께 잡혀있던 우익인사들과 교인들이 두 명씩 손발이 묶인 채로 끌려가서 총살을 당하고 구덩이에 묻히는 광경을 보았다.

이덕봉 장로의 순교현장을 목격한 또 한 사람은 정은석 장로(당시 청년)였다. 그는 이덕봉 장로의 딸 이경애 권사의 남편 정준석 장로의 형으로서 이덕봉 장로와 함께 인민군에 잡혀갔던 인물이다. 그는 함께 잡혀 있던 사람들이 하나 둘씩 묶여서 밖으로 끌려 나가자 감시가 느슨한 틈을 타서 대들보에 올라가 몸을 숨겼다. 그는 인민군이 잡아간 모든 사람을 총살하고 현장을 떠나고 난 뒤 한참 후에야 겨우 정신을 차리고 현장을 탈출하여 마을 뒷산에서 숨어서 지냈다.

정은석 장로는 그날 많은 사람들이 총살을 당하는 가운데서 살아남아 이덕봉 장로를 비롯한 많은 사람이 인민군의 총알에 스러져 가는 것을 목격한 산증인이 되었다. 죽음의 문턱에서 하나님의 은혜로 목숨을 건진 그는 평생 성실한 신앙인으로 살며 하나님을 섬겼다.

그는 이덕봉 장로의 뒤를 이어 수영교회의 제2대 장로가 되어 교회를 돌보며 하나님을 섬겼다. 전도사가 된 후에는 복수교회를 개척하였고 군북교회 등에서 사역을 하였다. 말년에는 강원도 춘천의 월송교회에서 5년간 사역을 하였다.

이덕봉 장로의 시신은 바로 수습하지 못하였다. 총알이 난무하는 전쟁 중이라 엄두를 내지 못하다가 5일이 지나서야 겨우 마을 청년들이 순교 현장에 접근할 수 있었다. 정준석(이덕봉 장로의 딸 이경애 권사의 남편)을 비롯하여 7명의 교회 청년들이 위험을 무릅쓰고 '비비미재(비듬고개)'로 가서 이덕봉 장로의 시신을 수습해서 장례를 치렀다.

그러나 이덕봉 장로가 순교를 당한 후에도 지역의 좌익분자들은 유가족을 못살게 굴었다. 그들은 낮에는 산속으로 도망가서 숨었다가 밤이면 이덕봉 장로의 집으로 찾아와 기독교 서적을 꺼내 불 지르기도 하고, 소를 빼앗아 가기도 하였으며, 곡식을 약탈해 갔다. 불안에 떨던 이덕봉 장로의 가족들은 이웃에 살던 황유연(후에 목사 안수를 받음)의 골방에 숨어 지내기도 했다.

1906년에 설립된 수영교회

수영교회 예배당 앞에 세워진 이덕봉 장로 순교기념비에는 다음과 같은 비문이 새겨져 있다.

"이덕봉 장로(1899~1950)는 6·25 전쟁 중 인민군이 점령한 교회를 지키기 위하여 흰 바지저고리, 흰 두루마기를 입고 새벽과 저녁 황혼 길에 교회로 가서 성전 뜰에서 무릎을 꿇고 기도했다. 1950년 8월 31일 봉쇄된 교회 뜰에서 '내 주여 뜻대로 행하시옵소서' 찬송을 부르며 기도하다가 금산 내무서원으로 불려갔다. 같은 해 9월 중순 유엔군의 인천상륙작전으로 인민군들은 후퇴하면서 연행해간 이 장로를 비듬고개에서 처참하게 학살했다. 9월 15일(이 해 추석날은 양력으로 9월 26일이었음) 이덕봉 장로는 이 교회의 초대 순교자가 되었다. 그때 그의 나이 52세였다."

비문이 말해 주듯이 수영교회에서 장로로, 전도사로 섬기던 이덕봉 장로는 민족상잔의 6·25 전쟁 중에 동족인 북한 인민군의 총을 맞고 거

이덕봉 장로 순교 기념비문

룩한 순교의 피를 흘렸다.

    수영교회는 이도현, 이경조, 전성호, 하봉구 등 4명의 초대교인이 힘을 합쳐 1906년에 설립한 교회다.

    4명의 초대교인 중 하봉구 영수 가문은 믿음의 대를 잘 이어가고 있다. 하봉구 영수의 아들 하갑순 집사는 금산군에 신대교회를 세웠고 그의 두 손자는 목사가 되었다. 맏손자 하귀호 목사는 인천 만민교회를 세웠으며 동생 하재호 목사는 주바라기선교회를 담당하면서 대전에 주사랑교회를 세워 충성스럽게 섬기고 있다. 하봉구 영수, 하갑순 집사, 하귀호 목사와 하재호 목사는 3대째 대를 이어 교회를 설립한 믿음의 가문이다.

    이도현 장로 가문도 3대째 장로를 배출한 믿음의 대를 이어가고 있다. 아들 이학기 장로에 이어 손자 이원호 장로에 이르기까지 3대째 장로 가문으로 신앙생활을 하고 있다.

    이도현 장로는 6·25 한국전쟁 중 수영교회를 점령한 인민군에게 성경을 들고 전도를 했다. 그러다가 우두머리와 함께 어디론가 사라져서 가족들은 무슨 변을 당할까 조마조마하게 기다렸다고 한다. 한참 후에 우두머리가 나오고 이어서 이도현 장로가 나와서 가족들에게 말했다. "아무리 인민군이지만 예수를 믿어야 천당에 간다. 그러니 당신들도 예수를 믿어라."라고 했더니 그 우두머리가 말하기를 "인민군에게 복음을 이렇게 전하는 걸 보니 당신은 진짜 예수쟁이요."라고 해서 둘이 대담을 하느라 시간이 많이 걸렸다고 했다.

이덕봉 장로의 멘토 이춘원 목사

이덕봉 장로에게 복음을 전해주었을 뿐만 아니라 인생의 멘토 역할을 한 사람은 숙부인 이춘원 목사였다. 1884년 11월 전북 김제시 백구면 난산리에서 태어난 그는 어려서 형을 따라 금산으로 이사를 해서 살았다.

마로덕 선교사로부터 복음을 접한 그는 당시 전북 금산군에 세워진 금산제일교회에 출석하면서 학습과 세례를 받았다. 형이 일찍 세상을 떠나자 그는 형수 손성녀씨와 조카인 이덕봉에게 복음을 전해 주었고, 이덕봉이 성장할 때까지 신앙을 지도하며 바른 삶을 살아가도록 했다.

선교사가 세운 군산 영명학교를 졸업한 이춘원 목사는 1921년에 금산제일교회 제3대 장로로 장립을 받았다. 금산에서 인삼농사를 짓는 장조카 이덕봉 장로의 경제적인 도움을 받으며 평양신학교에 공부하여 목사가 되었다. 이춘원 목사는 1924년 전북 완주군 고산면 서봉리의 소농교회(1905년 설립)에서 첫 목회를 시작했다.

필자는 이덕봉 장로의 멘토였던 그의 삼촌 이춘원 목사의 발자취를 찾아 충남 서천군의 한산교회를 방문했다. 교회 앞마당에 세워진 기념비에는 충남지방에서 20여 년간 복음을 전한 이춘원 목사의 사역내용이 자세하게 기록되어 있었다.

충남지방에서 '신앙의 아버지 바울'로 불린 이춘원 목사

임천지방에서 선교하던 하위렴 선교사가 소천하고 서천과 보령지역에서 선교하던 매요한 선교사가 지병으로 미국으로 출국하게 되자 미국 남장로회 선교지에 속했던 금강 이북지역의 선교가 어려움에 처하였다. 이에 전북노회는 1929년 10월에 제주선교를 중단하는 대신 충남지역 선교를 강화하기로 결의하였다.

이춘원 목사와 이근호 목사 2명이 파송을 받았다. 목사 안수를 받고 소농교회에서 목회를 하던 이춘원 목사는 부여, 서천, 보령 등 3개 군에 있는 38개 교회를 담당하였고, 이근호 목사는 남포지방의 웅천, 야룡, 삼곡, 남포 등 4개 교회를 담당하였다. 이들의 선교비는 초대 대통령인 이승만 박사와 전북노회가 반반 담당하였다.

1929년 충청남도 서천 지역의 전도목사로 파송 받은 이춘원 목사는 서천군 서남면 옥산리에 도착하여 윤씨의 강단을 매입하여 예배당으로 사용했다. 열심히 전도한 그는 옥산교회가 5개월 만에 장년 40여 명, 주일학생 50여 명, 학습교인 11명이 출석하는 교회로 발전시켰다.

그 후 판교를 거쳐 홍산에 정착한 그는 20여 년간 홍산, 오덕, 판교, 서천, 장항, 한산 등 목회자가 없는 38개 교회를 담당하여 예배와 성전을 집례하고 애경사를 돌보았다. 서천 일대의 교회에서는 그를 가리켜 '신앙의 아버지 바울'이라 칭하였다. 그를 기리는 추모비는 충남 서천군의 한산교회 앞마당에 세워져 있다.

이춘원 목사 선교 기념비

조카의 죽음에 엄동설한 15일을 걸어온 이춘원 목사,
예배도중 소천하다

서천에서 목회를 하던 이춘원 목사에게 조카 이덕봉 장로의 순교 소식을 전해준 사람은 수영교회 정준석 장로(당시 청년)다. 이덕봉 장로의 장례를 치르고 여러 날이 지난 후였다.

이춘원 목사는 6·25 전쟁 중에 피난을 가지 않고 목회지인 홍산에서 교회를 지켰다. 그에게도 위기의 순간이 많았으나 지역에서 기세를 잡은 백정 등 천민들이 신변을 보호해주고 밤낮으로 보초를 서 주는 바람에 어려움을 당하지 않았다.

이춘원 목사는 조카 이덕봉 장로가 순교하고 나서 5개월이 지난 뒤인 1951년 2월 초순이 되어서야 집을 나섰다. 충남 서천군 홍산에서 눈보라를 뚫고 금산군 수영교회까지 걸어서 오는 데 15일이 걸렸다.

67세의 이춘원 목사가 혹한 속에 감행한 15일간의 도보여행은 무리였다. 조카가 살던 수영리에 도착한 이춘원 목사는 탈진상태였다. 사랑하던 조카의 죽음을 슬퍼하던 그는 극심한 피로를 회복하지 못하고 1951년 2월 18일 조카가 섬기던 수영교회에서 주일 예배를 인도하던 도중에 쓰러졌다.

예배의 부름을 알리는 기도를 마치고 나서도 이춘원 목사가 아무런 움직임이 없자 교인들은 놀라서 강대상으로 달려가서 숨만 쉬는 그를 이덕봉 장로의 집으로 모셔갔다. 그러나 이춘원 목사는 한 마디 유언도 없이 쓰러진 지 3일 만에 조카 이덕봉 장로의 뒤를 이어 하늘나라로 올라갔다.

　이춘원 목사의 아들 이재봉 목사는 1939년 평양신학교를 졸업하였다. 그는 아버지를 도와 임천지방 전도사로 사역을 하다가 1940년에 목사 안수를 받았다. 청포교회와 오량교회에서 담임목사로 복음을 전했다. 1943년에 군산 동부교회(1932년 설립)에 부임하여 목회를 하던 중 1947년 젊은 나이에 아버지보다 먼저 하나님의 부르심을 받았다.

재소자를 사랑한 둘째 아들 이근섭 목사

　이덕봉 장로의 둘째 아들 이근섭 목사는 1928년에 태어났다. 그는 금산제일교회 부설 심상소학교를 졸업하고 아버지를 따라 신앙생활을 하였다. 그러던 어느 날 일본에서 살고 있던 삼촌(이덕봉 장로의 동생)이 조카 한 명을 일본으로 데려가서 공부를 시켜주겠다는 말을 듣고 공부에 욕심이 많던 그는 아버지를 설득하여 일본으로 유학을 떠났다.

　일본에 도착한 그는 작은 아버지의 사업을 도우며 중학교와 고등학교를 마쳤다. 그러나 큰 꿈을 안고 입학한 대학생활은 오래 지속되지 못했다. 고된 일과 학업을 병행하다가 과로로 인해 늑막염과 폐결핵을 앓게 되어 공부를 중단하였기 때문이다. 폐결핵을 치료받기 위해 요양병원에 입원하게 된 것을 계기로 그의 꿈은 사람의 육체의 병을 고치는 의사에서 하나님의 복음을 전하는 목사로 바뀌었다.

　목사가 되겠다는 꿈을 안고 귀국한 그는 1955년에 대한예수교장로회

신학교에 입학하여 신학을 공부하였다. 신학생 시절에는 서울시립순화병원(현 서대문병원)에서 환자들에게 복음을 전하였다.

신학교를 졸업한 그는 진산읍교회 전도사로 사역을 시작하였다. 1958년 금산군의 금성교회 강도사로 청빙을 받아 사역을 하다가 목사 안수를 받고 1965년까지 사역을 하였다. 그 후 2년간 대전신학교 전임목사로 시무하기도 하였다.

이근섭 목사

대전신학교를 사임한 그는 신학공부를 더 하기 위해 일본으로 유학을 떠났다. 두 번째 일본 유학이었다. 일본 신호개화파신학교 연구과에서 실천신학을 공부한 후 일본 재일대한기독교 봉석교회를 개척하여 2년간 복음을 전하였다.

1970년 일본에서 귀국한 이근섭 목사는 1976년까지 서울구치소 담당 목사로 사역을 하면서 1년간 서부제일교회 담임목사를 겸임하였다. 자유당 말기까지는 구치소에 수감된 사람들을 담당하는 형목(刑牧)제도가 있어서 목사들이 정식으로 전도를 할 수 있었다. 그러나 장면 정권 때 이 제도가 폐지되어서 이근섭 목사는 민간인 자격으로 교도소 선교 활동을 하였다. 이근섭 목사가 30년간의 목회생활 가운데서 10년간 재소자들의 교화를 위한 형목 사역을 한 것은 아버지 이덕봉 장로의 나눔과 섬김의 신앙을 이어받은 것이었다.

다음은 한동대학에서 학생을 가르치는 이근섭 목사의 딸 이은실 권사의 고백이다.

"기도의 응답을 나눠주신 것은 무엇보다도 큰 가정의 신앙교육이었습니다. 기도의 응답이 '아니다' 일 때에도 왜 그것이 감사해야 하는지 응답되지 않은 기도의 은혜를 이야기하시기도 했습니다."

이근섭 목사의 전도를 받고 회개한 어느 남파 간첩이 있었다. 이근섭 목사에게 전도를 받아 세례를 받고 사형이 집행될 때까지 1년 6개월 동안 매일 성경책을 읽으면서 만나는 사람마다 복음을 전하였다. 사형대에서 그가 마지막으로 기도한 내용이다. 마치 예수님과 함께 십자가에 달려 죽은 강도의 신앙고백을 연상케 한다.

"오 주님! 이 불쌍한 영혼을 받아 주시옵소서. 이곳에 와서 예수 믿고 구원받은 것 한없이 기쁩니다. 지금 이 시간에도 저 북한 땅에서 떨고 있는 수많은 가난한 동포들을 위하여 기도하오니 버리지 말아 주옵소서. 공산 치하에서 신음하는 내 동족의 목소리를 들어주시고, 그들에게 기쁨과 평화가 하루 속히 오게 해 주시옵소서. 이 죄인은 무서운 죄를 범했습니다. 동족을 죽였습니다. 지금도 동족을 살해하기 위해서 간첩들이 남파되고 있습니다. 이들이 모두 회개하고 돌아설 수 있는 기회를 주시옵소서. 우리나라가 예수를 믿고 이웃을 사랑할 수 있는 나라가 되어서 속히 우리 민족의 통일 염원이 이루어져 저 북한 땅에도 통일의 종소리가 울려 퍼지게 해 주시옵소서. 오늘 이 자리에 참석한 모든 사람들을 다 하늘나라에서 만날 수 있도록 도와주시옵소서. 날 구원하신 예수님의 이름으로 기도드렸습니다. 아멘."

1980년 이근섭 목사는 미국으로 이민을 가서 시카고 남서부교회 목사로 사역을 하였다. 가난한 이민사회의 목사로 살면서 그는 자기 자녀보다도 교인을 더 사랑하였다. 새로 구입한 자동차에 에어컨이 없는 것을 보고 자녀들이 에어컨을 달자고 하자 "우리교회 모든 교인이 에어컨 달면 그 때 달자"라고 할 정도였다.

미국에서 이민목회가 안정되어가던 이근섭 목사가 다시 조국으로 돌아온 것은 1985년이었다. 미국의 기독교연합선교회 한인총회 산하 3개 교회가 선교사업의 일환으로 한국교도소선교회를 구성하고 그 적임자로 이근섭 목사를 선정하였다. 이 목사가 미국으로 이민을 오기 전 10년간 재소자를 위한 목회를 한 경험이 선정 이유였다.

그러나 이근섭 목사가 교도소 사역을 위해 한국으로 돌아간다는 소식을 들은 지인들은 많이 말렸다. 그러나 이 목사의 신념은 확고했다. "순교는 못해도 맡은 사명에 순직은 해야지."라고 했다. 때로 가정이든, 교회일이든, 학교일이든 힘들고 어려울 때마다 주어진 일에 충성하였던 그는 몸이 불편할 때도 "하나님께서 내게 건강한 몸을 주셨는데 관리를 잘하지 못해서 아프고 사명에 충실하기 힘드니 참 죄송하다."는 말을 자녀들에게 종종하였다. 한국에 파송을 받아 사역을 하던 이근섭 목사는 1989년 7월에 하나님의 부르심을 받았다.

가정 경제를 책임지고 엄격하게 자녀 신앙교육을 시킨 이경애 사모

이근섭 목사의 부인 이경애 사모는 충남 서천군 한산면 연봉리에서 이진구의 장녀로 태어났다. 이경애 사모는 이근섭 목사와 결혼하여 1남 2녀를 믿음으로 잘 키웠다.

교인들이 "목사님보다 사모님이 더 좋아요"라는 말을 할 정도로 교인들을 극진하게 섬겼다. 이근섭 목사는 일본에서 오랫동안 교육을 받았기 때문에 매사에 꼼꼼하였던 것에 반해 전형적인 충청도 양반 기질을 가졌던 이경애 사모는 많은 것을 포용하는 편이었다.

"아버지가 일본에서 유학을 하셨고, 귀국하셔서도 교도소 사역을 하시니 가정 경제는 말할 것 없지요. 그래서 저희들은 아버지께서 일본에 유학하시던 초등학교 때는 편물기계소리, 쭉~짝~소리를 듣고 일어나고 그 소리를 들으며 잤습니다. 어머니는 편물로 옷을 만들어 주는 일을 하셨고, 교도소 사역하실 때는 보험 일을 하면서 가정 경제를 뒷받침했습니다. 당시는 자동이체가 없으니 매달 보험금을 받으러 가야 하는 상황이고 아시는 여 전도사님 집에 저를 데리고 가신 적이 있어요. 그런데 여 전도사님이 몇 번 헛걸음하게 하시고도 그날 또 그러셨는데 그대로 돌아 나오시면서 나지막하게 우셨던 모습을 보았었답니다."

  젊은 나이인 50세에 소천한 어머니를 생각하며 들려주는 이은실 권사의 이야기는 많은 것을 생각하게 해 준다.

  "이민목회에서도 마찬가지이었지요. 작은 이민교회, 더구나 한국에서 신앙생활을 하지 않으셨던 분들이 처음 교회에 나오는 곳이라 섬길 일 많은 어려운 목회였습니다. 그래서 손재주 많으셨던 어머니는 한인세탁소에 가서 수선 일을 하셨고, 후에 교회가 더 어려울 때는 세탁소를 내서 일을 하시기도 했어요."

이근섭 목사와 이경애 사모

학교 공부보다도 신앙생활이 우선이었던 이경애 사모의 교육 철학

이경애 사모가 이처럼 가정 경제를 책임진 것은 바로 이근섭 목사가 사명에 충실하여 오직 교회만 섬겼기 때문이었다.

이근섭 목사는 자녀들이 어릴 적에 매일 아침 가정예배를 드렸다. 중·고등학생이 되어 아침 일찍 학교에 등교하여야 하는 때도 하루 성경 1장, 가정예배와 아침식사는 기본 코스였다. 자녀들은 바쁜 마음에 가정예배 드리면 제일 먼저 보는 것이 오늘 읽을 한 장이 긴 것인지, 짧은 것인지 먼저 넘겨보았고, 찬송가를 말하면 몇 절까지 있는지를 확인하곤 하였다.

이은실 권사는 "기도할 때는 가장 정성스런 자세, 무릎 꿇기는 기본이어서 지금도 바닥에 앉는 모임에 가면 무릎 꿇는 것이 가장 편하답니다"라고 고백하고 있다.

이경애 사모는 자녀의 학업에 시시콜콜 관여하지 않았지만 바른 교육관을 갖고 있었다. 맏딸 이은실 권사가 중학교 때 책상 앞에 앉아 숙제를 하는 것을 보고 "세상에 똑똑하고 공부 잘 하는 여자들은 많아. 그런데 예수님 열심히 믿고 똑똑한 사람이 많지 않단다. 네가 그런 사람 되렴" 하고 권면했다.

이은실 권사는 지금도 중학교 수학여행 때의 일을 잊지 않고 있다. 마침 수학여행 일정에 주일이 포함되어 있어서 집에서는 허락이 떨어지지 않았고 담임선생님께 주일에는 교회에 가야 하기 때문에 수학여행을 갈 수 없다고 했다.

결국 담임선생님과 이근섭 목사와의 긴 통화 끝에 수학여행은 가되 주일날에 이은실 학생은 일정에서 제외하여 교회에 다녀오고 오후에 쉬는 것으로 결정되었다. 이근섭 목사는 경주에서 목회를 하는 동기목사를 수소문해서 가야 할 교회를 안내해 주었고 이은실 학생은 그 교회를 찾아가서 예배를 드렸다.

부모님의 성수주일 원칙은 세월이 지난 후 이은실 권사에게로 이어졌다. 자녀를 키우면서 각종 경시대회가 주일날 오전에 열리면 당연히 불참하는 것을 원칙으로 하였다. 이에 자녀들도 별 이의를 달지 않고 경시대회에서 상장을 받는 것보다 하나님께 드리는 예배가 더 소중하다고 말하면서 어머니의 결정에 순종하였다.

지금도 이은실 권사는 한동대학교에서 학생들을 가르치면서 자신의 힘들었던 어린 시절을 가끔 떠올리기도 한다. 가난한 어린 시절을 믿음으로 극복하고 대학교수가 되게 하신 하나님의 은혜에 항상 감사의 기도를 드린다.

아버지가 지키다가 순교한 교회를 지키는 이경애 권사와 이근웅 장로

이덕봉 장로는 마로덕 선교사의 개인 조사로, 교회 장로로, 교회 전도사로 또 다시 장로로 교회를 섬기면서 자녀들을 믿음으로 길렀다. 일본 경찰들이 교회를 핍박하던 시절에도 새벽 5시면 온 가족이 모두 일어나 집에서 새벽예배를 드렸다. 하나님의 말씀인 성경 읽기를 통해 자녀들의 신앙심을 길러주었다.

그가 섬기던 수영교회에는 막내인 넷째 아들 이근웅 장로가 시무장로로 아버지의 뒤를 이어 교회를 섬기고 있다. 그는 한때 아버지의 순교와 이어지는 가정 경제의 어려움을 견디기가 힘들어서 신앙생활을 등한시한 적이 있었다. 젊은 시절 폐가 썩어가는 중병에 걸려 고생을 하다가 지인의 소개를 받고 대전에서 열린 부흥회에 참석하였다. 기도하는 중 피를 쏟고 치유함을 얻어 철저하게 지난날을 반성하며 회개한 후 지금까지 건강한 몸으로 열심히 하나님 나라를 위해 일하고 있다.

"제가 여덟 살 때 아버지가 순교하시고 나서 많이 혼란스러웠습니다. 하나님이 계시다면 왜 우리 아버지를 인민군의 손에 죽게 하셨는지 이해가 되지 않았습니다. 신앙적으로 흔들릴 때면 형님(이근섭 목사)이 신앙적으로 많이 지도해 주셨습니다. 초등학교 다닐 때부터 어른들 예배에 참석하여 전도사님이 설교하시는 설교의 제목은 물론이고 소제목까지 써서 검사를 받아야 했습니다. 심지어는 수요일 예배에도 참석해서 설교 내용을 기록해야 했습니다. 이러한 훈련이 지금의 저가 있게 한 배경이기도 합니다.

위로 형님과 누나들은 아버지가 살아계실 때 군산으로 가서 공부를 했지만 저는 어려서 아버지가 돌아가시는 바람에 가정 형편이 어려워서 제대로 된 교육을 받지 못한 것이 그 당시에는 많이 억울했습니다. 그러나 지금 와서 생각해보면 금보다 귀한 믿음을 물려주신 아버지의 순교의 피가 우리 가문에서 자랑스러운 일로 이어지고 있습니다."

바쁜 농사철에 잠시 틈을 내어 가족 신앙에 대해 증언을 하는 그의 눈에는 지난날의 외롭고 어려웠던 시절의 어두운 그림자는 찾을 수 없고 행복한 노후를 보내는 모습을 읽을 수 있었다. 그는 자신의 자녀 4남매 중 2명의 목사가 배출되었음을 감사하게 생각하고 있다.

이근웅 장로의 누님인 이경애 권사는 남동생과 함께 아버지의 뒤를 이어 수영교회에서 권사로 봉사하고 있다. 이경애 권사는 세살 때 어머니가 세상을 떠나고 새어머니 밑에서 사랑을 받으며 자랐다. 새어머니의 희생과 사랑을 지금까지도 잊지 않고 살고 있다.

이경애 권사는 아버지의 사랑을 많이 받았으며 자랐다. 그러나 아버지가 순교하고 나서 가정 살림이 어려워져서 군산여상에 합격하고도 학교에 다니지 못하게 된 것이 아쉬움으로 남아 있다.

이덕봉 장로는 자녀들을 엄하게 신앙교육을 하였다. 특히 주일성수에는 예외가 없었다고 한다. 군산에서 공부하던 자녀들이 집에 와서 주일에 공부를 하거나 옷을 깁는 것도 용서하지 않았다. 심지어는 숙제를 하는 것도 허락하지 않을 정도로 엄격하게 주일을 지켰다.

이덕봉 장로는 집안에서 일하는 머슴들도 주일날에는 들에 나가서 일하는 것을 금지하였다. 하루는 주일날 머슴들이 시냇가에 가서 물고기를 잡아왔다가 호되게 꾸지람을 듣고 물고기를 강에다 버리기도 했다. 주일성수와 관련해서는 규칙을 어기는 것이 알려지면 어느 누구를 막론하고 호된 꾸지람을 면치 못하였다.

순교자의 후손들, 믿음으로 살아가다

철저하게 성경 중심으로 살았던 이덕봉 장로 한 사람으로 시작된 믿음의 유산은 지금도 후손들이 잘 이어가고 있다. 친손과 외손을 합쳐 모두 100여 명의 후손 가운데 둘째 아들 이근섭 목사를 비롯하여 모두 10명의 목사와 6명의 목사 사모, 8명의 장로, 9명의 권사를 배출한 믿음의 가문이 되었다.

어려서 아버지를 잃고 기독교 복음을 영접한 이덕봉 장로는 복음 전파자가 되었다. 그는 자기에게 복음을 전해준 삼촌과 그의 아들이 신학교를 다닐 수 있도록 경제적인 지원을 해 주었다. 그의 삼촌은 사랑하는 조카의 죽음을 애도하는 예배를 드리다가 쓰러졌다.

모르드개와 에스더를 연상케 하는 이 가문의 믿음의 이야기는 100년이 넘어서도 후손들에게 이어지고 있다. 60여 년 전 이 땅에 떨어진 순교의 밀알 하나가 60배, 100배의 열매를 맺고 있는 모습이 아름답다.

11 거지가 부잣집 도련님으로, 고아가 순교자로… 기도의 원자폭탄

— 24명의 목회자를 배출한 김상천 장로, 김덕환 목사 가문

김상천 장로 이야기

가난한 고아였던 김상천 장로가 제내교회의 김재식 장로를 만난 것은 하나님의 은혜였다. 부자(富者)였지만 자녀가 없이 지내던 김재식 장로는 자기 집에 동냥을 하러 온 김상천을 양자로 삼았다.

거지에서 부잣집 도련님으로 신분이 바뀐 김상천은 아버지의 뜻을 따라 선교사들이 세운 전주 신흥학교에 입학하여 신학문과 성경을 배웠다. 신흥학교 졸업 후 일본으로 건너가서 견문을 넓힌 그는 교회 부설로 영성학교 설립에 앞장섰다. 그는 초대 교장을 맡아 16년간 학교 발전을 위해 수고했다.

김상천 장로는 언제나 자신이 어려웠던 시절을 생각하면서 교회와 마을의 가난하고 불쌍한 이웃을 앞장서서 도왔다. 식사 때가 되면 마을을 돌아다니면서 굴뚝에 연기가 나지 않는 집을 찾아서 먹을 양식을 남몰래 건네주는 일이 그의 일과였다.

김상천 장로의 맏아들 김덕환 목사는 태평양 전쟁 당시에 일본 나가사끼에서 살다가 원자폭탄이 터지는 현장에 있었다. 원자폭탄이 터지면서 불어닥친 후폭풍에 날려 도랑에 처박혔지만 하나님의 보호하심으로 머리털 하나 상하지 않고 살아났다. 해방과 더불어 귀국한 그는 하나님의 은혜에 감사하여 목회자의 길을 걸었다. 신학교 재학 중에는 전도사의 신분으로 고향 부근의 경천면에서 교회를 개척하여 복음을 전하였다.

김상천 장로

　김덕환 목사는 아버지 김상천 장로가 인민군의 총알에 순교 당하던 그 시각 인민군으로부터 여러 차례 모진 고문을 당하고 있었다. 인민군이 그의 목에 커다란 각목(角木)을 올려놓고 양쪽에서 군화발로 짓누르는 바람에 목젖이 뭉개졌다. 겨우 목숨만 건졌다. 그 이후 그는 평생 쉰 목소리로 살아야 했다.

　김상천 장로의 순교는 이 가문을 믿음으로 세우는 기초가 되었다. "내가 진실로 진실로 너희에게 이르노니 한 알의 밀이 땅에 떨어져 죽지 아니하면 한 알 그대로 있고 죽으면 많은 열매를 맺느니라"(요한복음 12:24)라는 성경말씀을 이룬 믿음의 가정이다.

　김상천 장로의 후손들은 믿음으로 살아가고 있다. 이 가문에서는 김덕환 목사를 비롯하여 24명의 목회자를 배출하였다.

　김덕환 목사의 첫째 딸 김순희 사모 집안에는 남편 박광훈 목사와 함께 두 아들은 목사, 세 딸과 두 손녀는 사모가 되어 3대 8명 모두가 목회자 가정을 이루고 있다.

거지가 부잣집 도련님으로, 고아가 순교자로… 기도의 원자폭탄
— 24명의 목회자를 배출한 김상천 장로, 김덕환 목사 가문

김상천 장로 가문을 찾아서

호남고속도로 익산 톨게이트를 빠져 나와 전북 완주군 봉동읍 방향으로 가다보면 왼쪽 언덕에 1900년에 설립된 제내교회가 있다. 교회 앞마당에는 1950년 6·25 전쟁 중 하나님의 교회를 지키다가 순교한 교인들을 기리는 순교비가 외롭게 서 있다.

필자는 2011년 4월 전라북도 완주군 일대에서 100년이 넘은 교회를 방문하던 중 제내교회에서 순교자 김상천 장로의 이름을 발견하였다. 제내교회 앞마당에 세워진 순교비에는 6·25 전쟁이 한창이던 1950년 9월 26일에 순교한 교인들과 하나님의 은혜로 목숨을 건진 교인들의 명단이 적혀 있다. 그 내용 중 '제내교회 김상천 장로와 김현경 장로가 순

교를 당하고 6명은 살아서 돌아왔다'는 내용이 있었다.

  2012년 겨울, 10년 가까이 필자와 같은 교회를 다니며 신앙생활을 하였던 김순주 집사와 통화할 일이 생겼다. 지나가는 말로 "집사님 가문에 목회자가 많이 배출되었다는데 집안 내력을 좀 들려줄 수 있습니까?"라고 물었다. 그러자 김 집사는 자기 할아버지가 순교자요 아버지는 일본 나가사끼(長崎) 원폭의 피해자라고 했다. 알고 보니 제내교회의 순교자 김상천 장로가 김순주 집사의 할아버지였던 것이다.

  공교롭게도 김순주 집사(남편 조선구 집사) 가정은 대전을 떠나 지금은 강릉제일교회(변혁 목사)에서 필자와 함께 신앙생활을 하고 있다.

  김상천 장로 가문에 대한 본격적인 취재를 시작하기에 앞서 제내교회를 다시 찾아갔다. 김순주 집사와 통화를 하고나서 3일 후였다.

  교회 구석구석을 돌아보았다. 심방을 마치고 교회로 돌아온 담임목사에게 방문 목적을 설명하자 김상천 장로가 순교할 당시 함께 인민군에게 끌려갔다가 살아서 돌아온 소금영 원로장로를 소개해 주었다.

  80대 중반인 소금영 장로는 교회에서 그리 멀지 않은 곳에서 살고 있었다. 고령으로 몸은 다소 불편하였지만 자신이 살아온 세월에 대한 기억은 또렷하였다. 그는 순교자 김상천 장로 가문에 대해 많은 것을 들려주었다. 소금영 장로와의 대화가 진행되는 동안 필자는 김상천 장로 가문이 믿음의 명문가문임을 확신했다.

인터뷰를 마치고 집을 나서는데 소 장로가 한 마디 건넸다.

"자녀가 잘 믿는 것은 부모의 책임입니다."

아직도 귓가에 남아있는 말이다.

"자녀가 잘 믿는 것은 부모의 책임입니다"

소금영 장로와의 만남을 시작으로 김상천 장로 가문에 대한 자료 수집은 속도를 더해갔다. 제일 먼저 김상천 장로의 맏사위인 정회원 목사가 집필한 『내가 만난 하나님의 사람들』을 구해서 읽었다. 정회원 목사의 증조부는 제내교회 설립자 중 한 사람인 정종혁이다.

그 책에는 정회원 목사의 목회 인생 전반에 걸쳐 만난 잊지 못할 사람들에 대한 이야기가 들어있었다. 그 중에서도 정 목사 가문의 신앙 이야기와 순교자 김상천 장로의 맏딸인 김정희 사모 가문의 신앙 이야기는 많은 감동을 주었다.

김상천 장로 가문에 대한 본격적인 취재에 들어가자 후손인 김순주 집사는 "우리 가문 이야기가 과연 집사님 책에 등장할 만큼의 믿음의 가문이 될 수 있습니까?"라면서 조심스러워했다. "김 집사님, 그것은 집필자가 가지고 있는 나름대로의 기준에 따라서 결정할 문제이니 너무 염려 마십시오."라는 말로 필자의 뜻을 전했다.

누가 감히 "우리 가문은 우리나라에서 존경을 받아 마땅한 가문이다."라고 말을 할 수 있을까? 아무도 그럴 수 없다.

필자가 생각하는 '믿음의 명문가문'은 훌륭한 인재를 많이 배출한 가문도, 그렇다고 돈을 많이 번 가문도 아니다. 구약성경에 나오는 레갑의 후손들처럼 대를 이어오면서 조상들의 신앙을 버리지 아니하고 믿음으로 살아가는 후손들을 둔 가정이 이 땅의 진정한 믿음의 명문가문이요 하나님이 기뻐하실 믿음의 가문이라고 생각한다.

가끔씩은 우리나라 대형교회와 이름있는 가문을 추천하는 교회 지도자들을 만나기도 한다. 그러나 '믿음의 명문가문'은 세상 기준보다는 성경적인 믿음을 기준으로 평가해야 한다고 필자는 생각한다.

따라서 필자가 만나고 소개하는 '믿음의 명문가문'은 우리 주변의 평범하지만 신실한 기독교인 가정이다. 그들에서 볼 수 있는 아름다운 믿음의 유산에 대한 이야기를 이 책에 소개하였다.

제내교회와 정종혁, 김성식, 송순복

제내교회는 1900년 전라북도 완주군 제내리에 세워진 교회다. 제내교회 설립을 주도한 사람은 제내리 만동부락에 살던 정종혁이다.

삼례의 기독교 집안으로 시집간 누이 정점주의 전도를 받고 기독교인이 된 그는 뒷집에 사는 김성식과 함께 주일마다 50리 정도 떨어진 전주 서문교회(1893년 설립, 호남지역 최초)에 출석하였다. 새벽 4시면 온 가족을 깨워 새벽 예배를 드렸다.

그러나 그는 서양 종교를 믿는다는 이유로 문중 모임에도 참석하지 못하였고, 따돌림을 당하다가 결국은 집안에서 쫓겨났다. 정종혁의 후손들은 정회원 목사를 비롯하여 여러 명이 목회자가 되었고 믿음의 가

제내교회

문을 이루어가고 있다.

정종혁과 김성식은 마을 사람 10여 명이 기독교 복음을 영접하자 1900년 제내리 만동마을 정종혁의 집에서 첫 번째 예배를 드렸다. 두 사람의 활발한 전도로 교회는 날로 부흥하였다.

1908년 김성식은 제내교회 초대 장로로 장립을 받았다. 그는 미국남장로회의 전주선교부 소속이던 마로덕(Luther O. McCutchen, 1873-1960) 선교사의 조사가 되어 인근의 익산, 연산 등지로 다니며 복음을 전하였다. 2년 후인 1910년 김성식 장로는 평양신학교에 입학하였고 1915년에 평양신학교를 제6회로 졸업하고 전라도 지방 순회목사로 목회자의 길을 시작했다.

김성식 장로가 신학교에 입학하자 마로덕 선교사는 송순복을 평신도 지도자로 세웠다. 제내교회 지도자가 된 송순복은 예배당을 자신이 사는 신촌마을로 옮겼다. 그러나 이 일이 송순복에게는 화근이 되었다. 유교를 버리고 기독교인이 된 송순복을 못 마땅하게 생각하던 문중 어른들은 송순복이 예배당을 자기 마을로 이전해 오자 적극적으로 핍박을 하였다.

문중의 박해를 견디다 못한 송순복은 결국 가족을 데리고 1915년 4월 신앙의 자유를 찾아 정든 고향을 떠났다. 그가 정착한 곳은 고향에서 40여 리 떨어진 익산군 망성면 무형리였다. 그는 이 교회에서 제2대 장로로 장립을 받아 신앙생활을 하였다.(이 책 9장 이상해 전도사 편 참조)

김상천 장로의 생애

김재식 장로의 복음 전도가 힘 있었던 까닭?

김재식은 어릴 때 남의 집 행랑채에 살 정도로 가난하였다. 부지런하고 성실하였던 그는 지주의 대리인으로 소작권을 관리하는 일(마름)을 하여 재산을 모아 부자가 되었다.

마로덕 선교사는 제내교회 설립 이후에도 말을 타고 제내리를 찾아와 복음을 전했다. 평소 말을 즐겨 타고 다녔던 김재식과 마로덕 선교사는 친한 사이가 되었고 결국 김재식은 기독교 복음을 영접하여 제내교회에 출석하였다.

그러나 제내교회가 설립된 지 10여 년 사이에 김성식과 송순복 등 2명의 교회 지도자들이 교회를 떠나자 교회는 위기를 맞았다. 이때 평소 김재식을 눈여겨 보았던 마로덕 선교사는 그의 성실함을 인정하여 그를 제내교회 지도자로 세웠다.

송순복에 이어 제내교회 지도자가 된 김재식은 자기가 살던 마을에 새롭게 예배당을 지어 예배를 드렸다. 이 과정에서 김재식은 예배당 터를 헌납했고 교회 건축에 필요한 목재는 탑골이라는 자기 소유의 산에서 베어다 사용했다. 건축비가 부족하게 되자 자신의 소를 팔아 충당하였다. 열과 성을 다해 교회를 돌보며 신앙생활을 하던 김재식은 1921년 제내교회 제2대 장로로 장립을 받았다.

김재식 장로는 말을 타고 다니며 복음을 전했다. 특히 그는 이웃에게 많이 베푸는 후덕한 삶을 살았다. 그는 아기를 낳은 집이나 생활이 어려워 식사 때가 되어도 굴뚝에 연기가 나지 않는 집 앞에 일꾼을 시켜 아무도 모르게 쌀가마니를 갖다 놓았다. 자신의 이런 행동이 가난한 이웃에게 상처를 주지 않도록 세심한 배려를 한 것이다.

이처럼 이웃 사랑을 실천하는 김재식 장로의 복음 전도에는 힘이 있었고 많은 사람들이 그의 영향을 받아 기독교인이 되었다.

김재식 장로의 양자가 된 김상천 장로

김재식 장로는 마을에서 부자였다. 기독교 복음을 영접한 뒤로는 성실한 신앙인으로 살았다. 그러나 김재식 장로 부부 사이에는 안타깝게도 자녀가 없었다. 김재식 장로는 양자를 들이기로 작정하고 하나님께 기도했다. 그러던 어느 날 초라한 모습으로 자기 집에 먹을 것을 구하러 온 소년을 만났다. 비록 남루한 옷을 입은 아이였지만 그의 외모는 출중하였고 눈에는 총기가 빛났다. 김재식 장로 부부는 어린 소년을 보는 순간, 하나님의 기도 응답이라고 생각하고 소년에게 자기들과 함께 살자고 권했다. 그 소년이 김상천이다.

평소 김재식 장로 부부의 인품을 잘 알고 있던 김상천은 기쁜 마음으로 그들의 제의를 받아들였다. 배고픔을 해결하기 위해 찾아갔던 부잣집의 양아들이 된 김상천 장로의 삶은 180도 달라졌다.

그는 양부모를 따라 교회에 출석했다. 그는 성실하고 부지런하여 주변사람들의 칭찬을 받았다. 김재식 장로는 김상천을 전주의 신흥학교 중학과정에 보내 성경과 신학문을 배우게 했다.

신흥학교를 졸업한 김상천 장로는 견문을 넓히기 위해 일본으로 건너가서 살았다. 교회 음악에 관심이 많았던 그는 귀국 길에 일본에서 유명한 풍금을 사와서 제내교회에 기증하였다. 당시로서는 귀한 풍금 덕에 제내교회 찬양대의 실력은 전라북도의 여느 교회에 못지않았다.

김상천 장로의 음악사랑은 그의 셋째 아들 김수봉 장로가 50년 가까이 악기사를 운영하며 교회 장로로 신앙생활을 하며 살아가는 데 밑거름이 되었다.

고아로 자라 남들처럼 배움의 기회를 갖지 못했던 김상천 장로는 가난한 시골 아이들에게 교육의 기회를 제공하는 것이 꿈이었다. 일본에서 돌아온 그는 선교사들의 도움을 받아 1925년 제내교회에 부설 영성학교를 설립하여 교장을 맡았다.

4년제인 영성학교는 제내교회와 인근지역 아이들에게 성경과 신학문을 가르쳤다. 그 당시 제내교회 주변의 똑똑한 사람은 모두 영성학교 출신일 정도로 유명하였다. 교사는 2명이었고, 학생은 남녀 공학으로 60명가량 되었으며 매일 아침 30분간 예배를 드린 후 공부를 하였다.

이 학교 학생들의 성적은 시험성적 50%, 교회출석점수 50%를 반영함으로써 자연스럽게 어린 학생들이 교회에 출석하는 계기를 만들어 주었다. 김상천 장로의 맏사위 정회원 목사도 이 학교 출신이다.

이처럼 농촌지역에서 많은 기독인재를 양성하던 영성학교는 1941년에 문을 닫아야 했다. 일본이 태평양전쟁을 일으키면서 국내에 거주하던 선교사들을 추방하자 학교 운영이 어려워져서 개교 16년 만에 학교 문을 닫게 된 것이다.

뒤주 속에서 형제간에 화해와 용서를 배우다

김상천 장로의 부인 강성례(호적명 강양금) 집사는 전라북도 완주군 소양면 대흥리에서 태어났다. 그는 일찍 복음을 영접한 부모 덕분에 선교사들이 전주에 세운 기전여학교에서 성경과 신학문을 배울 수 있었다.

강 집사의 부친은 대흥리에서 큰 한지공장을 가지고 있었다. 전주에 '대한지물포'를 운영하는 부자였다. 이곳의 한지는 품질이 좋아 고려시대부터 왕실의 진상물에 속했던 물품으로 400년이 넘은 지금도 전통을 이어 생산되고 있다. 전국적으로 유명한 전주한지의 주생산지다.

친정과 시댁 모두가 소문난 부잣집이요 신학문을 배운 여성이었던 강성례 집사는 마을 여성들의 부러움의 대상이었다. 그러나 강성례 집사는 언제나 겸손하게 하나님 앞에 충성하였다. 새벽기도를 빠진 적이 없을 정도로 열심히 기도했고 매 주일 아침이면 장년부 공과공부를 인도하였다. 교회의 여전도회 회장으로서 교회 일에는 언제나 앞장서서 일했으며 전북노회 여전도회 연합회 회장을 맡아서 일하는 등 평생을 믿음으로 살았다.

교회 일에는 한없이 겸손하였던 강성례 집사는 자녀 교육에는 대단히 엄격하였다. 특히 자녀들이 서로 싸우기라도 하면 어김없이 회초리를 들었다. 그는 먼저 자기의 종아리를 때리고 나서 아이들의 종아리를 때렸다. 자식 교육은 부모의 특권이자 책임이라는 의식이 강했던 강 집사는 자녀들이 아무리 잘못을 해도 그것을 자신의 탓이라고 보여줌으로써 자녀들을 훈육하였던 것이다.

심지어 자녀들이 싸움을 하거나 잘못을 저지르면 자녀들을 곡식을 저장하는 뒤주에 가두어 놓고 기도하라고 하였다. 뒤주는 쌀 50가마가 들어갈 정도로 큰 것이었는데 잘못을 한 자녀들은 뒤주 안에서 기도를 하게 하고, 자신은 뒤주 바깥에서 기도를 하였다. 자녀들이 안에서 서로 화해하고 용서를 빌면 그때서야 밖으로 나오게 하였다.

경제적으로 부유한 가정의 자녀들이 삐뚤게 행동하는 것을 사전에 막음과 동시에 신앙인으로 살아가는 훈련을 하였던 것이다.

이렇게 키운 자녀들은 모두 성실한 기독교인으로 자라났다. 엄격한 자녀 교육의 영향으로 김상천 장로와 강성례 집사의 자녀 6명 중 2명은 목사, 1명은 목사 사모가 되었고, 장로 1명, 권사 2명이 되어 성실하게 신앙생활을 하였다.

강성례 집사는 주일마다 멀리서 예배에 참석하는 교인들에게 점심을 대접했다. 인근 3개면에서 아침부터 몰려오는 교인들에게 따뜻한 정성이 담긴 점심을 제공했다.

강성례 집사의 삶에 대해 둘째 며느리 송정섭 권사는 "우리 시어머니 같이 똑똑하고 경우 바르고, 믿음 좋은 분은 지금까지 만나본 일이 없다"고 인정할 만큼 강성례 집사의 베푸는 삶은 가족뿐만 아니라 마을사람들에게도 소문이 날 정도였다.

순교자 김상천 장로와 산 순교자 김덕환 목사

김상천 장로는 1930년 제내교회 제3대 장로로 장립을 받아 아버지의 뒤를 이어 교회를 돌보았다. 그는 지역 금융계의 이사장 등을 맡을 정도로 교회는 물론이고 지역민들의 신뢰를 받는 인물이었다.

그러나 일제 강점기에는 많은 논밭에서 추수한 곡식을 공출이라는 명목으로 일제에게 강탈당하였다. 식구들과 일꾼들이 먹을 양식을 집안 구석구석에 숨겨 놓았던 것을 들켜서 김상천 장로는 일본 경찰에게 여러 차례 끌려가서 고문을 당하고 심지어는 옥살이를 하기도 하였다. 농사를 지은 것을 대부분 빼앗기는 바람에 나중에는 먹을 것이 없어 아까시 꽃을 따서 수수가루를 섞어서 쪄 먹을 정도로 고생을 했다.

그러다가 민족상잔인 6·25 한국전쟁이 발발하자 제내교회와 김상천 장로 가문에 큰 시련이 다가왔다. 전라북도 지역을 점령한 인민군은 제내교회를 자기들의 사무실로 삼고 교인들이 예배드리는 것을 금지했다. 뿐만 아니라 인민군은 예배당 안에서 담배를 피웠고, 이를 본 황해주 장로는 "지저분하니 예배당 밖에서 담배를 피우라"고 했다가 인민군에 끌려가서 3일간 모진 고문을 당하기도 했다.

38선을 넘어 거침없이 남침을 계속하던 북한군은 맥아더 장군이 이끄는 연합군이 인천상륙작전에 성공하여 전세가 불리해지자 급하게 후퇴하기 시작했다. 1950년 9월 26일 제내교회를 자기들의 인민위원회 사무실로 사용하던 인민군이 제내교회의 장로와 집사들을 인근의 분주소로 모이라고 했다.

평소에도 자주 불려다녔던 그들 중 몇몇 집사는 이상한 낌새를 채고 다른 곳으로 피신했다. 인민군의 태도는 온순해 보였지만 황해주 장로가 며칠 전에 교회 젊은 집사들에게 들려주었던 경고의 말이 떠올랐기 때문이다. "7일 후에는 큰 환난이 옵니다. 여러분들은 젊으니까 환난을 피하시오. 나는 순교하겠습니다."

그러나 김상천 장로를 비롯한 제내교회 장로들은 교회를 지켜야 한다는 사명감 때문에 불안한 마음을 억누르고 집결지로 향했다. 인민군들은 분주소에 모인 사람들을 면소방서 창고에 몰아넣었다. 그곳에는 이미 40~50명 정도의 사람들이 모여 있었다. 주로 대한청년회단장을 포함한 우익간부와 목사와 장로였다.

그곳에 불려온 사람들이 공간이 좁아 불편하니 다른 곳으로 보내달라고 이야기 했다. 이에 인민군은 문을 열고 나오라고 한 후 인민군 5명이 건물을 나오는 사람들을 향해 마구 총질을 해댔다. 갑작스런 총소리에 놀라 도망가던 대부분의 사람들이 현장에서 죽었고, 몇몇 사람들은 겨

우 목숨을 구할 수 있었다. 총소리가 무서워 건물 바깥으로 나가지 않았거나 소방서 창고 양쪽 문 뒤나 다락방 등에 숨어 있던 사람들은 살아남았다.

제내교회의 김상천 장로와 김현경 장로 두 사람은 순교자가 되었다.

이날 살아서 돌아온 사람들이 힘을 모아 2002년 10월 제내교회 앞마당에 순교비를 세워 그날을 기념하고 있다.

"1950년 8월 15일 달 밝은 한가위 밤 주님은 영광된 순교자로 김현경 장로와 김상천 장로를 부르셨다."

그 때의 상황은 김상천 장로와 함께 현장에 불려갔던 제내교회 교인들 중 살아서 돌아온 사람들에 의해 알려졌다. 소금영 장로(당시 집사)와 함께 목숨을 건진 사람들로는 총알 두 발을 맞고서 목숨을 건진 황해주 장로를 비롯하여 정은석 장로(당시 집사, 제내교회 설립자 정종혁 장로 동생), 고종만 장로(당시 집사), 김홍섭 장로(당시 집사), 김현주 장로(당시 집사) 등이다.

필자에게 당시의 상황을 설명해 준 소금영 장로는 총을 맞고 쓰러진 사람 밑에 들어가서 죽은 척 하고 있다가 한참을 지나서 도망쳐 나왔다. 겁이 나서 집으로 바로 가지 못하고 산으로 도망가서 숨어 지내다가 12시가 넘어서 집으로 돌아왔다.

원폭이 터진 나가사끼에서 머리털 하나 상하지 않고 살아나다

김덕환 목사는 1919년 김상천 장로의 맏아들로 태어났다. 그는 아버지가 교장으로 있던 제내교회 부설 영성학교에서 성경과 신학문을 배웠다. 기봉초등학교를 졸업한 그는 전주에 설립된 신흥학교에 진학하는 기대에 부풀어 있었다. 그러나 그의 꿈은 일제의 신사참배 강요 때문에 물거품이 되었다. 신흥학교를 설립한 미국남장로회 선교사들이 일제의 신사참배 강요에 저항하여 신흥학교를 자진 폐교하였기 때문이다.

김덕환 목사는 제내교회 부설로 양신회를 설립하여 덴마크처럼 이상적인 농촌 설립을 추진하였다. 실제로 그는 자기와 뜻을 같이하는 동료 6~7명을 데리고 운장산에 들어가서 한 달간 거주하기도 하였다.

소류지를 개간하여 감자를 수확하고 그것을 판매한 돈으로 책을 사서 교인들에게 돌려가며 읽도록 하였다. 완주군에 가서 묘목을 받아와서 헐벗은 산에 나무를 심기도 하는 등 농촌발전을 위해 노력하기도 했다.

그 후 젊은 시절 아버지 김상천 장로가 그랬던 것처럼 김덕환도 1942년 견문을 넓히기 위해 사랑하는 아내와 첫 딸을 한국에 남겨두고 일본으로 건너가서 3년을 살았다.

그는 나가사끼(長崎)에 살다가 원자폭탄이 터지는 현장에 있었다. 태평양전쟁이 막바지로 치닫던 1945년 8월 9일 오전 11시 경 나가사끼 시내를 걸어가던 그는 갑자기 눈앞에 밝은 섬광이 비치고 하늘이 무너지는 것 같은 큰 폭음과 함께 몸이 공중에 붕 뜨는 것을 느꼈다.

한참을 지난 후에 정신을 차리고 깨어나 보니 자신은 수로에 누워 있었고, 주변은 온통 검은 재로 덮여 있었다. 이곳저곳에서 피를 흘리며 아우성치는 사람들로 가득했다. 세상은 온통 먼지 투성이었다. 겁에 질린 그는 전력을 다해 가까운 산 위로 달려갔다.

그는 자기에게 무슨 일이 일어났는지를 알지 못한 채 며칠을 산속에 숨어 지냈다. 푸른 나뭇잎은 손을 대면 가루로 변했다. 돌과 바위도 모양은 그대로였으나 손을 대면 가루가 되어 부스러졌다. 죽음의 공포에 휩싸였다.

한참을 지난 후에야 자신이 아무 피해도 입지 않고 살았음을 깨닫게 되었다. 며칠이 지난 뒤 그의 곁으로 한 무리의 사람들이 "대한독립만세"를 외치며 지나갔다. 반가운 마음에 무슨 일이냐고 물어보았다.

"일본이 망하고 우리나라가 해방이 되었습니다."

꿈에도 그리던 해방이 나가사끼에 투하된 원폭의 힘이었다는 생각에 그는 조용히 눈을 감고 하나님께 감사 기도를 드렸다. 그 무서운 원자폭탄이 터지는 순간에도 하나님께서 자신의 생명과 육체를 깨끗하게 보호해 주신 것에 대해 하염없이 눈물을 흘리며 감사했다.

더욱 감사한 일은 김덕환 목사 자신은 물론이고 후손 중에도 원폭으로 인한 질병에 걸린 사람은 한 명도 없다는 사실이다. 그는 자신의 일생을 하나님 앞에 드리겠다고 서원을 하고 귀국선을 탔다.

태평양전쟁을 일으킨 일본에 원자폭탄이 투하된 것은 전쟁을 종식시키려는 미국의 결단에 의해 이루어진 것이다. 그러나 이 과정에서 애꿎은 우리나라 사람들이 많이 희생되었다. 나가사끼 원폭 투하로 7만 명이 사망하였는데, 그 중 1만 명은 한국 사람이다. 나가사끼에 살던 한국인 2만 명이 피해를 입었으며, '조선여자근로정신대(朝鮮女子勤勞挺身隊)'로 강제 동원되었던 한국인 여학생 3백여 명도 사망한 것으로 알려졌다.

만약 이때 일본이 무조건 항복하지 않고 전쟁이 계속되었더라면 8월 18일에는 전국적으로 5만 명에 달하는 기독교 지도자들과 민족지도자들이 일본 경찰에 의해 살해될 예정이었다고 한다. 일제가 미국과의 전쟁에서 패전이 확실해지자 40만 명에 달하는 우리나라 기독교인들이 자기들에게 해를 끼칠까 봐 두려워하였기 때문이다. 그들에게는 맨손으로 만세를 부르며 일제의 침략에 항거하던 1919년의 3·1만세운동이 악몽처럼 남아 있었다.

나가사끼에 앞서 1945년 8월 6일 원폭이 투하된 곳은 히로시마였다. 그곳은 일제가 한일합방 이전인 1895년 10월 8일 명성황후를 살해한 사건에 관련된 인물 47명을 자기 나라로 데리고 가서 죄 없다고 석방시켜 준 곳이었다. 명성황후를 살해한 범인들을 한국에서 열린 재판에서는 죄를 인정하고 구속하였다가 그들을 히로시마에 데려가서 투옥하고 모살 및 흉도취집 혐의로 기소하였으나 그곳 법원이 명확한 증거가 없다는 이유를 들어 남의 나라 왕비를 살해한 중대 범죄자를 죄 없다고 석방해 준 것이었다.

그러나 그로부터 정확하게 50년 후 히로시마는 인류 최초로 원자폭탄을 맞아 불바다가 되고 8만 명이 넘는 사람이 죽었다. 일본 사람들은 자신들은 평화주의자이며 원폭의 피해자라고 세계를 향해 외치면서도 정작 자신들이 외국의 왕비를 살해한 것이나 일본군의 성노예로 끌고 갔던 일본군 '위안부' 여성들의 인권에 대해서는 침묵하고 있는 이중성을 보이고 있는 것이다. 아직도 이 땅에는 '위안부'로 끌려가 죽을 고생한 분들이 고난당했던 일을 증언하고 있는데도 말이다.

인민군에게 당한 모진 고문으로 제 목소리를 잃어버리다

1945년 8월 15일 일본이 무조건 항복하고 대한민국이 해방 되자 김덕환은 서둘러 귀국하였다. 지옥 같았던 나가사끼 원폭 투하 현장에서 하나님의 도우심으로 털끝 하나 다치지 않고 무사하게 살아남은 그는 하나님께 서원한 대로 복음전도자의 길을 걸어갔다.

그는 1949년 전주 성경고등학교를 졸업하고 총신대학교에 진학하였다. 신학교에 다니던 1950년 초에는 전도사의 직분으로 고향에서 조금 떨어진 전라북도 완주군 경천면에 경천교회를 개척하여 복음을 전하였다.

그러던 중 6·25 한국전쟁이 발발하여 북한인민군이 경천교회를 접수하고 예배당 출입문을 봉쇄하였다. 교인들은 교회 근처에 얼씬도 못하게 되었다. 그러나 김덕환 전도사는 주일이면 어김없이 못 박아 놓은 나무판자를 뜯어내고 공산군의 눈을 피해 예배당 안으로 들어가 교인들

경천교회

과 함께 예배를 드렸다. 그럴 때마다 인민군은 김덕환 전도사를 끌고 가서 고문을 했다. 이런 일이 여러 번 반복되었다. 죽이겠다는 위협 속에서도 그는 결코 예배드리는 것을 멈추지 않았다.

김덕환 전도사가 자신들의 명령에 순종하지 않자 인민군은 김덕환 전도사를 눈엣가시처럼 여겼다. 그러다가 아버지 김상천 장로가 인민군의 총에 순교를 당하던 날인 1950년 9월 26일(음력 8월 15일 추석) 저녁, 그들은 김덕환 전도사를 끌고 갔다.

그들은 다짜고짜 김덕환 전도사를 때려 눕혀놓고 커다란 각목(角木)을 그의 목에 올려놓은 후 여러 명의 인민군이 양쪽에 끝에 올라가서 목을 짓눌러버렸다. 김덕환 전도사의 목젖은 으스러졌고 초주검이 되었다. 인민군은 김덕환 전도사를 멍석에 둘둘 말아 길가에 내다 버렸다. 이 소식을 전해들은 가족과 교인들이 김 전도사를 집으로 데려가 보니 목뼈가 부서지고 목에서는 쉴 새 없이 검붉은 피가 쏟아져 나왔다. 어린 3남매는 아버지의 모습을 보고 겁이나서 울었다. 모두가 죽는 줄 알았다. 그는 목구멍이 막히고 너무 아팠지만 소리를 낼 수 없었다. 그의 목젖은 이렇게 사라져 버렸다.

그 이후 김덕환 목사는 평생 자기 목소리를 잃어버린 상태로 살아야 했다. 이를 지켜보았던 최순금 사모의 가슴은 말할 수 없이 쓰리고 아팠다. 세월이 흐른 후 자녀들을 앉혀 놓고 최순금 사모는 자신의 심경을 들려주었다.

"차라리 그 당시 너희 아버지가 그냥 총살당해 죽는 것이 소원이었다."

이튿날 아침 김상천 장로의 순교 소식이 맏아들 김덕환 전도사에게 전해졌다. 그러나 공산군에 의해 몸이 상해 사경을 헤매던 그는 꼼짝할 수 없었다. 마침 오빠 집에 놀러왔던 17살된 여동생 김정희(정회원 목사 사모)만 흐르는 눈물을 주체하지 못하고 50리 떨어진 제내교회로 달려갔다.

전쟁이 끝나고 신학공부를 계속한 김덕환 전도사는 1953년 총신대학을 47회로 졸업하였다. 이듬해인 1954년에 김제노회에서 목사 안수를 받은 김덕환 목사는 백석교회에서 목회를 시작했다. 전쟁 후에 목사가 부족했던 시절이라 처음에는 7개 교회를 공동 목회하였다.

송지동교회에서 목회를 할 때 첫돌을 지낸 셋째 딸 김순정은 장현식 목사의 사모가 되어 30여 년 전 아버지 김덕환 목사가 섬겼던 송지동교회를 섬기고 있다.

"작고 어려운 시골교회는 내가 가야 한다"

김덕환 목사는 43년 동안 목회를 하면서 언제나 겸손하게 하나님 앞에 서기를 원했다. 그는 남들이 가기를 꺼리는 시골교회를 찾아다니며 목회를 하였다.

"큰 교회는 갈 사람이 많지만 작고 어려운 시골교회는 내가 가야 한다."

그의 이런 목회철학은 하나님 앞에서는 인정받는 아름다운 것이었지만 가족들에게는 말할 수 없는 어려움과 고생을 가중시켰다. 경제적으로 넉넉하지 못하였기 때문에 위로 4명의 자녀들은 남들처럼 정규학교에 다니지 못했다. 그 대신 비인가학교에서 공부를 하고 검정고시를 통해 고등학교 졸업장을 손에 쥐어야 했다.

그에게 있어서는 기도가 생활이었다. 그는 자녀들에게도 늘 입버릇처럼 말했다. 어려운 일이 생겨 의논을 할 때마다 "주님이 다 아신다. 그냥 기도할 뿐이다"라고 대답했다.

실제로 그는 시간이 날 때마다 교회에서 기도를 하였다. 자녀들은 집에 머무는 아버지보다 교회에서 기도하는 아버지를 보는 것에 더 익숙

해있었다.

막내딸 김순주 집사는 아버지가 집에 계시지 않을 때는 교회에 가면 머리 숙여 기도하는 아버지를 만날 수 있었다고 술회하고 있다. 아침식사나 저녁식사 때가 되어 자녀들이 아버지를 만날 수 있는 곳은 언제나 교회였다. 자녀들은 마을을 돌아다니며 구걸하는 한센씨병 환자들과 겸상해서 식사하는 아버지 김덕환 목사의 모습을 자주 보았다.

그의 자녀들은 기본적으로 순한 품성을 가지고 있다. 그것은 아마도 정이 많고 자상한 아버지의 삶을 눈으로 보며 배운 결과라 생각된다. 그의 후손들 중에 현재 18가정이 목회자가 된 것을 보아도 가정에서의 그의 삶의 태도를 엿볼 수 있다. 비록 인민군에 의해 손상된 목뼈로 인해 언제나 쉰 목소리로 설교를 하고 경제적으로는 넉넉하지 못한 목회자였지만 그의 후손들은 진실한 목회자인 김덕환 목사를 진심으로 존경하며 살아가고 있다.

김덕환 목사는 연무제일교회, 성환교회와 성환제일교회를 거쳐 고향 가까운 익산시 왕궁면의 궁평교회에서 목회를 하였다. 그는 비록 시골의 작은 교회에서 목회를 하였지만 교인들에게 감동을 주는 설교와 사랑이 넘치는 목사였다. 삶을 통해 모범을 보임으로써 좋은 믿음의 열매를 많이 맺고 있다.

김덕환 목사는 가족에게 뿐만 아니라 자신이 목회하던 교회에서도 자신이 당한 고난을 입 밖에 내지 않았다. 자녀들이 어릴 때 아버지를 바

라보며 여자보다도 평편한 목젖을 만지며 왜 그러냐고 물었으나 그는 그저 허허 웃을 뿐이었다. 자신이 일제 강점기와 6·25 한국전쟁 중에

당한 고난에 대해 일절 표현하지 않았다.

자녀들이 아버지에 대해 알고 있는 것은 사모인 어머니로부터 전해들은 것이다. 그가 사랑하는 성경말씀은 베드로후서 3장 11절, 12절 말씀이다.

"주의 날이 도적같이 오리니 거룩한 행실과 경건함으로 하나님의 날이 임하기를 바라보고 간절히 사모하라."

김덕환 목사가 10년 가까이 사역을 하였던 궁평교회에서는 많은 목회자가 배출되었다. 김덕환 목사가 목회하던 기간 중에 함께 신앙생활을 하던 교인 중 12명이 현재 목회자가 되어 복음을 전하고 있다. 그들은 지금 '바울선교회'라는 이름으로 정기적인 모임을 갖고 신앙의 유대를 다지고 있다.

과연 김덕환 목사가 어떤 감동을 교인에게 주었기에 시골의 그 작은 교회에서 이처럼 많은 청년과 교인들이 후일 목회자가 되었을까를 생각해 보았다.

이 교회 출신 이명원 목사에 따르면 자신은 지금까지 목사님의 고난사를 알지 못했다고 한다. 쉰 목소리가 나는 것은 원래 그런 것이라고 생각했지 인민군에게 목젖이 상해를 당했다는 사실은 몰랐다고 했다. 이명원 목사는 김덕환 목사에 대해 "그분은 인자하신 목사님이십니다. 그 분의 가장 큰 특징은 언제나 기도하시는 분이라는 점입니다. 저는 지금까지 김 목사님만큼 기도를 많이 하시는 목사님을 만나본 적이 없습니다. 새벽기도와 같은 공식적인 기도 시간외에도 저녁에도 교회에서 오랫동안 기도를 하셨습니다. 저도 몸이 약해서 새벽기도에는 잘 참석하지 못했지만 목사님과 함께 저녁기도를 했던 기억이 있습니다."

김덕환 목사는 군산노회장과 초대 이리노회장을 역임하였다. 은퇴 후에는 인천으로 가서 간석교회를 개척한 후 1987년 3월에 43년간의 목회를 마감하였다. 2009년 5월 91세를 일기로 하나님의 부르심을 받았다.

어머니, 산파 그리고 염장이가 된 최순금 사모

김덕환 목사가 두 번에 걸친 죽음의 고비를 넘기고 91세가 되기까지 건강하게 지내게 된 배경에는 사랑이 많은 최순금 사모의 헌신적인 뒷바라지가 있었다. 전주 인근에서 신앙생활을 잘 하던 가문의 5남매 중 둘째 딸로 태어난 최순금 사모는 경제적인 어려움 없는 가정에서 성장했다.

최순금 사모가 제내리 일대의 거부인 김상천 장로 집안의 맏며느리로 시집 왔을 때 일꾼만 18명이었다. 식구들이 거주하는 방도 자녀들방, 며느리방, 일꾼방 등으로 나누어져 있을 정도였다. 20명이 넘는 대식구의 뒷바라지를 하는 것도 쉽지 않았다.

김덕환 목사의 본격적인 목회가 시작되면서 아내인 최순금 사모의 고생도 본격화되었다. 김덕환 목사가 일본에서 사는 동안 집안 살림이 기울어졌기 때문이었다. 시골교회 목사의 사례비로는 7남매의 학비를 충당하기 어려웠다. 자녀들의 교복을 직접 염색해서 입혔다.

성환교회에서 사역을 할 때는 새벽기도가 끝나면 교인들 눈에 띄지 않게 이웃 마을로 행상을 다녔다. 성환 역 부근에 교회가 있어서 아침 일찍 과일을 광주리에 담아 머리에 이고 기차를 타고 다른 지역으로 가서 장사를 했다. 무거운 광주리를 머리에 이고 다니다가 넘어지면 과일을 보호하려다가 팔이 부러지기도 했다. 불치병이라고 여겨지던 병을 앓았지만 자녀들의 교육을 포기할 수 없었기 때문이었다. 자신의 몸을 돌보지 않고 목회를 도우며 자녀를 키우던 최순금 사모의 질병은 몇 해 후 하나님께서 깨끗하게 치료해 주셨다.

최순금 사모는 자녀양육과 교회 일뿐만 아니라 교인들과 마을 사람들을 위한 일에도 몸을 아끼지 않았다. 철저한 섬김의 자세로 남편의 목회를 도왔다. 교인들이나 마을 사람들이 아이를 낳을 때가 되면 그들은 제일 먼저 최순금 사모를 찾았다.

최순금 사모는 병원 혜택을 제대로 받지 못하던 당시의 출산환경에서 태어난 아기가 숨을 쉬지 못하는 경우에는 입으로 피를 빨아 아이의 호흡을 도와주어서 죽어가던 아이를 여러 명 살려주었다. 가끔씩 그 아이들을 보면 자녀들에게 과거 이야기를 들려주었다. 7남매 중 6남매가 아이를 낳을 때면 최순금 사모는 직접 손주를 받았다.

막내며느리 김영이 집사는 시어머니로부터 "막내야, 이제는 내가 70이 넘어서 힘이 없으니 너는 병원에 가서 아기를 낳아라."라는 말을 들었다. 7남매 중 병원에서 아이를 낳은 사람은 자신이 유일하다고 말했다.

최순금 사모의 교인 섬김은 산파역에서 끝나지 않았다. 그는 교인들 가정에 초상이 나면 직접 염을 했다. 남자들도 감히 엄두를 내기 힘든 어려운 일을 가녀린 여자가, 그것도 교회 담임목사의 부인인 사모가 솔선수범하여 시신을 다루는 일을 했다. 교회의 연로하신 어른들은 자신이 죽으면 사모님이 염을 해 주었으면 좋겠다는 소원을 말할 정도였다.

교회를 위해 희생하며 말없이 기도하는 김덕환 목사와 자녀양육과 교인을 위해 험한 일을 마다하지 않았던 최순금 사모의 신앙은 자손들에게도 이어져 오고 있다. 그들이 몸소 실천한 그리스도의 사랑은 후손들의 가슴속에 남아있다.

7남매 중 4명의 자녀가 목회를 하고 있으며, 현재 12명의 손주와 1명의 증손녀가 목회자로 쓰임 받고 있다. 이러한 사실만으로도 김덕환 목사 부부의 삶이 후손들에게 본이 되고 있음을 알 수 있다.

김덕환 목사의 자녀를 위한 기도는 단순하였다.

"건강과 믿음을 잘 지키며 하나님께 영광을 돌리는 삶을 살아가도록 해 주세요."

이런 기도를 들으며 자란 자녀들은 수십 년의 세월이 흐른 지금에 와서야 아버지의 기도가 얼마나 중요한가를 깨닫고 있다. 그들도 어느새 아버지처럼 기도하는 자신을 발견하고 아버지의 사랑에 감사하고 있다.

연무제일교회 이희우 전도사가 본 김덕환 목사 부부

김덕환 목사 부부를 객관적으로 평가한 인물이 있다. 그는 바로 김덕환 목사가 연무제일교회에서 사역을 할 때 신앙생활을 시작한 이희우 전도사다. 그는 개인적으로 어려움에 처했던 시절에 김덕환 목사 부부의 신앙에 감명을 받아 수십 년간 지근거리에서 함께 신앙생활을 하였다. 최근에는 84세 고령에도 불구하고 평생의 소원인 3천 명 전도를 위해 경남 합천의 한 시골 마을에 이사하였다.

이희우 전도사가 본 김덕환 목사 부부는 언제나 겸손하고 교인들을 위해 헌신하는 목회자 부부였다. 이희우 전도사의 『길을 찾은 나그네와 그의 행진 1,2』에 소개된 성환교회 사역 당시의 김덕환 목사 부부의 이야기다.

"연무제일교회를 개척하던 당시 김덕환 목사는 어두운 밤이면 호롱불을 들고 다니며 땅을 파고 직접 흙벽돌을 찍어 만들어서 교회 건축에 앞장섰다. 그러나 먹을 것이 넉넉지 않았던 시절이라 최순금 사모는 일하는 사람들에게 자기 집에서 먹는 것보다 더 좋은 식사를 제공했다. 밥상에는 비지와 김치에 몇 톨의 쌀이 보리밥에 섞여 있을 뿐이었다. 평소 양식이 부족해서 김 목사 가정에서는 비지로 밥을 해 먹었던 것이다.

최순금 사모는 7남매를 출산하는 과정에서 몹쓸 병에 걸려 오랫동안 고생을 했다. 몸이 불편한 가운데서도 자녀들의 학비를 벌기 위해 과일 행상을 했다. 그러던 어느 날 교인들과 함께 기도원에 가서 성령의 은사를 체험하고 몸에 병이 깨끗하게 치유함을 받게 되었다.

성환교회에서 사역을 할 때 아홉 식구가 방 두 개에 나누어서 잠을 잤다. 그러나 난방비를 아끼지 위해 한쪽 방을 데우고 나면 연탄을 빼서 다른 방을 데우는 데 사용했다.

어느 교회에서 사역을 할 때는 과수원과 젖소 목장을 경영하면서 낙농조합장을 맡아서 일하던 장로가 있었다. 그는 예배 중에도 조합에서 연락이 오면 중간에 나가기를 거듭했다. 자식들이 예배에 잘 출석하지 않는 등 교인들의 눈에 불성실하게 비치자 그 화살을 김 목사에게 돌리기도 했다. 결국은 스스로 장로직을 사임하겠다는 그를 말리던 장로와 집사들이 이번에는 김 목사에게 교회를 떠나라고 했다."

'하나님 앞에서의 겸손과 신앙심'으로 살아가는 믿음의 후손들

김상천 장로가 순교할 때 17세 소녀였던 맏딸 김정희는 같은 교회에 다니던 정회원과 결혼하여 목사 사모가 되었다. 정회원 목사는 제내교회 설립자인 정종혁의 증손자다.

정회원 목사는 김상천 장로의 맏사위로서 자신의 목회를 되돌아보며 하나님의 은혜에 감사한 마음을 기록한 『내가 만난 하나님의 사람들』에서 자기 가문의 신앙내력을 비롯해 처갓집의 신앙역사를 기술해 두었다.

후손으로는 2남 3녀를 두었고 두 아들과 딸 하나는 목사가 되어 아버지 정회원 목사의 뒤를 이어가고 있다.

김덕환 목사의 후손 중에는 한 가족이 모두 목회자로 부름 받은 가문이 있다. 맏딸 김순희 사모 가문이다. 남편 박광훈 목사와 자녀 2남 3녀는 모두 목회자의 길을 걷고 있다. 아들 둘은 목사요, 딸 셋은 모두 목사 사모가 되었다. 총회신학대학을 졸업한 두 손녀 모두 전도사 사모가 되었다. 3대째 온 가족이 목회자 가정을 이루게 되는 것이다. 김덕환 목사로부터 보면 4대째 목회자의 가정인 셈이다.

온 가족이 모두 목회자가 된 비결이 무엇일까?

첫째는 남편 박광훈 목사와 김순희 사모의 모범적인 목회와 가정생활이다. 그들의 삶을 곁에서 지켜본 자녀들의 부모 사랑과 존경의 결과이다.

둘째는 이 가정만의 특별한 가정예배다. 이 가정에서는 매일 가족들이 모여 가정예배를 드렸다. 찬송은 적어도 5곡 혹은 6곡을 불렀다. 이어서 성경 암송을 하는데 한글을 깨우치기 전부터 매일 성경을 암송한 덕분에 성경 한두 절 수준이 아니라 성경을 장(chapter, 章) 단위로 외웠다. 그 시간은 무려 30분 정도 소요되었다.

박 목사 부부가 출타 중일 때는 자녀들끼리 똑같이 가정예배를 드렸다. 친척들이 놀러왔을 경우에도 언제나 동일한 방식으로 가정예배를 드리는 바람에 혀를 내 두를 정도였다.

셋째는 김순희 사모의 특별한 태교법이다. 그는 임신 사실을 알게 되면 매일 저녁 교회에 나가 기도하였다. 귀한 생명을 잉태케 하신 하나님께 기도하는 것이 최고의 태교법이자 가장 확실한 태교법이라고 생각했기 때문이었다. 처음에는 그냥 엎드려 기도를 했다. 배가 불러와서 엎드리기가 힘들 때마다 방석을 하나씩 포개가며 방석에 기대고 기도했다.

이렇게 기도한 후에 태어난 큰아들 박주현 목사는 지금 호주에서 히스토리교회를 담임하고 있다. 그는 일본과 유럽, 미국 등 전 세계를 돌며 복음 전파를 위한 부흥집회를 다니고 있다.

김덕환 목사의 둘째 딸 김순자 사모는 처녀시절 목회자의 가정이 겪어야 하는 여러 가지 어려움 때문에 자기는 절대 목회자의 아내가 되지 않겠다고 결심했다. 그래서 장교인 군인에게 시집을 갔다. 그러나 남편은 아내의 희망과는 상관없이 전역 후 신학을 공부하여 목사가 되었다. 중학생 시절에 성령체험을 한 아들은 아버지의 뒤를 이어 목사가 되었고 지금은 미국에서 사역을 하고 있다.

셋째 딸 김순정은 남편 장현식 목사와의 사이에 2남 1녀를 두었다. 맏아들은 총신대 신학대학원을 졸업하고 목포 사랑의교회에서 사역 중이다. 둘째 아들은 형의 뒤를 이어 총신대신학대학원에 재학 중이며 서울에서 전도사로 목회자 수업을 받고 있다. 막내딸은 신실한 목회자의 사모가 되기를 바라며 기도하고 있는 중이다. 머지않은 장래에 이 가문도 온 가족이 목회자의 길을 걷게 될 것이다.

김재식 장로 가문에서 가장 중요하게 여기고 지켜나가는 것은 바로 조상 대대로 이어져 내려오는 '하나님 앞에서의 겸손과 신앙심'이다. 그들의 입을 통해 들을 수 있는 증언 중 가장 기억에 남는 것은 바로 김덕환 목사에 대한 후손들의 생각이다.

호주 시드니에서 목회를 하고 있는 김덕환 목사의 맏손자 김대선 목사는 "세상에서 가장 존경하는 분이 할아버지 김덕환 목사님이시다. 그분의 삶을 이어받아 하나님이 기뻐하시는 목회를 하기 위해 목사의 길을 걷게 되었다"고 가족들에게 고백했다.

이것이 바로 김덕환 목사의 후손들이 한 사람도 빠짐없이 예수를 믿으며 성실하게 살아가는 가장 큰 이유이기도 하다. 믿음의 세대계승이 제대로 이루어지는 모델이다. 믿음의 명문가문이 갖추어야 할 가장 큰 덕목이 무엇인가를 알게 해 주는 가문이다.

김덕환 목사의 후손들을 만나 이야기를 나누면서 가장 안타까웠던 것은 바로 김덕환 목사의 막내아들인 김성권 집사와 관련된 일이었다.

김성권 집사는 해병대 입대를 앞두고 고장난 교회 종탑을 수리를 하였다. 작업 도중에 망치질을 잘못하여 앞니 4개가 부러지는 사고를 당하였다. 제대로 치료하지도 못하고 3일 후에 입대한 그는 밥을 제대로 씹지도 못하면서도 고된 해병대 훈련을 이겨냈다.

제대 후에도 주일을 지키지 않는 직장에 취직을 금하는 부모님의 신앙과 자신의 신앙에 따라, 주일에 일을 하는 좋은 직장에 취직을 하지 못했다. 하지만 그는 언제나 부모님의 말씀에 순종했고 아버지를 제일 존경한다고 고백하며 신앙생활을 잘 하고 있다.

김덕환 목사는 생전에 자녀들이 "아버지는 자식들 중 누구를 목회자로 키우기를 기도했습니까?"라고 물으면 "너희 모두가 목회자가 되기를 서원 기도했다"라고 대답을 하였다. 비록 7남매 모두를 목회자로 키우고자 했던 그의 꿈은 이루지 못했지만 7남매 중 4명은 목사 혹은 사모로 신앙생활을 하고 있으며 나머지 3가정도 모두 교회 중심으로 신앙생활을 하고 있다.

순교자 김상천 장로의 후손들 중에는 유난히도 목사가 많다. 친손과 외손을 합쳐서 현재 24명의 후손이 목회자 가정을 이루고 하나님의 말씀을 전하고 있다. 순교자의 피가 결코 헛되지 않았다는 증거다. 그 중에서도 일제 강점기와 6·25 한국전쟁 중에 죽을 고비를 넘기고 복음전파에 헌신한 김덕환 목사의 후손 중에 목회자가 많이 배출되었다.

김덕환 목사는 43년간의 목회생활과 91년간의 신앙생활을 통해 자녀들에게 신앙의 모범을 보여주었고, 교인들에게도 큰 감동과 감화를 주었다. 그런 그의 신앙의 유산은 7남매 중 자녀 4명과 손주 14명이 현재 목회자가 되어 하나님을 섬기는 놀라운 열매로 나타났다.

김재식 장로의 후손들은 대를 이어 하나님의 말씀에 순종하며 살고 있다. 순교자 김상천 장로, 산 순교자 김덕환 목사로 이어지는 고난 속에서도 그들은 신앙을 지켰다.

이 가문에 하나님께서는 대를 이어 하나님을 섬기는 놀라운 복을 주셨다.

에필로그

해마다 100개가 넘는 교회를 방문하는 것은 쉬운 일이 아니다. 주중에는 손녀를 키우느라 시간을 내기가 만만치 않아 주로 주말에 교회를 방문하고 있다. 1년에 4~5만 킬로미터 정도 자동차를 몰다보면 우리나라의 아름다움도 함께 보게 된다. 내가 사랑하는 조국이 있고, 나를 사랑하는 가족이 있다는 것은 하나님의 축복이다.

하나님의 말씀을 읽고, 깨닫는 것은 많은 사람들이 할 수 있는 일이다. 하나님의 말씀을 남에게 전하는 것은 조금 어려운 일이다. 하나님의 말씀대로 사는 것은 더 어려운 일이다. 나의 신앙생활을 통해 자녀에게 하나님의 말씀을 전해주고 그대로 행하도록 하는 일은 세상에서 아주 어려운 일에 속한다. 그럼에도 불구하고 우리는 우리의 믿음을 다음 세대에게 잘 물려주어야 한다.

기독교인 중에는 대학진학을 위해서라면 고등학교 3학년인 자녀들을 교회학교에 보내지 않는 사람도 있다. 심지어 그것에 대해서 아무런 죄책감도 갖지 않는 경우도 있다. 그러는 동안 아이들의 마음 속에는 예수님에 대한 믿음이 옅어져 간다. 대학진학 준비에 이어 취업 준비 때도, 결혼 준비 때도, 나아가 자녀교육 때도 우리는 세상일을 예배나 하나님 말씀보다 우선순위에 두고 살아가고 있다.

이것이 우리나라의 기독교가 날이 갈수록 사회적인 영향력이 줄어드는 원인 가운데 하나다. 기성세대의 잘못된 신앙자세가 후손들의 신앙을 잘못 인도하고 있는 것이다. 평신도뿐만 아니라 교회 지도자의 경우도 예외일 수 없다.

『믿음, 그 위대한 유산을 찾아서·1』을 세상에 선을 보이고 나서 2권을 출간하기까지 2년 가까운 세월이 흘렀다. 3권을 집필하기 위해서는 또 다시 오랜 시간 땀을 흘려야 한다. 산을 넘고 물을 건너가는 여행을 계속해야 한다. 장롱 속에 묵혀 있는 신앙의 유산을 찾아내는 것은 즐겁고 감사한 일이다. 후손들의 머리와 가슴속에 묻어둔 가문의 신앙 역사를 들어야 한다.

믿음을 지키기 위해 자신의 모든 것을 내려놓았던 선조들의 신앙 이야기는 먼 옛날의 이야기가 되어서는 안 된다. 혹독한 시련과 고통 속에서도 신앙의 절개를 지켰던 그들의 행적은 우리 모두가 본 받아야 할 현재의 일인 동시에 후손들이 지켜야 할 미래의 일이기도 하다.

우리나라 기독교의 지나온 130년 역사 속에서 신앙의 모범이 되는 이야기는 세상의 이야기와 다르다. 오직 믿음만으로 살았던 조상들의 발걸음을 찾아가는 일에는 하나님의 인도하심이 필요하다. 나는 그저 하나의 도구로 쓰임 받는 것으로도 감사할 따름이다. 하나님의 인도하심을 따라 순종하며 살기를 다짐한다.